JN232886

FRIEDRICH AUGUST VON HAYEK IN WIEN

フリードリヒ・フォン・ハイエクのウィーン

ネオ・リベラリズムの構想とその時代

森 元孝

新評論

フリードリヒ・フォン・ハイエク　©Hulton-Deutsch Collection・Corbis

フリードリヒ・フォン・ハイエクのウィーン

ネオ・リベラリズムの構想とその時代

Friedrich von Hayek in Wien

森　元孝

「歴史はたいてい政府によって仕組まれたインフレーションの歴史である」
『貨幣発行自由化論』

フリードリヒ・フォン・ハイエクのウィーン
目　次

凡例 ——————————————————————— 7

問題　ハイエク　対　ハイエク ——————————— 9

第1章　鎖につながれた鷲 ——————————— 13
1. バート・イシュルの駅で　15
2. リンクシュトラーセ自由主義の終末　18
   1)「赤いウィーン」　20
   2) 友人と仕事　26
   3) カフェ「ランドマン」にて　31
3. 二足の草鞋　38
   1) 早熟な草稿　39
   2) 最初の学位論文　42

第2章　正統か異端か ——————————————— 51
1. 貨幣的景気循環の論法　53
2. 異郷のオーストリア学派　57
   1) 資本需要，それとも物価水準　59
   2) 生産の迂回　61
   3) 資本の費消，それとも維持　72
3. 理論経済学との離別　77

第3章　反合理主義の道 ——————————————— 83
1. 報告「経済学と知識」　85
   1) 反ミーゼス　87
   2) レリバントな知識　92
2. シュッツからの手紙　94
   1) ミーゼスについて　95
   2) レリバンスの問題　98
   3) リスクの問題　100

3．主観性と自生性　　103

第4章　秩序の自生 ──────────────── 111
　　1．英国人ハイエク　　113
　　2．感覚秩序論　　120
　　　　1）ウィーン草稿後　　121
　　　　2）分類の論理　　125
　　　　3）方法論への寄与　　127
　　3．システム論への道　　130
　　4．自生性と生活世界　　138

第5章　進化する自由主義 ──────────── 143
　　1．「戦後ヨーロッパ」の設計図　　145
　　2．新自由主義者たち　　151
　　3．自由主義の再定義　　157
　　　　1）競争の問題　　158
　　　　2）「法」の概念　　163
　　4．保守主義との訣別　　172

第6章　望郷と憂鬱 ──────────────── 175
　　1．米国のオーストリア知識人　　176
　　2．幻のウィーン大学招聘　　180
　　3．ザルツブルクへ　　186
　　4．忘れえぬ17歳　　191

第7章　貨幣発行自由主義の論法 ────────── 201
　　1．76歳渾身の提案　　202
　　2．通貨ナショナリズム　　208
　　3．マネタリストの笑み　　213
　　4．自由貨幣と自由銀行　　219

終　章　自由主義　対　自由主義　――――――― 227
　1．社会民主主義との「和解」か？　　228
　2．「ネオ・リベラリズム」とナショナリズム　　230
　3．理論的課題　　231

あとがき ――――――――――――――――― 233
文　献 ―――――――――――――――――― 235
人名索引 ―――――――――――――――――― 248
事項索引 ―――――――――――――――――― 252
固有名索引 ――――――――――――――――― 254

凡　例

◆ 引用文中（　）内は，筆者が補った語句である。原著者による補足の場合には，その引用箇所ごとに，その旨を注記した。
◆ 引用文中（中略）とあるのは，論理関係および紙幅の関係から，煩雑になることを避け，筆者が省略および短縮したことを示している。
◆ 文献挙示 Hayek（1976/99），p.142 [S.14] [22頁]．とある場合，p.142は英語版の頁，S.14はドイツ語版の頁，22頁は邦訳版の頁を示している。
◆ 文献挙示 Hayek [1920]，S.3．とある場合，この文献が未公刊文書であることを示している。その照会および確認は，巻末文献リストにある当該機関・施設において，手続きに従い可能となる。
◆ 写真図版は，特に記載のない場合はすべて筆者が撮影・作成したものである。

問題

ハイエク 対 ハイエク

アメリカ大統領自由勲章

1988年2月ハンガリー政府はオーストリア国境の鉄条網を撤去した。かつての「オーストリア゠ハンガリー」の復活ではなかったが，この決定は翌年のベルリンの壁崩壊への引き金となる。「休暇」をハンガリーでという理由で，東ドイツからのツーリストたちが殺到，そのままオーストリアに流れ込んでいくことになった。夏にはその流れをもはや止めることができなくなってしまっていた。そして翌89年11月のベルリンの壁崩壊。1991年末のソビエト連邦崩壊につながる。東西の冷戦は終わり，戦争の世紀であった20世紀はその最後の10年にして，ようやく明るい未来への光を受けたように見えた。フランシス・フクヤマはこの予兆をきわめて楽観的な歴史哲学としてまとめた[1]。

　湾岸戦争「勝利」の熱気がまだ冷めやらぬ1991年11月25日アメリカ大統領ジョージ・ブッシュ（父）は，1974年のノーベル経済学賞受賞者フリードリヒ・フォン・ハイエクに大統領自由勲章[2]を授けた。アメリカ大統領が文民に与える最高の栄誉とされている。ハイエクは病気と高齢のためワシントンでの授賞式に出席することはできなかったが，「私はいつもアメリカ合衆国の賛美者でしたし，永年にわたって，世界がこの国から学ぶことのできると考えられることを，残りの世界に吹き込もうと試みてきました」[3]という彼の答辞が伝えら

---

[1] Fukuyama (1992).
[2] Presidential Medal of Freedom. この勲章は，東京空襲のドーリットル退役将軍，湾岸戦争のシュワルツコフ退役大将，英国首相サッチャー，日本でも知られたエンターテイナーであるルシル・ボールなど受賞者の幅は広い（http://en.wikipedia.org/wiki/Presidential_Medal_of_Freedom）。
[3] これは，オーストリアの日刊紙『プレッセ（*Die Presse*）』に載った記事である〔Prüller (2004)〕。第1章で触れるとおり，ハイエクは若い時代に1年間留学生として，壮年期にシカゴ大学教授として，アメリカで生活をした。ただし，このプリューラーの記事は，ハイエク家で発見された，ハイエク自身が24歳の時アメリカ留学中に両親に宛て書いた手紙に関するものである。面白いことに，手紙の中には，大統領自由勲章受賞の際の答辞とは，ずいぶん違う若い時代のハイエク自身によるアメリカ的生活様式への批判も見ることができる。

れている。亡くなる半年前の出来事であった。

　自由主義の勝利を導いた経済学者・社会哲学者ハイエク，このイメージは今も強く残る。この「自由主義の勝利」というイデオロギーは，冷戦終結後の湾岸戦争，旧ユーゴスラヴィア内戦，9・11同時多発テロ，イラク戦争においても姿を変えつつ引き継がれていった。そしてそうした戦争と密接に関係している世界経済システムは，今や完全にボーダレス化し，雇用，社会保障など19世紀末から20世紀をつうじて作り上げられてきた社会制度の多くが市場経済の波に洗われ立ち行かなくなってしまっている。

　言い換えれば，オーストリアとハンガリー国境の鉄条網が撤去された時の，あのつかの間の希望に満ちた雰囲気をあっという間に吹き飛ばしてしまったのである。その後10年の数々の困難と悲劇を聞き知ってもまだなお「自由主義の勝利」というそのことだけは，そのまま強く残り続けているようにも見えてしまう。そしてハイエクの像は，そうした「自由主義」の多面的な歪みを隠すように，それらの上にしばしば無理やり重ねられてきたようにも見える。

　ハイエクは，本当に「マルクス主義を殺した哲人」[4]であったのか，「サッチャー，レーガン革命を導いた〈繁栄〉のバイブル」を書いた，その人であったのか。彼の主著ともされている『隷従への道』[5]は，ハイエクその人をよく表現しているのか。これらは，もちろんそれぞれのコンテクストにひきつければ間違いであるとは言えない。

　しかしながら，本当はもっと違った面があったのではないのか。イデオロギー的な側面よりも，もっと違った理論的思想的寄与をわれわれはハイエクの業績の中に見出すことはできないのか，本書はそんな動機から，いわば「ハイエク　対　ハイエク」という関心で，経済学者・社会哲学者ハイエクを再構成しようとするものである。

---

[4] Watanabe (1999).
[5] Hayek (1944/94).

第1章

鎖につながれた鷲

オーストリア共和国の国章

1914年6月28日，オーストリア領であったボスニア・ヘルツェゴビナのサラエボで視察中のフランツ゠フェルディナンド皇太子夫妻が暗殺される。前年1913年にオーストリアは好況に入っていた。大銀行をつうじて多くの産業を支配していたウィーンの資本家たちも，よもやそこから始まる戦争が4年におよぶとは予想していなかっただろうし，敗戦することになろうとも，そしてそれにより帝国が消えてしまうことなど予想すらしていなかった。

　7月28日，65年の長期にわたって，皇帝の座にあったフランツ゠ヨゼフはバート・イシュル[1]の皇帝山荘でセルビアへの最後通牒に署名をする。第一次世界大戦の勃発である。幸福なことに，彼は敗戦とその後のあらゆる領域での混乱を見ることはなかった。

　この戦争を境に，20世紀は前世紀との違いを明瞭にする。「戦争」という概念もこれを境に変わる。「平和」がはっきりとその対概念となるのもこの時からだと言える。当時建設中であったウィーンの新王宮に皇帝が住むことはなかった。そしてやはり建設中であった巨大な双頭の鷲をいただく戦争省も，当初の目的を果たすことなく帝国の時代は終わるのである。

旧・戦争省建物にある「双頭の鷲」

[1] ハプスブルク家の夏の山荘があった。現在は，風光明媚な観光名所となっている。

1．バート・イシュルの駅で

「1918年，ともに砲兵准尉だった時，バート・イシュルの駅で出会ったのです。ともにその夜，休暇を終え戦線に戻ることになっていましました。互いに相手に気づきました。(中略) 1918年8月31日，翌朝イタリア戦線に戻るのでウィーンに帰る時，見覚えある顔の若い士官がすぐそこを歩いていたのです。なんだ君かとむこうも気がつき，ウィーンまで車中いっしょになりました。(中略) 私は装備を持っていましたが彼は持っていませんでしたから，たぶん翌日『トラクタトゥス』を入れて戦線に行ったのでしょう。背嚢にあの草稿が入っていたはずです。当時はもちろん彼が哲学者だとは知りもしませんでした。戦線に復帰する前の最後の夜，ほとんど酔いどれた将校たちの一団とウィーンに戻ったのでした」[2]。

敗戦の少し前，バート・イシュルで偶然出会ったこの従兄弟同士，終戦時，その年長者はイタリア戦線から最後の帰還列車でウィーンへ，若いもうひとりは戦病者となり戦線を離れていた[3]。彼らが戻ったウィーンは，もはや彼らが出征した時のウィーンとは違っていた。そして何よりも，彼ら自身それぞれ，出征した時の彼らとも違っていた。この戦争は，戦争そのものの意味を変えたし，それを引き起こす人間の意味，そして社会の意味も変えていった。世界の意味がこの時を境に変わっていった。

「ヴィトゲンシュタインは私の母方の遠縁にあたります。ともに南スティリア[4]の地主でした。私は子どもの時，彼がユダヤ系だとは知りませんでしたし，そんなことは話したこともありませんでした。互いに距離があったとすれば，それは，むしろ私の家が彼らの家の社交様式には立ち入ることができないほど，彼らの家が資産家だったということにあるでしょう。(中略) 私の大叔母ポルディ叔母さんが自分の名前のついたポルディ山荘というのをチェコスロバキア

---

[2] Kreuzer (1983), S.11 f. この本は，オーストリア放送協会 (ORF) の著名なジャーナリストであるクロイツァーによるハイエク自身への回顧インタビューである。引用部分はハイエク自身の発言である (以下同様)。
[3] 戦病離脱の理由は，1918年夏に大流行したインフルエンザ (スペイン風邪) と，その後のマラリアによるものである [Caldwell (2004), p.135.]。
[4] シュタイアーマルク (Steiermark)。英語名スティリア (Styria)。州都はグラーツ。

に持っていたのですが，そこは一大音楽センターでした。レオポルディーネ・ヴィトゲンシュタイン[5]は，そこでブラームスを演奏しました。どれもこれも私の子どもの頃のことで，1914年でもってこれらはすべて終わりました」[6]。

フリードリヒの母方ユラーシェック家のみならず，父方ハイエク家も土地貴族の家であり，ボヘミア[7]に地所を持っていた。とりわけ母方の家は裕福であった[8]。祖父にあたるがフランツ・フォン・ユラーシェックは統計学者，経済学者であり，経済学のオーストリア学派の創始者メンガーとその継承者ベーム＝バヴェルクとも親交があった。ユラーシェックは，「ユラーチェック」と発音できるように，スラブ系の名前である。「Hayek」も「Hajek」であり名前の系譜は同様である[9]。ただし「j」が「y」になっているところにこの家のドイツ系オーストリア家系であろうとする主張を見ることができるようにも感じる。

「私の家族の中では反ユダヤ主義的発言は絶対に許されませんでした。（中略）私にはユダヤ系の家系はいませんが，反ユダヤ主義的言辞もありませんでした。しかし，そこには口にしないという反ユダヤ主義が存在してはいました。このことを私は否定することはできません。（中略）そのことを口にしたことはありませんでしたが，突然それが顕れ出ました。私の父はしばらくでしたがドイツ医師会（Verein deutscher Ärzte）の会長になりました。〈ドイツ系医師〉とは反ユダヤ系医師ということに他なりません」[10]。

こうした状況は，19世紀末，ドイツ系，ハンガリー系，チェコ系，クロアチア系，ユダヤ系など，20世紀の国民国家主義の台頭を生む民族主義的主張の始まりを示しており，続く時代に噴出するイデオロギーの諸傾向の断面をよく顕している[11]。そうした時代，1899年3月8日フリードリヒは，ウィーン4区メッセンハウザー通り（Messenhausergasse）14番地で生まれた。

---

[5] ルートヴィヒ・ヴィトゲンシュタインの母親。ハイエク家とヴィトゲンシュタイン家との関係については，Hennecke (2000), S.25. を参照
[6] Kreuzer (1983), S.11.
[7] ドイツ名ベーメン（Böhmen）。チェコの中核部分，中心都市はプラハ。
[8] Hennecke (2000), S.29; Caldwell (2004), p.133.
[9] Ebenstein (2001), p.12.
[10] Kreuzer (1983), S.10.
[11] 当時のイデオロギー状況については，Mori (1995) 第1章で詳しく論じた。

第 1 章　鎖につながれた鷲　17

ハイエクが生まれた住所の建物（メッセンハウザー通り）

「父は医者でしたが，それよりももっともっと植物学に没頭していました。家は父の世界中の大型植物標本でいっぱいだったのです。それらは今スウェーデンのイェーテボリ大学に所蔵されています。そうした環境は，自然科学の家のそれでしたが，私の父が文学にも大いに関心を持っていたというのも，たしかでした。そういうわけで，私は家で自然科学への関心，とりわけ生物学に惹きつけられましたが，ドイツ文学にも惹きつけられました。ふたつの領域のどちらをつうじても家庭環境が成り立っていました」[12]。

　父親アウグストも，1871年12月14日ウィーンで生まれ，医学を学び1895年医学博士，ウィーン市上席医療参事官，物療参事官を経て1926年退職，1928年11月6日没している。医者であるとともに，植物学を研究し，1905年に博士号，1906年に植物地理学で教授資格，さらに1912年には分類学でも教授資格を取得。

---

[12] Kreuzer (1983), S.7.

1922年からウィーン農科大学で私講師，1926年には員外教授となり，『一般植物地理学』を著している植物学者でもあった。

その父，すなわちフリードリヒの祖父グスタフは，1836年3月21日モラビア[13]のブリュン（現在のチェコ，ブルノ）で生まれ1911年1月11日，ウィーンで没している。1854年から63年まで海軍で軍務に服し，その後ウィーン大学で学び1869年自然科学で博士号を取得，1900年までギムナジウムの教授として自然史と化学を教え，多くの教科書を書いている。鳥類学の開拓者であり，またルドルフ皇太子[14]の教育係でもあった[15]。

フリードリヒ・フォン・ハイエクは，こうした家系に生まれ育った。ちなみにフリードリヒの二歳下のハインリヒは外科医となり，もうひとり五歳下の弟は化学者となった[16]。

フリードリヒは，フランツ＝ヨゼフ・リアル・ギムナジウムに入る。これは理工系のギムナジウムであるが，ここに巧く合わず途中から人文教養教育のメイドリンガー・ギムナジウムに移っている[17]。そしてギムナジウム途中，17歳の時に第一次世界大戦が始まる。戦時緊急の繰上げ卒業で戦線に行くのである。敗戦，復員，帰郷した時，世界は大きく変化してしまっていた。

2．リンクシュトラーセ自由主義の終末

オーストリアは，当時オーストリア＝ハンガリー二重帝国という特異な形態を取っていたことはよく知られているとおりである。オーストリア皇帝でありハンガリー国王であるということで，この帝国の国章は「双頭の鷲」として表現されていた。この国章，1918年敗戦による帝国の崩壊とともに，単頭の鷲となるが，その鷲にはいくつかの特徴がある。鎌と鎚を持ち，しかも鎖につなが

---

[13] 英語名（Moravia），ドイツ名（Mähren）。チェコ東南部。
[14] ルドルフ皇太子は，皇位継承者であったが，1889年ウィーン近郊マイヤーリンクで自殺する。テレンス・ヤングの「うたかたの恋」（邦題）はこの悲恋の物語の映画である。
[15] "Hayek, Friedrich August v.", "Hayek, August v.", "Hayek, Gustav v.", Hayek, Heinrich v.", in : Czeike (1994), S.103 f.
[16] Ebenstein (2001), p.7; Caldwell (2004), p.135. Heinrich von Hayek (1900-1969). *Die menschliche Lunge*（原沢道美・松宮恒夫監訳『肺』広川書店　1978年）の著者。
[17] Franz-Josephs-Gymnasium は，現在の Stubenbastei 6-8 にある。また Meidlinger Gymnasium は Rosasgasse 1-3にある。いずれも国立ギムナジウム。

ウィーンにおけるハイエク縁の場

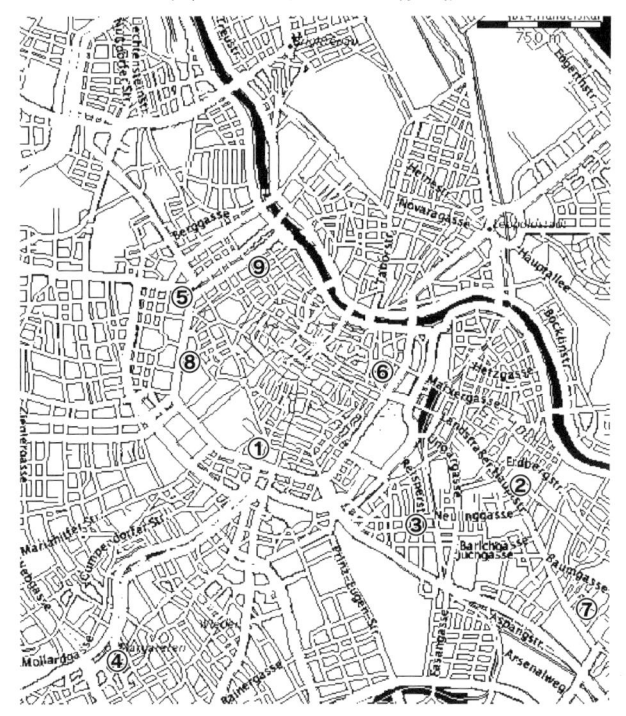

①ユラーシェック邸（現ホテル「ブリストル」の場所），②メッセンハウザー通り（Messenhausergasse），③ストロー通り（Strohgasse），④マルガレーテン通り（Margaretenstraße），⑤ウィーン大学，⑥ウィーン商工会議所（Wiener Kammer für Handel, Gewerbe und Industrie），⑦レオンハルド通り（Leonhardgasse），⑧カフェ「ランドマン」（Café *Landtmann*），⑨ヴィップリンガー通り（Wipplingerstraße），①⑥⑨⑤⑧に沿った環状道路がリンクシュトラーセ（Ringstraße）

れている。そして特異な冠を戴いている。鎌は農民，鎚は労働者であり，これはかつてのソビエトの国章を思い起こさせる。さて，冠は城壁冠[18]と呼ばれる都市の城壁を表しているが，ブルジョアを象徴するものとされおり，ウィーン市のブルジョアを意味している。1918年のオーストリア共和国の成立とは，言うなればこれら3つの政治勢力，すなわちブルジョア，労働者，農民の関係で成っていたということである。

---

[18] Mauerkrone. 城壁の上端部分を表しているし，また敵の城壁に一番乗りしたものに賞として与えられた冠ともされている。

1）「赤いウィーン」

　ブルジョアの政治舞台への登場は，この時より70年ほど前まで遡る。すなわち1848年の三月革命以降である。産業革命が西ヨーロッパの国々に比べて遅く始まったので，当然その担い手であるブルジョア層の生成も遅かったのだが，第一次世界大戦までの半世紀を越える間に，財界人，銀行家，金利生活者たちであるブルジョアが，皇帝と貴族の文化と伝統に対抗しつつ同時に模範としながら，ウィーンの街の骨格を作り上げていった。

　産業革命による富という物質的な豊かさの獲得による勢力拡張のみならず，ブルジョアは自らの精神的なアイデンティティ獲得に，芸術，文化への寄与・育成とともに，とりわけ近代的都市建設にイニシアティブをとった。街の中心部の「リンク」と呼ばれる環状道路のまわりに並ぶモニュメント，例えばウィーン大学，ブルク劇場，市庁舎，国会，美術館，株式取引場などは，それ以前の王宮をはじめとした皇帝に関係する建築物との対比で，そしてより正確にはそれらを雛形として，19世紀後半の政治的主導権を握ったブルジョアたちが自らの自己主張とともに築いていったものである。母方のユラーシェックの邸宅もそうした建物のひとつにあった。この邸宅の建物は，ウィーンを代表する目抜き通りケルントナー通りとリンクの交差点にあった[19]。

　リンクは，もともとは旧市街の城郭を取り囲む防塁と堀を取り払い作られた環状道路である。防塁と堀の外側は，「グラシ」と呼ばれる緑地であった。オスマン・トルコからの攻撃に対する防衛上の必要がなくなってすでに久しく，そして産業革命は，近代的な都市建設を必要とし，防塁と堀の解体を行い都市の拡張が必要となったのである。皇帝フランツ＝ヨゼフがこの命令を出したのは，即位8年後1856年のことであった。

　その後ウィーンの人口は，1869年524,202人，1910年1,195,549人と2倍をこえる成長をしていくが，これが産業革命の結果であることは，たしかなことであった。もともと絹織物とこれに関わる衣料品，装飾品の問屋制家内工業がこの街の重要な産業であったが，とくに1859年から繊維・衣料産業に手厚い保護がなされるようになる。絹織物自体は，フランス，イタリア，スイスなどの諸国の

---

[19] この邸宅のあった建物は，1914年に建替えられ現在はホテル「ブリストル」となっている。ケルントナー通りをはさんでウィーン国立オペラ場の対面の建物である。ハイエクは，この邸宅での蔵書に親しんだと言われる〔Hennecke (2002), S.29; Caldwell (2004), p.133.〕。

ユラーシェック邸のあった国立オペラ場近くにある現在の建物
（写真右： 現ホテル・ブリストル）

産業との関係で衰えはするが，繊維産業自体は残る。

　ウィーンが帝都として広大なハプスブルク帝国の中心であり，産業とともにその金融の中心機能を果たすようになるのは，そうした初期の産業革命の蓄積による下地が存在していたからでもあるが，帝都であることから1850年代から銀行の数が増えはじめ，それに伴い株式会社の創設数も多くなっていく。1837年に最初の鉄道が北に向けて開業するが，1841年南，1845年東，1856年西への鉄道も開業し，1866年にフランツ＝ヨゼフ駅開設により北への交通が充実する。鉄道とともに，ドナウ川の改修工事，そしてウィーン中心部への運河建設が，産業発展に寄与したことは当然であり，繊維産業にかわり金属加工業も主役になる。大観覧車で有名な万国博覧会が1873年に開催されているが，これもこうした産業発展の直接的な表現であった。

　ただし，ウィーンの産業進展の特徴は，防塁・堀の除去，そしてグラシへの都市の拡張部分に，工場地帯が次々に出来ていったというよりも，もともとの

衣料，装飾業など比較的規模の小さな業種がそのまま残りつつ，帝都というゆえに，帝国内で鉱山や工場を持ち活動をする企業家たちの本部機能を置く場として，そしてそれに関係して金融を行う銀行業が発達し集中していったということに特徴がある

　拡張された空間が，そのまま工業都市化されたのではなく，そうした企業家と銀行家，そしてもともとの商工業者たちの居住空間として拡張されていったのである。1859年から繰り返し，建物の高さ，道路の幅についての建築基準が強く制定されていく一方で，同じ年に制定される税法では，直近5年以内に建設される建物への税が18年，直近10年以内の場合には15年免除，さらには旧グラシへの新規建設には25年から30年に及ぶ税免除など，都市を一定の秩序のもとで民間に建設させていくということが徹底されていった。オットー・ワグナー，アドルフ・ロースなど著名な建築家が腕を競って建物を設計することになったのも，建設されていく豪壮な集合住宅が，それぞれ強い商品価値を持ったということによってである。すなわち，企業家，銀行家たちには豪壮な住居建設は重要な投資対象であり，それに伴い建設業は栄え，そして建てられた豪壮な住居に企業家，銀行家，建築業主が住むとともに，さらにより美しく豪壮で商品価値ある住居へと移り住んでいくという回転率が，豪壮であるにもかかわらず高く，需要がつねに喚起されていくことをつうじて，都市建設が特徴的に展開していったのである。

　当然のことであるが，土地投機とともに土地の分割販売も盛んになるし，抵当権設定による金融も活発になる。1904年，ウィーンの家屋所有に関する抵当権設定額は，当時のオーストリアの国家予算の4分の1に達するほどにもなっていったのである[20]。

　ただし，こうした邸宅マーケットがそのまま商品経済を形成していったということが，そこに住む必ずしもすべての人々に幸せをもたらしたというわけではない。三月革命以降の産業資本家の台頭，そして彼らによる建設ラッシュは，高級家具，室内装飾など特定の伝統的な商工業者をも含み込んで産業発展をさせていくことにはなったが，それ以外の零細で斜陽の中小の商工業者とは利害対立を生むことになった。また建設ラッシュは当然，それに応じてたくさんの

---

[20] Bobeck / Lichtenberger (1966), S. 41-56.

建設労働者も必要とすることになった。鉄道，運河の充実もやはりこれと同じ結果を生んでいった。

　反ブルジョアの最初の動きは，いわゆるキリスト教社会主義の台頭である。マルクスは『共産党宣言』の中で，こうした社会主義を，自らの共産主義と厳密に区別をしたが，反ブルジョア勢力の結集は，ブルジョア以前の価値であるカトリシズムを復活させ，それをもとに共助するというゲマインデ社会主義を形成していく。とりわけ都市のプチ・ブルジョア層と農民の支持を集めていくのである。1897年から1910年までウィーン市長をつとめるカール・ルーエガーは，こうしたキリスト教社会主義の代表的な政治家である。ただしこの時代は，この反ブルジョアの支持基盤に支えられながらも，ブルジョアが建設していた都市建設と混交しながら，そこにさらに混じり込んで拡幅充実していくという時代でもあった[21]。

　商品経済がブルジョアのみならず，中小商工業者・農民などの庶民層にまで広がることにより，土地や株式への資産家の投資という形態とは異なる，庶民の貯蓄という形態も充実していく。ルーエガーの時代に郵便貯金制度が整えられていくのは偶然ではない。郵便貯金は，ブルジョアの大銀行への預金に対抗的に登場してくるものである。こうした貯金による貯蓄銀行の登場は，土地投機，地所分割，抵当権売買とは異なる，銀行が扱う新たな金融商品の出現ということでもある。それまでの不動産銀行から動産銀行へと，銀行の形態も変容させていくのである。

　第一次世界大戦直前，ドイツよりも相当に遅れてであるがオーストリアにおいても産業革命の重工業部門への展開が始まる[22]。軍需用品を中心にした展開であったのと，主要な企業の多くが，ウィーンの特定の銀行により支配されるようになっていったのが特徴である[23]。こうした金融資本主義の形成が，第一次世界大戦勃発の潜在的構造要因のひとつでもあった。しかしながら，そうした金融支配下での軍需産業を軸にした景気浮揚が始まった1913年が，実は西ヨーロッパ諸国に比べて遅く始まった産業革命をつうじてブルジョアが主導してきた都市建設のウィーンの最後の年ともなったのである。

　第一次世界大戦は，ウィーンに直接的な軍事的被害こそ与えはしなかったが，

---

[21] Schorske (1961), 171頁以下．ルーエガーについては，Mori (1995), 26頁でも触れている．
[22] März (1983), S.154 ff.

こうした経済構造を完全に崩壊させることになる。とりわけ敗戦により，ハプスブルク帝国の産業的に重要な地域を多く失うことになる。ウィーンを動かしてきた経済システムは完全に破綻する。通貨クローネは当然，価値を失い大暴落する。1923年にジュネーブ条約により，それまでのオーストリア＝ハンガリー銀行を清算し，イギリス，アメリカ，フランスなどの融資により新生オーストリア国立銀行が設立されることで，とりあえずの経済基盤の一時的安定が確保されることにはなるが[24]，新生オーストリア共和国は，1913年の経済水準をその後1938年ヒトラーのドイツと合邦する時までに回復することはなかったのである。

ところで，オーストリアの国章にある鷲が持つ鎌は農民，そして鎚はもちろん労働者を意味しているが，この紋章の制定は1918年であり，その時の政治勢力の関係がそのまま表現されていることはすでに述べたが，最も重要なことは，1918年を境にオーストリア社会民主労働党が，この国の政治舞台の中心に立ったということである。とりわけウィーン市はこの時から，ファシズムの時代をのぞき現在まで一貫して，この社会民主労働党（第二世界大戦後は「社会党」と改名）が圧倒的支持基盤を保持していくことになるのである。

とりわけ第一次世界大戦後の二代目の市長となったカール・ザイツ[25]は，「赤いウィーン」として知られる，社会民主主義による社会・都市政策のその後の雛型となる市政を実行する。このことは，今もウィーン市内，とりわけリンクから離れた周辺部を歩いていくと，その時代の様子を記念碑的に目にすることができる。南北4キロにもわたるカール・マルクス・ホフをはじめ，この時代に建設された大規模な市営住宅群である。リンクの外側は，そうした労働者住

---

[23] こうした銀行支配の中心にあったロスチャイルド家の銀行「クレジット・アンシュタルト」についての詳細な事例研究は，März (1981) を参照できる。この研究は，とりわけ1913年，すなわち上述した第一次世界大戦の前年，ようやく重工業への展開が始まった年から，オーストリア＝ハンガリー銀行破綻までを主題にしたきわめて詳細なものである。こうした問題関心は，大雑把に言えばメルツの先生であったシュムペーターの主題『経済発展の理論』〔Schumpeter (1926)〕においても，ウィーンを中心としたオーストリアでの経済発展が重要な事例であったし，こうした発展へのマルクス主義の文脈からの批判的研究であるヒルファーディングの『金融資本論』〔Hilferding (1910/20)〕においても共通している。

[24] このあたりの問題は，ハイエクにとって重要な先生となるミーゼス，そして友人シュッツの職業とも関係している。詳細は Mori (1995), 39頁以下および145頁以下を参照して欲しい。

宅群が形成されていったと言うことができる。これらもリンクの豪壮賃貸住居同様に，今もなお十分に利用されているが，第一次世界大戦前までになされたブルジョアの街建設とは明らかに雰囲気の違うたたずまいを今も知ることができる。

　赤いウィーンによる住宅建設数はすさまじいものがある。ウィーン市における住宅建設の施工主体の比率を見ると，1918年までほとんどなかったウィーン市自体による住宅建設が，1923年以降1934年内戦により社会民主労働党が非合法化されオーストリア・ファシズムの時代に至るまでの間は，ウィーン市内で建設される住居のほぼすべてを占めていたことがわかるのである[26]。こうした極端な数字の変化は，きわめて大規模な公共政策が断行されたということを示している。ザイツは，ブライトナーをはじめ，きわめて優れた腹心の行政官僚によるチームを使って，税制改革とともに労働者階層を徹底的に優遇する住宅建設を行っていったのである。

　第一次世界大戦中，すでに当時オーストリア領であった西ウクライナがロシア軍に占領されるに伴い，避難民が多くウィーン市内に流れ込み住居の不足が始まる。1918年の敗戦は大量の復員者がウィーンに集まってくるということであり，さらにハプスブルク帝国の崩壊は，旧帝国内の軍人，官僚など公務員，ドイツ系市民がウィーンへ避難民として流入してくることであった。

　当然，極度の住宅不足が発生する。社会民主労働党治下のウィーン市は1919年住居提供を促進するための施策を開始するが，とくに1922年借り手保護法（Mieterschutzgesetz）の制定によって，家賃は1914年8月，すなわち第一次世界大戦開始間もない頃のそれの150倍に固定されることになる[27]。これは，オーストリア＝ハンガリー銀行を清算し，新生オーストリア国立銀行設立により通貨安定化が始まった1924年の貨幣価値が1914年の1万4400分の1まで下がって

---

[25] ザイツは，1869年ウィーン，ヌスドルフで生まれている。1875年両親を失い孤児院で育つ。篤志家の支援を受け1889年からウィーンの小学校教師となる。教育改革運動に参加し，1901年国会議員に選ばれ，オーストリア社会民主労働党の中心人物のひとりとなる。1919年に誕生した最初の社会民主主義者の市長ヤコブ・ロイマンの後を継ぎ1923年ウィーン市長に選ばれ，1934年の内戦によりオーストリア・ファシズム独裁により逮捕されるまでその職にあった。1944年7月ナチによりラーヴェンブリュック強制収容所に送られるが生還，社会民主労働党党首，国会議員，戦後再建期オーストリアの重要な指導者ともなった。

[26] Bobeck / Lichtenberger（1966）の詳細な研究（とくにこの書の付録図9）。

いたことを考えると，家主のみならず，家屋と土地保有者には，きわめて厳しい法の制定となった。

こうしたリンクシュトラーセ自由主義から赤いウィーンへの大転換は，青年ハイエクや，とりわけウィーン大学に当時入学した同世代の若者たちにとっても，たいへん大きな出来事であったはずである。ハイエクが生まれて以来住んできた家々，4区メッセンハウザー通り14番地から，同じく4区ストロー通り3番地 (Strohgasse 3)，5区マルガレーテン通り (Margaretenstraße) 82番地2-3号，そしてオーストリア景気循環研究所所長に就任した当時のレオンハルド通り (Leonhardgasse 3-5, Stiege2) の住居，これらはどれも，次に述べる彼の友人たちの居所と同様に，リンクシュトラーセを中心に自由主義を掲げたブルジョアが築いていった都市空間の中にあった。

2) 友人と仕事

学問を修め研究を続けていくには，何よりもよい先生と友だちが必要である。ハイエクは20代前半に，その後の彼の一生を決める大きな出会いをする。シュパンとミーゼス，そしてシュパンのゼミでのトラブルがきっかけで生まれたガイスト・クライスというサークル，そしてミーゼスが主宰していたプライベート・ゼミナールをつうじての優秀な友人たちとの一生にわたる交友関係ができるのである。

博士論文の審査者はシュパンとケルゼンであったが，若い時代のハイエクには，シュパンの存在は小さくなかった[28]。シュパンの『国民経済学の主要理論』[29]は，1910年初版1949年第26版までに13万部にもなるベストセラー教科書である。重商主義から講じる学説テキストであり，1920年代以降の動向も順次書き足し改版されていった。「大学でどのように国民経済学を学ぶか」という基本文献

---

[27] 1921年ウィーン市は，ニーダーエスターライヒ州から独立してウィーン市単独で連邦を構成するひとつの州となる。農林業を中心としカトリシズムの強いニーダーエスターライヒ州と，工業労働者が増加していったウィーン市との産業人口構成の違いから必然的な点もあるが，この州への昇格が，ウィーン市のオーストリアにおける独立性を高め，連邦政府から独立した政策を実施することにつうじている。

[28] ケルゼンについては，とくにハイエク晩年の法律基礎論への研究において，法実証主義への反対，そしてケルゼン批判という点で，ハイエクとの関係は重要になる（第5章第3節2）参照）。

[29] Spann (1910/49).

ウィーン大学時代の両親との居所（マルガレーテン通り）

目録などもついた，現在においても，その時代つまりシュパンの時代までの経済学のまとまりに目を遣るのには，まだなおよい教科書かもしれない。

シュパンは，1909年オイゲン・フォン・フィリッポビッチの後任として政治経済学および社会学（Gesellschaftslehre）の正教授としてウィーン大学に嘱任される。ただし，彼の思想は，プラトン，アリストテレス，トマス・アクィナス，マイスター・エクハルト，そしてドイツ観念論とロマン主義に典拠するカトリシズムと密接に結びついた社会哲学である。普遍主義と全体学という特有の社会理論を展開し，1920年代後半からナチに支配されるまでのオーストリア・ファシズムのイデオロギーの源泉となった[30]。

「1921年秋のことでした。ハイエクと私はすでに第2および第3セメスターに入っており，シュパンの〈国民経済学演習〉に参加していました。ある夜シュパンが彼の十八番の理論〈身分制国家の創造〉を展開し出しました。むなしくも15年後に首相シュシュニク[31]がこれを実現しようとした思想ですが，その中で〈靴職人は靴職人のことだけ〉を決定すればよいと始めたのです。こういう考えをハイエクは批判し，シュパン自身の説にしたがって純粋に〈靴職人的〉か〈非靴職人的〉かどうかなどは何の重要性もないことだと指弾しました。いくつか具体的な例を挙げて私もハイエクをサポートしました。ゼミの後，私たちは彼のところに呼ばれ，自分の〈目をかけているふたり〉に重要な問題でさらしものにされたことについて，ぶつぶつ言われました。こういう非難はアカデミックな議論の自由への介入だと私たちは感じ，その夜に〈自立する〉ことを決めて社会諸科学のあらゆる領域から同好の士を募り小さなサークルを作り私たちの考えを自由に交換することができる場としました。細かい専門技術的なことについてではなく，できるかぎり一般的関心の持てる基本諸問題について意見交換をしました」[32]。

これがガイスト・クライスの誕生である[33]。友人フュルトとともにハイエク

---

[30] シュパンとその社会哲学，さらにその時代のキリスト教社会主義，カトリック復古主義の政治との関係については，拙著〔Mori（1995），78-89頁〕で詳しく論じたので，ここでは割愛する。

[31] この講義はのちのシュパンの主著『真正国家』〔Spann（1922/72）〕にまとめられ，ハイエクの言うとおり1934年以降のオーストリア・ファシズムの指導イデオロギーとなった。

[32] Furth（1989），S.248. 本文ではFürthをドイツ語読みで表現しているが，アメリカではウムラウトがなくなっている。

が作ったこの会は，1938年まで最大25人のメンバーがいたそうであるが，常連は12人だったという。彼らはハイエクの生涯にわたる仲間であり，後にみな世界的に著名になる。経済学の研究仲間であるゴットフリート・ハーベラー，フリッツ・マハルプ，オスカー・モルゲンシュテルン，そして政治学のエリク・フェーゲリン，社会学のアルフレート・シュッツ，歴史学のエンゲル＝ヤノシュ，芸術史のオットー・ベネシュ，哲学のフェリクス・カウフマン，数学のカール・メンガー（メンガーの息子）らであった。彼らとの出会いは，ハイエクにとっても決定的であった。

「大学生活のほぼ最初から私はウィーンで最良のユダヤ系インテリグループに属する一群の同世代人とつきあいを持ったこと，このことがどれほど私の助けになったかについては，どれほど評価しても足りないほどです。彼らは，文芸的な教養についても全般的な意識においても私よりもずっと先を歩いていたのは明らかでした[34]。初めて，仲間と成績で競い合おうという，ある思いが私の学業に影響を与えるようになっていきました。（中略）彼らは私自身が属してきた集まりよりも，はるかにずっと国際的な素養を持っていました。彼らにとっては，フランスやイギリスの知的世界で起こっていたことも，ドイツ語圏で起こったこととほぼ同じほど身近なことだったのです。バートランド・ラッセル，H. G. ウェルズ，プルースト，クローチェといった名前は私には初めて耳にする名前でしたし，普通に会話に入っていくにはそれらの思想を知っていなければならなかったのです」[35]。

このガイスト・クライス，年に6，7回の会合を持っていたそうであるが[36]，1921年と翌22年ハイエクは「帰属論」と題して2回報告をしている。その内容は，あとで紹介する彼の博士論文の内容である。

1923年2月この博士論文で，ふたつ目の学位を取得するが，この取得前にす

---

[33] このサークルの名前は，メンバー間に恋愛関係の難事が持ち込まれて，サークルがつぶれないように，女性の参加を認めていなかったため，参加を認められなかった女性から「精神の修道士（Brüder im Geist）と皮肉られたことに由来するという〔Mori (1995), 133-136頁参照〕。
[34] メンバーの中でハイエクとフェーゲリンは非ユダヤ系だった。「それゆえに，ハイエクは学生の時，民族主義の学生指導者にしつこくからまれたことがあったし，フェーゲリンは，私講師のまま長い間先延ばしされたと言われている」〔Furth (1989), S.249.〕。
[35] Hayek (1994), p.57 [36-7頁]．
[36] Mori (1995), 135-136頁ではこのサークルの報告題目を整理して表にしてある。

でにヴィーザーの紹介によりオーストリア清算局（Abrechnungsamt）で仕事をするようになっていた。オーストリア清算局は，ウィーン第1区シュトゥーベン・リンク8から10番地にある，すなわち現在も使われているウィーン商工会議所の美しい建物の中に設けられた。1918年のサンジェルマン条約[37]の履行のため戦前の国家間にあった私法上の負債関係を清算するための臨時の役所であった[38]。そしてこの就職こそ，ハイエクにとって決定的なものであった。というのも，そこでミーゼスと出会うからである。

「私はヴィーザーの推薦状をもってこの職のためにミーゼスのところに行きました。ヴィーザーの紹介状を読みながら私の方を見ていたミーゼスを今も思い出すことができます。〈ヴィーザーは君が嘱望される若い経済学者だと言っているが，私は私の授業で君を見たことがないなぁ〉と。しかし彼は仕事をくれました」[39]。

ここからミーゼスとハイエクとの関係が始まる。ミーゼスは，ウィーン商工会議所の主任研究員であり，ウィーン大学でゼミナールを持っていたし，また商工会議所の施設を使って，若い博士号取得間もない研究者を集めてプライベート・ゼミナールを主宰していた[40]。彼らは，おおむねガイスト・クライスとメンバーは重なっていた。

若いハイエクにとって，シュパン，ミーゼスそして若い優れた同世代の仲間たちとの出会いはその後の彼の人生に決定的であった。とくに同世代の仲間たちとの出会いが，その後のハイエクの思想を彫琢していくために何よりも大きな寄与をした。ただし，この仲間たちとハイエクとには，ユダヤ系か非ユダヤ系かということの他に，当時の経験でひとつ大きな違いがあった。というのは，仲間たちがこの時期ほぼウィーンで過ごしたのに対して，ハイエクはシュムペーターの推薦状を持ってニューヨーク大学のジェレミア・ジェンクス教授の

---

[37] 第一次世界大戦終結後のオーストリアと戦勝国との講和条約。
[38] この役所の次の記事は，Dr. Hの署名があり，ハイエクのものであると推定している。"Die österreichischen Güter, Rechte und Interessen in Italien", in: *Friedensrecht -Ein Nachrichtenblatt über die Durchführung des Friedensvertrages Enthaltend die Verlautbarungen des österreichischen Abrechnungsamtes*, No.9 (1. Jahr), 31. März 1922.
[39] Hayek (1994), p.67 [52頁]．正式には，1921年10月22日から1926年12月31日までこの役所に勤めていた〔Ein Brief vom Bundesministerium für Unterricht an Friedrich v. Hayek, 4. Jänner 1962, in: Hayek [1961/62].〕。
[40] ミーゼスについては，詳しく描いた〔Mori (1995), 129-133頁〕。

つてを頼りに，1923年3月から翌24年5月までニューヨーク大学に籍をおき博士論文の準備をしつつ勉学とともにさまざまな体験をしたことである。まだ，アメリカからのロックフェラー奨学金などが整備される前の，自分の力そして決心による留学であった。

ハイエクの渡米中にロックフェラー奨学金が始まり，ヴィーザーはその最初のオーストリア人候補としてハイエクを推薦したのだが，ハイエク自身の帰国と行き違いになってしまうことになる[41]。ハイエクが，この奨学金によりさらに継続してアメリカにいたとしたら，彼の人生と経済学の歴史は変わっていたかもしれない。しかしながら，ハイエクは，他の同世代の仲間たちとは異なり，早々にアメリカの知的空間を経験することにより，英語圏の経済学者たちの業績と文献，アメリカの銀行制度などについて早くに詳しい知識を得る機会に恵まれたのである。そしてまた，早々に帰国したことにより，アメリカでの経済学の動きを知って，ドイツ語圏での本格的な研究を開始していくこともできたのである。彼が，1931年ロンドン・スクール・オブ・エコノミクスに招聘されるひとつの理由は，彼が早くに英語圏での経験があったからである。

3）カフェ「ランドマン」にて

ウィーン大学のすぐ近くのリンク沿いにあるカフェ「ランドマン」はこの街で最も有名なカフェのひとつである。『ランドマン新聞 (*Illustriertes Landtmann Extrablatt*)』によれば，このカフェをひいきした人は現在に至るまできわめて多く，学者，文人，政治家，例えばシグムント・フロイト，オットー・プレミンジャー，クルト・ユルゲンス，ロミー・シュナイダーなど，そして最近ではヒラリー・クリントンがあげられている。

こうしたカフェも実は，リンクの豪邸住居と同様，投資売買の対象であり，余裕ある資産家の文化への貢献でもあった。このカフェ「ランドマン」，現在はその地下はキャバレーを行う劇場となっているが，そうした劇場に改装されたのは，1936年のことであった[42]。改装前，そこはコンファレンス・ルームであった。オーストリア国民経済学会 (Nationalökonomische Gesellschaft) は，こ

---

[41] このあたりのエピソードついては，ハイエク自身が思い出で言及している〔Hayek (1994), p.65 f. [48-51頁]〕。

[42] *Illustriertes Landtmann Extrablatt*, Wien 1998, S.3.

こを学会の会議場としてしばしば使っていた。

　この学会は，ミーゼスが設立したと言ってよい経済学のオーストリア学派の学会である。すでに別の経済学会が存在し『国民経済学・社会政策雑誌 (Zeitschrift für Volkswirtschaft und Sozialpolitik)』という機関紙も刊行されていた。ミーゼスの回顧録を見ると，すでにあったこの学会運営がミーゼスにとって巧くいかなくなったいくつかの問題を知ることができる。「ヴィーザーの退職後（中略）国民経済学の3つの教授職に就いていたのはオトマール・シュパン，ハンス・マイヤー，そしてフィルディナンド・デーゲンフェルト=ションベルク伯爵だった。シュパンは，最新の国民経済学をほとんど知らなかった。彼は国民経済学を教えたのではなく，普遍主義，つまり国家社会主義の説教を行っていた。（中略）マイヤーはヴィーザーの愛弟子だった」[43]。

　カトリシズムによる復古主義の社会哲学を掲げる政治経済学者に対して，ミーゼスは学問的な経済学をオーストリアに整備したかったということである。そうして設立されたのが，この国民経済学会であり，1930年から『国民経済学雑誌 (Zeitschrift für Nationalökonomie)』を刊行する[44]。

　こうした科学理論としての国民経済学の確立に強く寄与しようとしたミーゼスは，もうひとつ重要な貢献をしている。

　敗戦，帝国の崩壊，共和制への移行という，ほんの短い間の大きな制度変転は，一方でカトリックと結びついた復古主義を生み出しただけではなく，さらにそのもとに防郷団 (Heimwehr) という武装組織も生み出し，後のオーストリア・ファシズムへの道を拓くことになった。他方で社会民主主義者も，とりわけウィーン市で主導権を握って社会化政策を推し進めたが，復古主義者の場合と同様に共和国防衛という名目で武装組織を有するようにもなった。イデオロギーと政策での対立がただちに内戦となる可能性を極度に高め，経済状況を冷静で理論的に分析する雰囲気を消し去っていったのである[45]。

　そうした時代，イデオロギーによる社会経済の再設計と再編成が進められていくことについて，復古主義に対しても，社会民主主義に対しても強硬に反対

---

[43] Mises (1978), S.61.
[44] 本書巻末文献表には一部だけしか載せていないが，『国民経済学雑誌』にはハイエクによる夥しい数の書評論文があり，彼が当時の内外の文献を徹底的に精査，精通していたことがうかがわれる。

景気循環研究所所長当時の居所（レオンハルド通り）

を唱えたのがミーゼスであった。そして、とりわけ英米ですでに存在していた研究機関であり、またヴィーザーもその必要性を説いていた、科学的知見に基づき経済を分析していくための研究とそのための機関設立に努力した。

1927年のオーストリア景気循環研究所[46]の設立がその実現であるが、ミーゼスはハイエクをこの所長に抜擢する。ハイエク27歳のときであった。この研究所も、ウィーン商工会議所の建物の中にあった。

さて、イデオロギー対立から内戦の危険が増していった時代、ハイエクは、オーストリア学派の学会である国民経済学会において繰り返し研究報告をして

---

[45] 1927年ブルゲンラント州シャッテンドルフで発生した大ドイツ主義系勇士団と社会民主労働党系共和国防衛隊との発砲死傷事件と、それに関連した裁判判決の結果発生したウィーン司法院放火炎上事件、警察による発砲事件など、イデオロギー対立は武装対立へと発展していく。1934年2月には内戦となる〔Mori (1995), 140頁以下〕。ポパーは、1927年の警察による発砲事件の目撃者であった（第6章第4節参照）。

[46] Österreichisches Institut für Konjunkturforschung. この設立については詳細を論じたことがある〔Mori (1995), 114-129頁〕。ハイエクは1927年1月1日所長就任、1932年9月30日退職。その間、1931年10月から1932年6月までロンドン・スクール・オブ・エコノミクス客員教授であった。

いる。1928年「借家人保護問題」という報告を行っている。同じ年ミュンヘンの経済学者ファスがまとめた『ウィーン住宅統制経済 1917～1927年』[47]への反論と自説展開である。ファスの100頁を超える論稿は第1部が居住面積，家賃上限設定などの統制状況と，市政府による分配政策について，第2部が新規建設政策について，それぞれウィーン市，オーストリア財務省，オーストリア貯蓄銀行のデータをもとにした詳細な実態調査結果報告であった。

これについてのハイエクの論点はふたつある。ひとつは，ファスが冒頭に書いた，「オーストリアでは，実際的な経済諸問題全般に対してあからさまな科学的無関心が支配しており，ウィーンの住宅事情の展開について過去からこれまで，無数のパンフレットを除き，真面目に取り合うべき著書や論文さえもほとんどない」[48]とする挑発的な指摘への反論である。

そして今ひとつは，ハイエクが継承していくことになるオーストリア学派の資本論という純粋経済学の枠組みを前提にして，このウィーンの住宅政策問題を論じるということである。

最初の問題は，ヴェーバーが「客観性論文」[49]で主題にしたことでもあり，とりわけその主題である価値判断論争の一方の側の論者であったメンガーは，ハイエクを生む学問的伝統の開祖であった。この点では，メンガー，そしてヴェーバーにも倣ってハイエクは，個別の政策に経済学を適用するという方法については，理論科学の存在意義を掲げて反論している。「あるひとつの経済政策的措置に賛成か反対かの最終決定を，厳密に言えば，科学に期待することはまったくできないし，その名でもって表明することもできない。科学としての国民経済学にできるのは，さまざまに問題となる諸措置に必然的に結びつくことになる諸結果を示すこと，このことだけである」[50]。

メンガー以来の法則定立科学としての理論経済学の主張である。この点では，ベルリンの歴史学派経済学者が，科学的知見と称して政策を左右することについて，オーストリア学派は強い批判を加えてきたし，1918年夏学期ウィーン大学で客員教授であったヴェーバーも，当時のオーストリア学派の代表者たち

---

[47] Vas (1928).
[48] Vas (1928), S.VI.
[49] Weber (1904).
[50] Hayek (1928b), S.182.

ヴィーザーやシュムペーターと似た立場にあったと考えられる。ヴェーバーと違う点をあえて言えば，メンガーからハイエクへと至るオーストリア学派の論点は，ハイエクが上述するとおり，ある特定の政策的措置の良い悪いということよりも，そうした措置をとると，法則論的にどういう結果を招くかについて，経済システムについての理論的知見から意見を提示することにあった。したがって，ウィーン市の住宅政策への諸措置が，経済システムのその複雑さのみならず，どのような結果を法則論的に招くことになるかを論じることに，ハイエクの関心はあり，これが後者の問題へのハイエクの理論的見解であった。

　この見解は，報告の翌年に公刊される彼の二冊目の著書『価格と生産』におけるハイエクの理論的枠組みにほぼ沿った考え方である[51]。国民経済学の観点から，ウィーンにおける住宅統制経済が国民経済全体にどのような影響を与えることになるのかについての推論である。

　最も本質的な前提とされるものは次のようであろう。すなわち「価格というものは，供給可能な量にまで需要を縮減していくように働くものである。(中略) あるひとつの物の価格を自由市場の価格以下に人工的に削減していくことはどれも，供給されるより以上に需要されるという結果となる。したがって，住居および店舗空間の法定家賃が，自由諸市場で形成される家賃よりも低く据え置かれれば置かれるほど，それだけいっそうこの場合も供給可能な量を需要が必然的に上回っていくことになろう」[52]。

　これは経済の基本法則である。さて，それにもかかわらず法定家賃を市場価格以下に設定し続けるなら，住居および店舗の公的建設がその質を維持しつつ供給量もクリアしていくことが要請される。この要請が果たされないと，当然，そうした価格を法的に設定したこの住宅政策の公共性を支えると考えられる平等性原則を毀損することになり，混乱を引き起こすことになる。ハイエクの文章では，この点，すなわち質を平均的に維持していくことができたかどうかについてやや疑問を呈しているように読める[53]。

　たしかに赤いウィーンの政策が軌道に乗るまでのある一時期には，上下水道等衛生上の質的諸問題や，建物や居室の粗製乱造がありえなかったとは言えな

---

[51] 第2章第2節で詳しく論じてある。
[52] Hayek (1928b), S.184.
[53] Hayek (1928b), S.186.

いであろうし，また法定家賃が設定されているにもかかわらず，住居不足がはなはだしかった。1920年代前半には居住面積と居住人数を法的に固定することもなされたが，この種の統制経済も，基本的には行おうとする統制の意図に反する結果を生むのが普通である。すなわち，単身あるいは小家族で大きな住居を持つ人々に，その住居を法により強制的に分割させようとしても，転貸借関係にブラック・マーケットが発生するようになっていったことは間違いない[54]。

しかしながら，ファスの報告書の最終年1927年頃を現在知られている歴史的事実から見てみるなら，赤いウィーンの住宅政策は，たんなる量的供給にとどまらず，建築の工学的観点においても様式的観点においても一大文化運動にまで高まったとさえ言えるところがある[55]。ロース，ヨゼフ・フランクらこの時代の代表的な建築家たちが赤いウィーンの住宅建設の設計者ともなり，1934年までの成果を現在見ると，それが到達した水準は，建築の質の面においても，また文化運動の成果という点でも意義が存在している。私見であるが，その後の数十年を経た現在，かつてのリンクシュトラーセ自由主義のモニュメントと対比しつつ，赤いウィーンのそれを眺めるなら，ある種の調和を見出すことができると言うこともできるかもしれないのである。

そうではあるが，報告の時点でのハイエクの重要な指摘は，実はこうした公共政策が国民経済の資本形成に与える影響についてであった。端的には，法定価格が市場価格より低く設定され，かつ住宅供給を増加させなければならなくなることで，建設のために投資した費用を回収することが難しくなる。そして建設された住宅の資産価値，施設の償却費用などと賃貸価格との関係は巧く関係しなくなる[56]。

---

[54] Hayek (1928b), S.187. 豪邸の一部を貸間とすることを強制しても，おそらく最終的には豪邸の持ち主は，その持ち主ゆえに間借り人に立ち退き料を払う余裕があり，立ち退き料のマーケットが生まれることになり，法的に居住空間を平等化するという意図は挫かれることになる。

[55] Weihsmann (1985), S.131 ff. このヴァイスマンの研究は，「赤いウィーン」の建築すべてと建築家たちに論及する詳細な研究である。ここでの知見は，1928年当時のハイエクの場合にも，またデータによる詳細な研究を行ったファスの場合にもない，赤いウィーンの文化的内容であり，質について言う場合には，この水準まで踏み込まねばならないが，赤いウィーンの建築芸術的挑発を，リンクシュトラーセのブルジョア陣営がどのような質として解釈できたかは，1928年の時点では何とも言えなかったように考える。

[56] Hayek (1928b), S.189.

資本の価値が，それを創出するのに必要であった費用によってではなく，得られる収益に規定されることになる。この結果，かつてとは同じやり方なのに，より少ない資本しか創出されないということにもなり，国民経済全体において必要な資本供給が減少していくことになるというのである[57]。

また，賃貸価格の市場外での決定は，建設資材の費用，またそれに関わる製品の費用にも影響することになる。要するに市場価格との関係がわからなくなっていくということである。もともと「自由市場で獲得できる賃貸料は，むしろそれとは別に設定される商品価格により決定される」[58]はずのものであったからである。

そして，住居のみならず店舗の場合にも同様の賃貸料や分配の統制が行われたため，店舗利用における技術革新を阻害していくことにもなる。極端には，商店の能力に関係なく店舗の面積が規定されることになると，能力のある商店はそれに応じて店舗を拡大していくことができなくなるということである。結局商品の価値や質にも影響するようになるというのである[59]。さらに，こうした製品コストが非経済的な水準で決定されるようになると，次には賃金や給料にも，このことが間接的に影響するようになっていくだろうというのである[60]。結果として，純粋経済学的には，この問題を解いていくことができなくなる。というのも，非経済的な決定過程を経済学的に説明することが難しいのは当然だからである。

すなわち，「家賃保護問題により投げかけられた問題で最も重要で難解でもあり，部分的にもまったく一義的に答えることができないのは，この結果を規定しているものが，ただ経済的諸連関のみならず，度重なる政治的諸力だからである」[61]。

政治的諸力とは，ウィーン市政を掌握した社会民主主義者と，それ以前の支配階層，すなわち賃貸豪邸の所有者であるブルジョアたちの対立の力学のことであった。1917年ロシア軍が占領した西ウクライナの被占領地からの難民受け入れのためになされた空き家全戸調査，家賃制限実施という戦時経済統制に始

---

[57] Hayek (1928b), S.189.
[58] Hayek (1928b), S.191.
[59] Hayek (1928b), S.190 ff.
[60] Hayek (1928b), S.198 ff.
[61] Hayek (1928b), S.198.

まり，1922年社会民主労働党治下での最高額の法的設定，賃貸契約の家主側からの一方的解約の制限などの制定によって，たんにふたつの政治勢力の対立にとどまらず，家屋所有者とその組合，建設業者とその組合の関係も巻き込んで，きわめて複雑な政治諸力による経済システムへの干渉が発生していったということである。ハイエクの結論は，「10年にわたる家賃統制が，オーストリア経済の生産性を相当程度に弱体化させ，その継続が必然的に現存の生産諸力の費消という非経済性をさらに上昇させることになる」[62]ということであった[63]。

3. 二足の草鞋

「16歳から18歳までの大部分，軍隊にいたということを言いましたが，そのいろいろな体験により私の関心はしだいに人間に関することに向いていきました。ただし，心理学者になるべきか経済学者になるべきか長い間決め切れませんでした。主専攻として法律学を学んだには学びましたが，いつも言っているとおり，3年間で成績優秀で法学博士を修了したにはしましたが，心理学と国民経済学とにすべての時間を割り振ったというのが本当のところです。だから法律学はいつもほんの小さな副専攻でした。最終的に私は心理学ではなく国民経済学に決めました。実際的な必要性が生じたからと，ウィーンでは心理学の就職チャンスが少なかっただけではなく，アカデミックな訓練を受けるチャンスもなかったのです」[64]。

政治，経済，社会は未曾有の大混乱であったが，それでもまだ大学で，前途有望な青年が自ら選択した進路を追求していくことのできる時代であった。1919年から20年にかけての冬のウィーンは戦後の極度の食糧難に陥っていたこともあり，父親の勧めもあり一時スイス，チューリッヒ大学でも学んでいる。脳神経学者コンスタンティン・フォン・モナコフのところで学び，脳の神経線維（神経細胞）について学ぶことになった[65]。ウィーンに戻り，最終的に国民

---

[62] Hayek (1928b), S.206.
[63] この問題は，第2章第2節3）で改めて，より理論的な水準で扱う。また，この家賃統制がもたらす国民経済学的影響について，ハイエクは1930年9月の社会政策学会ケーニヒスベルク大会でも報告をしている〔Hayek (1930).〕。
[64] Kreuzer (1983), S.15.
[65] Caldwell (2004), p.136.

経済学に決め，それで最初の学位論文を書いているが，心理学について二十歳そこそこの若者がまとめたとは思えぬ草稿が今も残っていることを知ると，心理学者ハイエクの可能性も大いにあったように思える。

1）早熟な草稿

ハイエクは1899年5月8日に生まれているので，彼が21歳のときということになるが，チューリヒから戻り1920年9月ウィーン大学在学中に，心理学の専門に関わるひとつの論文を書き上げている。「意識の発生論に寄せて」と題する，A4用紙41枚ダブルスペース，脚注，要約も付いたタイプ原稿の，まとまった論文である。これは草稿のまま，世に出ることはなかったが，その後30年を経てシカゴ大学に移ったのち，拡張されて，ハイエクの知識論の大作である『感覚秩序』として知られるものの原型である[66]。

論文はふたつの部分から成っている。前半は，「〈意識〉という概念が何を表現しているのか」[67] いうことが主題である。心理学の当時の成果について整理をしながら，とりわけ心理学と生理学との並行主義に目を向け「生理学的な刺激がどのように意識値となるか」[68] を主題に既存の知見を整理しながら，彼の結論を出そうというものである。

「細胞記憶」という考え方があった。「記憶」を保管する細胞があると考えようというのである。精神現象すべてを生理学的水準の説明に還元することができるという考え方である。これにより心理領域の現象を生理学的な化学的水準の問題に還元しようというのである。この関係があるということは，つまりは一方の心理学的過程と他方の生理学的過程との並行主義を説く仮説に他ならないが，ハイエクはこれには批判的にならざるをえないと考えている。というのも，そういう並行的関係ではなく，「意識」にその独自性が備わっていること，神経生理システムとは別の意識諸現象の独自のシステムの存在を考えなければならないとするのである。

「記憶によって保管される感覚というものがあるのではなく，記憶をつうじ

---

[66] Hayek (1952a).
[67] Hayek [1920], S.2.
[68] Hayek [1920], S.1.

て初めて生理学的な刺激が感覚あるいは他の意識の値となるのである」[69]。生理学的には諸々の刺激,すなわち諸々の神経細胞の興奮がシステムを構成しており,この生理学的過程がつねに意識諸現象に関わってはいるが,だからと言って生理学的過程がそのまま記憶,経験と呼ばれる意識諸現象を作り上げていく,感覚印象の連合というものと同一ではないというのである。言い換えれば,それらが同一であるのではなく,むしろ説明しえない並行関係が存していると考えられるだけであり,意識は独自のシステムとして作動しているというのである。

たしかにこの独自のシステムにおいても,ある条件下においては,ひとつの類型的な特徴を示す感覚諸性質が生じることもある。例えばパブロフの実験であり,またマッハが示しことであるが,生理学的な水準での神経インパルスのいくつかの結びつきではなく,個体の生活様式,つまり外的刺激と有機体の生命活動との規則的な重なり合いがもたらす条件関連があることはたしかであろう。しかしながら,あるひとまとまりに構成される意識現象は(後段で述べることになるが)そうしたまとまりがあるとしても,それは一方で生理学的諸過程の多様な変化とも関係しているし,また他方で他の意識現象のまとまりの形成とも関係しているはずであり,「定まった心理的な原子であるとか要素であるとかということでは決して言うことはできず,意識内容はどれも相対的で一定しない値を持っている」[70]というのである。つまり,個別の意識内容については,その独立性や,その不変性を考えることはできないというのである。

前半はおおむね以上の内容であるが,「まったく別のやり方ではあるが,アンリ・ベルクソンが,きわめて類似した結論に到達していたこと,同様にそうした(マッハの)原子論的前提を精力的に拒否していたことについて付け加えておきたい」[71]と書き添えられている。

というのも,ベルクソン『物質と記憶』[72]は,やはり精神と物質のそれぞれの実在,それらの関係を主題にしたものであるからである。ハイエクが,ベルクソンを言及にとどめている点は,ウィーン大学の同級生であり友人である,

---

[69] Hayek [1920], S.8.
[70] Hayek [1920], S.17.
[71] Hayek [1920], S.17.
[72] Bergson (1896).

のちの社会学者アルフレート・シュッツがベルクソンを集中的に研究して、そこからフッサールの現象学へと進んでいったことと比べてみる必要がある[73]。

その主要な理由は、すでにハイエクの草稿の後半の部分において明らかになる。たしかに、次のような文章を見ると、ベルクソンとの関係、そしてフッサールと現象学へのつながりを見出したくなる。

「たいへん多様に構成されている全体印象あるいは全体的刺激状態一般というものを考えれば、問題は何らかの閉じたプロセスということなどではなく、新しい印象が現れる前にすでに自己進行していく意識諸経過が他に作用しているということであり、また意識の活動性が行為により切り取られたりすることなく、さらに<u>持続</u>していくということである」[74]。

諸々の印象が個別的、独立的に有機体に現れ出るのではなく、つねにまとまって関係づけられており、それに関わる意識の活動性はそもそも切れ目なく流れているという考え方である。意識現象とは、切れ目のない一種の全体性を、ひとまとまりとしてとらえる (auffassen) 必要があるということであるが、「どんな印象の性質もそしてそれに依存する反応も、諸々の印象の結びつきの総体により規定されるものであり、この諸々の結びつきが主体、つまり個という自己を描出するのであり、その本質、その性格はこれらに依存している」[75] というのである。

そうした主体、自己の創出が、意識作用の内容を類別させるのである。すなわち、意識、記憶というだけではなく、意志、決定、感情、抽象、概念という諸作用に通じるのである。ウィリアム・ジェームスに従い「ある感情を引き起こしている感覚器の興奮という、意識の性質にとって本質的なことは、その感覚器の興奮ということそのものにはすでになく、それによって引き起こされる共振 (Resonanz) にあるのだ」[76] という理論的位置を獲得するということである。

「共振」という物理学概念のアナロジーは、ひとつには神経の生理学的なプロセスの水準と、意識の活動性という水準とがそれぞれ別の自律性を備えているということと、今ひとつは一方での出来事の発生が、他方に無関係に独立し

---

[73] シュッツのベルクソン時代については、Mori (1995), 231-313頁参照。
[74] Hayek [1920], S.20. 引用文中の下線強調は著者による。
[75] Hayek [1920], S.29.
[76] Hayek [1920], S.32. ここでハイエクは、William James, *The Principle of Psychology*, New York 1890. のドイツ語訳版を使用している。

て閉じた体系内で収まるものではないということを言うものである。言い換えれば，意識一般はどのように成立しているのかという問いも[77]，一方での生理学的諸過程，つまり一般的自然法則性のひとつであり，自然科学的な世界像の内部に位置づけられるプロセスとは無縁ではないということでもある。

このことは，あるなんらかのアプリオリ性を言うとしても，例えば意識一般のそれを説くとしてもそれは他方で生理学のプロセスという自然科学的な世界像の中にある経験法則と無関係ではないということを知っている必要があるということでもある。したがって「人間が，この世界を出来事生成の一般として見なし，ゆえに人間の思考の諸法則をこの世界に持ち込もうとし，そうした自らの意識に対応する〈精神なるものを〉，自給的にあるいはそれどころか上位にあるものとして，出来事生成に対置するとしたら（中略），それは途轍もない思い上がりである（Anmaßung）」[78]ということになる。

科学的思考のこうした「思い上がり」を強く指弾する姿勢は，ハイエクの最晩年に至るまでの終始一貫した立場となる[79]。

ただし，心理学と言っても，こうしたきわめて理論的なそれへの研究はのちにシカゴ大学在職中にさらに拡張されて『感覚秩序』として出版されるのであるが，ウィーンではそのまま机の中にしまわれることになったのである。

2）最初の学位論文

経済学を究める決心のもとに書いた博士論文は，「帰属論の問題設定に寄せて」と題するものであった。1918年12月23日にウィーン大学に入学，1920年7月30日に規定学期数を修了（Absolutorium）し1921年11月25日すでに法律学について試験により博士号（Dr. jur.）を取得していたので，この論文による博士号（Dr. rer. pol.）はハイエクにとりふたつ目のそれということになる。1923年3月3日のことであった。

現存するA4タイプ原稿100枚の論文は，フリッツ・ハイエク（Fritz Hayek）の名前を使っている。前書きにはフリードリヒ・フォン・ヴィーザーとオトマー

---

[77] Hayek [1920], S.40.
[78] Hayek [1920], S.40 f.
[79] ハイエクの1974年のノーベル経済学賞受賞の記念講演のタイトルのドイツ語版〔Hayek (1996)〕は，まさに「知の思い上がり（Die Anmaßung von Wissen）」であった。講演の英語原文〔Hayek (1974)〕は，"The Pretence of Knowledge" であった。

ル・シュパンへの謝辞が述べられている。ただし，ヴィーザーは当時オーストリア政府の商務大臣を務めていたので制度上はハイエクの博士論文の審査者ではなかったと考えられる。シュパンとケルゼンとがハイエクの博士論文の指導教授ということになっている[80]。

さて，「帰属論（Zurechnungslehre）」は，ヴィーザーに始まる考え方であり，オーストリア学派の基本的な概念装置のひとつである。この学派はメンガーに始まるが，財の価値の決定について，1860年代に独自の考え方を確立していた。

マルクスに代表されるように，価値産出の根源を労働に求める考え方が一方にある。これに対してメンガーの考え方は，財の価値の産出は，これら根源的要素そのものに内属する性質にではなく，財が消費される際に得られる効用にあると考えたところに，その当時1870年代には発想の新しさがあった[81]。どのように大きな土地，どのように大きな資本，どのように多くの労働が使用されたとしても，それらにより生み出された財が消費されないとしたら，すなわちそれらから効用が得られないとしたら，それらは無駄な使用ということになる。価値とは財そのものに付着するものではなく，それが使用されるということにある。しかもこの使用とは，最終的に使用される財の形態，言い換えると消費財から得られる効用に依存する。

こうした発想は，最終消費財に対して，そこへと至る種々の中間生産財と，さらにそれらの元になっている根源的生産財という諸財などを区別することができることを前提にしている。さらにそれらには順序性のあるつながりがあることも想定している。消費財を低次財とすると，生産財は高次財ということになる。最終消費財を第1次財とすると，その直前のところにあると考えられる消費財（あるいは中間生産財）は第2次財であり，さらにそれらを作り出すものは一般的に第n次財ということになろう。

ただし，経済は第1次財から第n次財までひとつづきの固定された順序で連鎖状になっているというのではない。天災のような自然現象によって，事故のような人為現象によって，例えば水害のために，ある地域の小麦が不作となったとしても，またある工場の事故のために，ある中間原料の製造に支障が起き

---

[80] Hayek (1994), p.54 [29頁]；Hennecke (2000), S.63.
[81] その財への需要がその財を支配できる数量よりも大きい場合，この財を経済財，逆の場合を非経済財とする〔Menger (1871/1968), S.51 f. [45頁以下]〕。

たとしても，そしてそうした事故によりこれまでの生産構造が機能不全に陥ったとしても，まだなおその最終消費財に効用が存在していれば，それまでのひとつづきの関係は，不作や支障により供給されなくなった中間財を補完していくための財を必要とするし，それを生み出し続けるための構造を作り上げることになろう。あるいは技術革新によって，同種の最終消費財がこれまで知られていなかった別の諸材料を発見・発明させることもあるだろうし，そうした中間財の諸関係から新たな生産方法が確立されるようになることもありうる。

このように，ある財がそれを生み出す財との関係の仕方，つまり前者が後者に起因している関係を帰属関係と呼ぶ。ヴィーザーは，「責任の帰属」という法学で整えられてきた帰属（Zurechnung）の概念を転用した[82]。要点は，法律においても，そして経済においても因果関係とは異なる関係，帰属関係が存するということを言いたかったのである。

さて，ハイエクが博士論文で主要に取り扱っている問題は，帰属論の問題設定が，実は経済そのものであり，経済学の理論的基盤に他ならないということを論じるものである。今では当たり前のようにも聞こえるが，こうした考え方は当時としてはひとつの転換である。つまり，人間はみな大きな効用を求めるものであるとか，大きな快楽を求めるものであるという類の快楽主義による人間像が，経済原理の基礎ではないことを言っているのである[83]。さらに言い換えれば，ホモ・エコノミクスの虚構[84]，目的－手段という連鎖がひとつながりの経済体系を作り上げているなどと簡単に前提にしてはならないことを，帰属論の理論設定から読み取らねばならないのである。

すなわち，目的が手段を一方的かつ固定的に既定しているというのではなく，目的に対して可能な諸手段の代替可能性が存在していることに目を向けねばならないということである。そしてまさにそうした関係から，「経済システム」という意味を理解することができるということである。つまり「経済システムの内部において，これに属している諸目標の間に，選択の可能性が存在するか，存在していないか」[85]ということが問題になるというのである。低次財から高

---

[82] Wieser (1889), S.70 ff.
[83] Hayek [1923], S.37.
[84] Hayek [1923], S.54.
[85] Hayek [1923], S.16.

次財へと諸財の帰属連関を想定していくことができるが、この帰属連関こそがまさに経済システムそのものを構成しているということであり、それは何により支えられているかというと、その枠組みを統制し固定する主要目標・目的のような概念や理念などではなく、当座の目標への諸々の手段の選択の可能性, 代替の可能性がどのようにありうるかということが主要な着眼点だというのである。この点で，経済学的帰属の問題は、それがたとえ法学から取り入れられた概念であるとしても、とりあえずは法学とは関係がなく、経済学固有の基本問題なのである[86]。

こうした視点は、のちの自生的秩序の発想につながるものでもあり、ハイエクが終生堅持し続ける発想である。「目的mに手段zを秩序づけ与えるべきではなく、zにmを与えるべきか、zにnを与えるべきかということなのである」[87]。つまり、選択の可能性がどのようにありうるかということに着目せよということである。

博士論文の中では明瞭ではないが、このハイエクの強調点は、のちに指導教授ヴィーザーへの批判にもつながっていく。ヴィーザーは帰属概念の導入者ではあったが、ハイエクが博士論文を書く時代には、この概念をめぐって、すでにいくつかの見解が対立し合っていた。

ヴィーザーの貢献は、上述の帰属論の議論から生産財の価値決定と、さらに分配の一般理論を構想しようとしたところにある。すなわち、生産諸財が最適に使用されるには、それらの価値がそれらのストックとそれらの生み出す諸財（中間財, 消費財）の効用に依存している以上、それらの1単位あたりの増加分（限界生産力）がそれらの生み出す諸財の1単位あたりの増加分に等しくなるようになる場合である。言い換えると、各生産財の価値は、それの単位あたりの増加によって生じる生産物の効用の増加分と等しいということである。ここから、生産諸財がどれだけ収穫全体に寄与するかについては、中間財、消費財など諸部門の諸財の変化量および、それら諸財の組合せの変化率、そして生産諸財の変化量とこれらの組合せの変化率との関係について一連の連立方程式を構想することになる[88]。

オーストリア学派からのこの方向への展開は、シュムペーターにより試みら

---

[86] Hayek [1923], S.97 f.
[87] Hayek [1923], S.17.

れていくが[89]、すでにハイエクの博士論文にも見られることでもあるが、この種の数学的展開から、生産関数と消費関数の均衡という解を導出していくのとは、異なる別の次元に着目することに実はオーストリア学派のひとつの特徴があったと言える。

ヴィーザーの帰属論への批判者のひとりとは、同じくメンガーのもうひとりの継承者であるベーム゠バヴェルクである。主著『資本の積極理論』[90]の補遺において詳細な議論がなされている。ハイエクが指摘し依拠する最も重要な点は、「ベーム゠バヴェルクは〈帰属〉と〈現実の分配〉を区別し、彼の視点によれば前者は主観的価値判断を表現するものであるのに対して、後者は市場価格の直接表現だということである」[91]という点であり、この問題についてのヴィーザーとの見解の違いである。ハイエクは、博士論文ではこれについて両者を対照して論判を下すまでには達していないが[92]、ベーム゠バヴェルクの見解に好意的であるように読める。

博士論文を書いた数年後ハイエクは『帰属問題への諸見解』と題する論文を書くことになるが、そこでは「帰属論は、ある個別の生産要素とある特定量の生産物とにある因果連関を示そうとするものではない」[93]と明瞭に述べている。そもそもヴィーザーが因果連関に対して帰属という概念を考案したことを考えれば、こういう言い方が本当のところ妥当であろうが、実際にはこうしたハイエクに見られる基本姿勢はその後の経済学の流れの中では少数派となっていく。

すなわち、この問題は機会費用として理論化されていく。例えばふたつの生産財AとBから生産物XとYを生産するとしよう。AとBそれぞれの数量によりXとYのさまざまな組合せが考えられよう。Xを1単位減じてYの増加を確保する場合、YのXに対する代替率というものを考えることができるし、それをXの単位あたりの価格とYの同じく単位あたりの価格との比率から、

---

[88] ヴィーザーは単純な場合については触れているが〔Wieser (1889), S.87.〕、メンガーと同じく限界効用学派の祖として挙げられるローザンヌ学派のワルラスが構想した生産方程式の彫琢という数学的展開にまでは至っていない〔Walras (1877)〕。
[89] Schumpeter (1908) および (1926).
[90] Böhm-Bawerk (1888/1961).
[91] Landauer (1918), S.460. この問題については他に Mayer (1921); Broda (1911); Schönfeld (1924) などがある。
[92] Hayek [1923], S.51.
[93] Hayek (1926a), S.12.

両者の関係を関数として表現することができよう。この種の機会費用曲線は，無差別曲線，変換曲線，厚生関数などとして，その後の経済学の基本概念へと整備されていったが，この方向への展開に対しては，ハイエクはその後も慎重であり続けた。

　ヴィーザーは1926年に亡くなるがハイエクは彼への追悼論文において，ヴィーザーの問題点を細かく指摘している。ひとつは「自然価値」というヴィーザーが想定してきた前提である。これは，財の数量と効用とによってだけ決定される価値に着目した純粋な交換価値のモデルを示すものである。もちろん，これは購買力や人間社会が備えたさまざまな不条理を加味しない市場経済を想定しているということである。しかし，それゆえにもうひとつ，これとは異なる，すなわち人間の関わるこの不条理について扱う社会学を，ヴィーザーは別途展開していくことにもなるのである。「彼（ヴィーザー）は長い間おもに社会学的諸問題と関わってきたし，その諸研究の成果は1909年ザルツブルクの大学セミナーでの講義であり，出版された『法と権力』はよく読まれた。それゆえマクス・ヴェーバーは，『社会経済学綱要』という新しい叢書の理論的導入の巻のために彼をあてたのである」[94]。

　「この書の最も重要かつまったく新しい貢献はヴィーザーの価格理論に見ることができる。彼はこれまで達したことのない専門性で，発展した市場のあらゆる諸現象にまで踏み込んでいった。〈価格階層〉〈市場インデックス〉そして〈独占の形成〉などという彼の表現は最も重要かつ示唆に富んだ諸概念として挙げることができる」[95]。

　例えば「価格の階層」というカテゴリー論，すなわち階層区分される限界効用という考えから，「大衆価値」「中流価値」「奢侈価値」[96]という全体社会分析のための分類カテゴリーを考案して，その後の社会経済学による大衆社会と階

---

[94] Hayek (1926b), S.522. ヴェーバーは，1918年夏学期ウィーン大学で講義を担当した。なお，このヴィーザーの書を含む一連の叢書は，マクス・ヴェーバーが主要に編纂に関わったものであり，その中には彼の『経済と社会』も予定されていた。ヴィーザーの『社会経済学綱要』においても，「帰属」という用語が繰り返し使用されている。例えば「所得分配の問題は実際的には物理的因果性の解明にではなく経済的帰属に向けられるものである」〔Wieser (1924), S.85.〕という使い方であるが，これはすでにその本来の意味を変化させてもいる。

[95] Hayek (1926b), S.525.

[96] Wieser (1924), S.134 f.

層的消費分析に通じる研究に積極的な方向づけを行ったのである。またその一方で，市場の指標による測定の重要性も説き，インデックスが価格形成にとって決定的に重要であること，「需要と供給とが価格にもたらす影響は，しかるべき市場インデックスという尺度により示されるものである。価格理論の課題は，市場インデックスから価格形成を演繹していくこととして考えることができ，数学的方法が，市場インデックスを需要と供給の曲線で描くやり方で，これを果たしていく」[97] という見通しも説いている。

　こうした方向は，20世紀の社会経済学のひとつの主要な方向であったかもしれない。種々の指標の開発とともに，市場のモデル化とその数学的表現という分析用具の整備はたしかにその後の主要な方向となったかもしれない。ただしハイエクは，彼の博士論文においてすでに，そうした方向への国民経済学の旋回に対して，帰属論が備えているそもそもの性質をより明瞭に掘り出し，そうした旋回とは違う方向への理論彫琢を考えていこうとしていたこともたしかである。

　すなわち，既定の均衡イメージを想定し，そこから演繹していくことができるということを言い切るためには，種々の仮定が必要だということである。「こうした諸関係の見落としを生む混乱の典型は，社会的生産物の最終配置に従ってそもそもの分配が行われるという，理論的国民経済学で一般にある支配的な考え方である。こうした想定は馬鹿げたものである。というのも，生産が，それに関わる個別行為すべてにおいて，その個別行為が属する当該経済システムの諸目的に向けて手段を分配していくことに他ならなくなるからである」[98]。

　ベーム゠バヴェルクが「主観的判断」とした視点は，客観的に想定され設計される市場モデルとは別の次元の存在を言うものである。言い換えれば，そうした視点を捨象すると，実は経済的か非経済的かという問題も意味をなさなくなるということである。メンガー以来，ヴィーザーにおいても，そしてベーム゠バヴェルクにおいてはとくに，この区別は強調されてきた。すなわち，ある財についての需要が，それについての支配可能数量よりも大きい場合に生じる希少性の存在を軸にした区別である[99]。

---

[97] Wieser (1924), S.125.
[98] Hayek [1923], S.60 f.
[99] Menger (1871/1968), S.51 f. [45頁以下]

ハイエクの博士論文での言い方に従えば,「あらゆる種類の物理的量,これはこれにより示される量の意味について手段‐目的体系の中ではそれだけではまったく何も意味しないし考察外とされる。特徴づけをするのに適したさまざまな物理的諸現象間の諸関係であっても,経済システムの中ではいかなる意味も持っていない。経済的に意味がある（relevant）というのは,一定の諸目標の獲得のために役立つ手段が個別に使用できる材料の手段として全体ストックのために存している,そういう関係だけである」[100]となる。すなわち,こうした経済という性質は主観的観点に依存しているということであり,言い換えれば,経済システムにおけるレリバンス性とは手段選択の可能性に依拠しているということである。そしてこれらが,客観主義的な社会経済学のそれとは根本的に異なるものであることを知っていなければならないのである。

---

[100] Hayek [1923], S.67. この見解は,晩年の著作においても表現は変わっているが終始一貫している（第5章第3節157頁注32の引用を参照）。

第2章

正統か異端か

ウィーン大学中庭のオーストリア学派三教授　奥からメンガー, ベーム＝バヴェルク, ヴィーザー

最初の著書『貨幣理論と景気循環』は，1929年オーストリア景気循環研究所叢書の初巻としてユリウス・スプリンガー社から出版された[1]。ハイエクの教授資格論文でもあった。この小著，そもそもの由来は，1928年9月チューリヒで開かれた社会政策学会大会での報告がもとになっている。そこでの討論を踏まえて若干の意見を付け加えまとめたものとある[2]。社会政策学会とその機関誌にはヴェーバーが長く関わっていたことはよく知られている。また，「社会科学と社会政策の認識の〈客観性〉」「プロテスタンティズムの倫理と資本主義の精神」などが，1904年から5年にかけてこの雑誌に寄せられたこともよく知られていることである。しかしこの学会も，1933年ヒトラー政権誕生後，他の多くの学会と同様に解散を余儀なくされる。

　ハイエクが報告をした1928年のオーストリアは，ドイツにも増してもうすでに政治的にも経済的にも完全な破綻に瀕していた。政治的にはイデオロギーの対立はもはや対話を不可能とし内戦の危機を高めていた。その翌年，シュパンの理論を支柱に据えてオーストリア・ファシズムを掲げる防郷団は，ムッソリーニの「ローマ進軍」を模して「ウィーン進軍」というクーデター未遂事件を起こしている。経済的にはヨーロッパ最大級のロスチャイルド家の銀行クレジット・アンシュタルトが1931年に破綻することになるが，その直接の原因である政府による銀行再編が行われるのも，報告の翌年1929年のことであった[3]。

　再び戦争へと至る破滅の始まりであったが，それ以前の時代の終わりということは，ハイエクの理論的な寄稿からも読み取ることができる。それは，「貨幣的」と「非貨幣的」という区別で書かれているが，同時にこの区別を軸にして，その時までにドイツ語で書かれてきた景気循環に関わる文献を渉猟しながら，

---

[1] Hayek(1929/33). なお, このシリーズの刊行については, ロックフェラー財団からの出版援助があった〔Mori(1995), 129頁〕。

[2] Hayek(1929/33), S.X[p.15][3頁].

[3] Mori(1995), 43頁

多くの論者たちの業績を批判しつつ，かつ消却していく体裁ともなっている。景気循環論は，19世紀後半の恐慌論の延長上に現れてきたものであるということを思い起こせば，ドイツ語で行う政治経済学の終わりという雰囲気も感じ取ることができるのである。

1. 貨幣的景気循環の論法

　『貨幣理論と景気循環』の基本的な考え方は，ヴィーザーやその後任ハンス・マイヤーらウィーン大学でのオーストリア学派の直系からよりも，大学の外にいたミーゼスの貨幣論[4]からの影響が大きい。同じ景気循環に影響を与える重要な要因として，とりわけ貨幣が果たしている機能に問題を限定して，理論研究の焦点を定めようというのが，ハイエクの主要な関心であった。好況と不況，あるいは恐慌の発生という景気循環については，例えば「太陽黒点説」のように，太陽黒点の量と景気循環の関係を言わんとするものもある。すなわち経済活動そのものに関連している事象から，とりあえずは独立と考えられる自然現象に，その原因を求め，その関係を詳細に埋めていこうという考え方があることは今も知られている。

　それはそれでただちに荒唐無稽ということにはならないであろうが，もっと科学主義的に，「貨幣数量説」として，すでに貨幣量の変化が景気循環に関係しているということについては，アービング・フィッシャーのようなアメリカの経済学者によって数学的に，またドイツ語圏ではミーゼス自身によって，もっと包括的で網羅的な貨幣論として主題にされつつあった。実際，「貨幣量」の変化に着目することは現在に至るまでなされていることであるし，物価と貨幣価値との関係は，これに着目して考えることが今もなされている。

　ハイエクはそのように捉えられてきた貨幣に大いに着目をしたのではあるが，その量的変化と景気循環とを単純に関係づけることには強い異論を唱えた。すなわち，貨幣量と景気循環とのきわめて単純な連関を想定する場合には，物価をまさに一般物価水準という抽象化した価格として考えていくことになるが，ハイエクはこうした理論的な虚構を受け入れず，価格の主題化は，異時点間に

---

[4] Mises(1912).

存在する同一商品の価格差異をも考慮していかなければならないとする。言い換えるなら，貨幣供給量と物価との同時均衡という簡単な仮定ではなく，均衡があるとすれば，同一財であっても，その価格が異時点間で変動する相対的関係を時間軸とともに考慮していく異時点間均衡というものがあり，それと貨幣価値の変動との関係も考えるという，複雑なメカニズムを考慮しなければならないとした[5]。

　この社会政策学会大会でのハイエクの立場は，そうしたそれまでの自らの理論を前提にした上で，当時ドイツ語圏において景気循環について指導的発言をしていたレーヴェとキール学派に対する批判ともなっていた。レーヴェもすでに貨幣量と一般物価という単純な関係づけを前提にしていたわけではないが，貨幣的景気循環の問題を，当時のドイツの経済状況，すなわち重工業化展開との関係から，技術革新という非貨幣的要素をとくに考慮に入れようとしていたのに対して，ハイエクは貨幣に対して銀行が果たす機能をとりわけ強調した[6]。すなわち，物価と貨幣価値の相対的な変化という意味で，貨幣が景気変動に影響を与えるということについて，ハイエクが論じたことは，銀行が生み出す信用増殖のメカニズムについてであった。

　ハイエクの例にそのまま従って見てみることにしよう。ある銀行が，ある一定額，例えばこれまでの預金高の5パーセントにあたる額を，現金で新しく預金を得たとしよう。ここでは仮に預金高に対して10パーセントを現金で準備しておくというのが，その時の銀行の政策だとしたら，この5パーセントにあたる新しい預金によって，その準備比率は10パーセントから，およそ14.3パーセントに上昇することになる[7]。この上昇分によって，この銀行は，預金高に対する10パーセントの準備金保持という政策を維持しつつ，さらに新たな信用を供与する能力を持つ。新たに預金された総額の90パーセントをさらにどこかに貸し出し，それを借りた工場主がその総額を原材料購入の追加購入に使うと，

---

[5] Hayek(1928a). 異時点間均衡論が，それまでの同時均衡論に対して，新しい局面を拓いたことはこの時代の重要な事実であるが，ハイエクのこの論文は，そうした存在の指摘に終わっている。

[6] ハイエクと，レーヴェおよびキール学派については，Hagemann(1994), p.104 ff.; Caldwell(2004), p.156 ff.を参照のこと。

[7] すなわち，「(5パーセントの増加分 + 10パーセントの準備額) ÷ 増加後の全体 × 100」で表される比率。$(0.05+0.1) \div 1.05 \times 100 = 14.2857\cdots$

これによって貸し出した銀行は自らの預金高に対する現金の準備比率を再び10パーセントまで下げることになる[8]。

銀行はその時のポリシーに従って，例えば10パーセントの現金準備高を残してそれ以外を貸し出す能力を持っているが，借り手がそれをどのように使用するかによって，結果についてはいくつかの可能性があるということである。

例えば借り手が，借り入れて自ら処理できる額を，賃金支払いにあてたとしたら，その額は普通かなり早く消費市場に行き渡るようになるであろう。しかしそうした消費財にすぐに使用される場合とは違って，原材料や半製品の購入に使用する場合もある。この場合には，工場主は必要とする原材料や半製品の購入相手への支払いを，直接現金でではなく，手形で行うのが普通である。原材料や半製品を売る原料卸商は，この手形を自分の銀行に振り込み自分の当座預金の貸方に記す。この結果，この原料卸商が取引している銀行の手形交換残高が，ちょうどこの手形の額だけプラスになる。これはこの手形の信用保証をする工場主の取引銀行から手形に相応する額の現金を原料卸商の取引銀行が得たということと同じである。

最初の銀行に預けられた当初の預金の90パーセント，これはもともと現金に結びついた預金からのものであるので，手形を得た銀行も，最初の銀行の信用保証で生み出されかつ払い込まれた総額について，他の新規預金の場合と同じようにして，新しい信用供与の基礎として見なすことができる。すなわち，受け取った銀行も，その預金高に対して10パーセントの現金準備を妥当な担保とするポリシーであれば，最初の手形を発行した銀行により保証されつつ，自分のところで得た新たな預金の90パーセントまで，さらにどこかに貸し出すことができることになる。銀行から銀行へとこの種の振替だけによるプロセスで，現金の授受をすることなく，次々と続いてくことを考えてみることができる[9]。

こうした信用の追加的増殖は，ハイエクによれば元々の預金額の$0.9 + 0.9^2 + 0.9^3 + 0.9^4 + \ldots\ldots$ 倍に達することになることになる。つまり，この収束無限級数の和である9倍にまで達するということになるのである。こうした簡単な説明の論旨は，銀行，正しくは諸々の銀行が関わっているシステムが創出していく信用増殖の累積機能があるということであり，この機能こそが，景気循環に

---

[8] Hayek (1929/33), S.88 f.[p.157] ［68-9頁］．
[9] Hayek (1929/33), S.89 f.[p.158 f] ［69頁］．

大きな影響を与えるということである。発行され流通している通貨量は，この信用増殖プロセスをつうじて何倍にも増加していくということである。当座預金，普通預金など要求払預金も，現金とは異なり手形，小切手，振替によって支払手段となり流動しつつ信用を増殖することができるということである。たしかにこれらを預金通貨として現金通貨と区別することはできるし，また他方で現金と類似的なところもあるとは言える。しかしながら決定的に重要なことは，現金とはまったく異なる機能，信用増殖機能を発揮するということに着目せよということである。

　このメカニズムが作動する際に問題となるのは，銀行（つまり複数の銀行が関わるシステム）に恣意性が介在する可能性があるいうことである。つまり，増殖していく追加的信用によって新たに作られる預金は，その信用を供与したもともとの銀行の勘定には記されていないから，現金を預け入れることで生まれる預金と，信用供与で生まれるそれとを区別することはできないことになる。発生する信用の基盤は，複数の銀行の関係にわたっていくものであり，複雑度が累積的上昇により発生する観察不能から，恣意性を発生させるということである。

　こうしたメカニズムで追加的に信用が創出されるものだとすると，銀行は，果たして預金総額に対してそもそもどれだけの割合の現金を担保しておく必要があるのかということも，実は限りなく恣意的な決定に委ねられる可能性があるということでもある。

　要点は，こうである。こうしたメカニズムがつねに正の方向に信用の創出を進めていくとは限らない。膨れ上がっていく信用増殖と，現実資産との乖離はしばしば急激な信用収縮をも発生させるということを知らねばならない。言い換えれば，景気循環は不可避だということである。しかしながら，だからといってこうした信用創出メカニズムを停止させるというのも空想的である。というのも，そのためにはすべての与信機能を停止するということであり，銀行貨幣，つまり銀行券，手形，小切手を廃止するということにもなる。そうした信用創出機能を持たない銀行を果たして銀行と呼ぶことができるかどうかである。この銀行の機能なしには，新発明の利用，新規の事業開拓などいわゆる経済の展開はありえなくなる。

　景気は変動する。景気変動を前提とすることのない，別の政策をこれまで求

めた人がいなかったということではない[10]。ただし，諸銀行がそうした別の政策を取らないのは，たとえ仮にであっても現在の信用増殖メカニズムを放棄することが，もっとよくない結果をもたらすと考えるゆえであろう。別の言い方をすれば，それゆえに景気循環の原因を取り除く力などは，どんな銀行にもないということである。というのも，景気循環は諸々の銀行の方針によって生じてくるというよりも，現代の信用組織の存在の中にすでに理由を持っているということであり，信用組織そのものの機能でもあるからである。これなしには，われわれは現在の経済社会で生活をすることができないということでもある。

「発展を促進していく手段として銀行信用を使うかぎり，われわれはその結果として生じる景気循環には我慢しなければならない。それはある意味で，人々が自発的に自分たちの貯蓄をつうじて可能とし，それにより得られる並々ならぬ進歩のために，われわれが支払わねばならない代価である」[11]。

さてこのことは同時に，銀行，いや諸々の銀行からなるシステムが生み出す信用増殖機能の複雑さゆえに，貨幣の数量を精確には把握しきれるものではないということでもあり，貨幣量の調節という考えが，裁量主義に堕落するということも言っているのである。

2．異郷のオーストリア学派

『貨幣理論と景気循環』は，それまでの種々の貨幣理論が，銀行の果たす機能について着目してこなかったということを指摘することで，またそもそも経済分析そのものがまず貨幣そのものの機能を問わずにはなしえないということを説いた点で，ハイエクは新しい理論的地平を切り開いた。題目からわかるように，主題は限定されてはいたが，こうして得られた知見は，それまでのオーストリア学派の理論そのものを変化させていくものともなった。すでに学位論文の中に見ることができたが，ハイエクのそもそもの関心は，オーストリア学派の資本理論の彫琢，とりわけベーム＝バヴェルクの業績を発展させていくことにあった。

---

[10] 例えば，ゲゼルの「減価する貨幣」にあるアイデア〔Gesell(1920/1991)〕。これについては，第7章第4節で扱う。
[11] Hayek(1929a), S.111〔p.189 f.〕〔83頁〕.

『貨幣理論と景気循環』は，1933年にカルドーとクルームの翻訳，ロビンスの序文がつけられて英訳された。英国人ロビンスは，ウィーンの街に恋をしていた。しばしばウィーンを訪れミーゼスのプライベート・ゼミナールにもゲストとして参加した[12]。いくつかの偶然が重なり1927年前任者アリン・ヤングの急逝によりロンドン・スクール・オブ・エコノミクスの主任教授に就いたロビンスは，1931年ハイエクをロンドン・スクール・オブ・エコノミクスに招聘する。ハイエクは当時，オーストリア景気循環研究所所長であったが1931-32年秋学期および1932年春学期客員教授として，さらに1932年8月1日からは同大学の経済学・統計学のトゥーク記念講座教授職に迎えられることになった。この渡英以降シカゴ大学を経て，1962年に西ドイツのフライブルク大学に移るまで，ハイエクは英語で研究成果を表現していくことになる。

　ヒトラー政権誕生により1933年以降ドイツ語圏内で学問的な議論ができなくなったことも原因のひとつではあろうが，渡英したハイエクのみならず1938年オーストリアが併合されるまでに，ミーゼス，シューラー[13]ら彼にとっては先生の世代の人たちも，そしてハーベラー，マハルプ，モルゲンシュテルンら同僚たちのほとんどすべてが英米語圏に移り住まざるをえなくなる。オーストリア学派の蓄積は，まったく別の風土で培われてきた英米の経済学と摺り合わせられていくことになる。学問の言語は，当然のことであるが英語に標準化されていく。「国民経済学」がその対象とする経済そのものが，国境を越え国際化していく時代の始まりであり，また再びの戦争というヨーロッパの不幸な歴史のために，それを専門とした重要な学者たちが英米圏に移り住むことによって，学問それ自体の形式や体裁もアングロ・サクソン流に標準化されていかざるをえなかったということでもある。

　ハイエクのロンドンへの招聘も，彼がウィーンの同僚たちとは異なり，すでにアメリカでの経験があったことにもよるし，またいくつかの偶然的な歴史的出来事が連続したことにもよるが，それ以上にもっと経済学の対象の性質上，

---

[12] ロビンスとハイエクについては，McCormick(1992), pp.23-50.
[13] Richard Schüller. メンガーの門下生のひとり。1899年教授資格を取得していたが，ユダヤ系ということで正教授職には就くことがなかった。第一次世界大戦前および戦後処理，戦後の通商政策において重要な役割を演じた。1938年イタリア，イギリスを経てアメリカに亡命。ニュースクール・フォア・ソシアル・リサーチで教鞭を執る(1940-1952年)。また第二次世界大戦後駐米オーストリア公使をつとめた。

不可避な要請であったとも言うことができる。

1）資本需要，それとも物価水準

前節で見たとおり，ひとつの銀行の場合でもすでにそうであるが，複数の銀行からなるシステムが信用を創出していく限り，貨幣の数量を精確に把握することは難しい。それゆえに種々の裁量主義が発生することになるのだが，そうした貨幣数量説否定は，さらに次の命題にもつながっている。

「諸々の銀行は，実物資本に対する需要を，貯蓄からの供給で設定される範囲内で維持していくか，あるいは物価水準を安定化させていくか，どちらか一方については可能であるが，同時に両方はできない」[14]。

とりあえず，貨幣的影響のない実物経済というものを考え，実物資本への需要とそれの供給とを一致させるとともに，同時に物価水準も一定に保つことができるような均衡点を考えてみることはできるかもしれない。ベーム＝バヴェルクを継承，理論的単純化を試みたヴィクセル[15]はこの自然利子率を，貨幣利子率と区別しつつ，実物経済における自然利子に対応し，かつ資本市場において貯蓄と投資とを均衡させ，さらに商品市場において一般物価水準を不変に維持していく利子率を正常利子率と考えようとした。たしかにそうした均衡点を確定することができればよいのであるが，問題はそれほど単純ではない。

というのも，貨幣それ自体が備えた機能がこうした自然的な水準における均衡の想定そのものにも干渉してくるはずだからである。したがって，この貨幣に影響されない非現実的な自然利子率と現実の貨幣利子率との関係を考えることに何か意味があるとしたら，それは貨幣が現実の均衡に与える影響を十分に把握することができる場合である。そう考えると，自然利子率という発想は，そもそも現実的ではないものを，基本前提としてこれを基準にして正常な均衡を考えようということであり，問題の転倒ということになるのかもしれない。しかしながら，他方で貨幣に客観的な何か，つまり変化しない価値が備わっていると前提することも実は難しい。したがって，問題はむしろ「所得の源泉ないし欲求充足としての諸財の相対価値が貨幣によってどのように影響されるの

---

[14] Hayek(1931), p.27[158頁].
[15] Wicksell(1893).

か」[16]ということ，つまり諸財への貨幣的影響にこそ着目すべきだというのがハイエクの前提となる。

　好況で資本需要が高まっている場合を考えてみよう。諸々の銀行は資金供給に際して，これをある一定の限度内で，つまり貯蓄された範囲で供給することに徹するか，あるいはそれとも好況により得られる可能性のある利益を期待してその範囲をも超え出るか，どちらにするかというジレンマに直面するであろう。範囲を超え出ればもちろんインフレーションの懸念が生まれる。そうなると，価格の安定という一般的社会的要請を果たすことができるかどうかについても気にせねばならなくなる。

　こうしたインフレ懸念において物価水準を安定させるためには，すなわち生産が拡張しつつある時に，貨幣利子率と自然利子率とを区別することができるとしたら，前者は後者よりも低く設定されなければならないであろう。言い換えると，貨幣量を少なくする方向で調整して物価を安定させるということになる。しかし，仮にどこかで均衡がありえたとしても，これは自然利子率というよりも，貨幣利子率によって捉えられる状態だと言ったほうがよいかもしれない。ただし，この場合の利子率が，正常利子率かどうかは何とも言えない。言えることは，せいぜい均衡を示している均衡利子率だということである。

　貨幣量の増加がインフレの可能性を高め物価が上昇していく可能性につながっているし，その逆についても想像してみることは難しくない。上の命題との関係で言えば，資本需要が高まったために諸々の銀行が，設定されていた一定限度を超えて資金を供給するようになるという場合である。もっとわかりやすく言えば，現行の制度に照らせば，各普通銀行が資金供給をすることができるように，中央銀行が通貨の発行量も増加させるなどして，過剰に資金が供給されていった場合を考えればよいだろう。

　他方で物価安定のために貨幣の供給量を過度に制限すると，資本需要を満たさなくなる。つまり生産に必要な資本は不足し経済は失速するということになる。

　たしかに理論的に均衡利子率（あるいは自然利子率）と貨幣利子率の区別を想定してみることはできるが，貨幣の影響を無視して経済理論を考案することに

---

[16] Hayek(1931), p.31[160頁].

は意味がない。もっと問題とすべきことは，貨幣の追加的供給と物価の安定とを同時に成立させることが可能であるという信念が，現在に至るまで存在しているということにある。どちらか一方を選択することは可能であるが，両方を実現させることはできない関係になっているということを，貨幣の機能を正しく考慮すれば，理解せねばならないということである。

　ハイエクが指摘する，この二律背反は，彼の最晩年に至るまで首尾一貫した主張である。これを無視した裁量主義に対する執拗な批判が，彼の経済学の基調となっている。実際，現実にはハイエクが厳しく指弾し続けたように「歴史はたいてい政府によって仕組まれたインフレーションの歴史なのである」[17]。

　減税，補助金など種々の仕方で，経済システムに資金供給がなされている場合を考えてみることは容易にできる。ただしその場合，そうした貨幣量の増加が，当該の経済システムのどの部分に向けてなされるのかということが重要である。あるいは，経済システム全般にわたって完全に均等になるようにそれをなすことも，もしかしたら可能なのであろうか。「というのも，追加的貨幣が循環過程のどこに注入されるのか（あるいはどこから引き抜かれるのか），その場所にすべてが依存しているからである。そして，その追加的貨幣が最初に取引業者あるいは製造業者の手に渡るのか，それとも国家が雇用を準備した給与所得者たちに直接わたっていくのかによって，諸々の結果が正反対となる可能性があるからである」[18]。

　法人税の軽減，特定業種への補助金交付や金利優遇，あるいは所得減税，特定世帯への補助金交付，地域振興券などとして，こうした例を今もわれわれはよく知っているが，そうした貨幣あるいは信用の追加的投入を，一定に均衡していたと考えられる経済システムのどこにどのように行うのか，そうしてそのように行うことが，果たして景気循環を「正常」にすることに寄与するのかどうかということが問題なのである。

2）生産の迂回

　1930年および翌年にかけてロンドン・スクール・オブ・エコノミクスでの招

---

[17] Hayek(1976/78), p.142 [S.14] [22頁].
[18] Hayek(1931), p.11 [148頁].

聘講義のためにまとめた『価格と生産』[19]の第2講と第3講，すなわち全4講の中核となる部分に，この種の追加的貨幣投入とその帰結について，ハイエク独特の幾何学表現に富んだその理論的説明を見ることができる[20]。

まずはメンガー以来のオーストリア学派の論法を知る必要がある。すなわち，経済という体系を形作っている諸財は，低次財から高次財に至る段階別区分をすることができるとともに，諸財にはある補完的関係がありうるということである。例えばわれわれが消費する最終製品を最低次の財，つまり1次財とすると，これを産出する前段階の製品あるいはこれを生み出すための半製品は2次財，そしてこの2次財を作る部品・原料などは3次財となる。さらに遡り，n次財に至るまで諸財のn次水準にわたる垂直的階層的連鎖状況を考えてみることができるはずである。パンに対して製粉された小麦粉，その元になる小麦，それが育つ土地，その土地を改良する肥料，肥料の原料となる牛糞や硫安，さらに牛，硫酸，アンモニア，あるいは小麦粉を作る製粉機，あるいはその前に必要な脱穀機，土地を耕す耕耘機などと順番に考えていくと，パンという1次財に対して，n次にわたって諸財の関係し合った複雑な連関を考えてみることができる。

最終の消費に供せられる1次財を消費財と呼ぶと，これに関連してさまざまな段階にわたって生産諸財の体系があるということになろう。n次の極限として考えられる本源的な生産財は土地であり労働だということにされている。したがって，1次財と本源的生産財とを除いた中間にある2次財から（n－1）次財までを中間生産物と呼ぶことができる。

ところで，こうしたメンガーの着想とともに，ハイエクは，資本形成の時間過程論という発想を，ジェヴォンズからベーム＝バヴェルク，ヴィクセルに至る業績から引き継いでいる。本源的生産財である土地と労働が，種々の段階を経て，まさに多様な消費財を産出していく過程と，それをひとつの体系として，まさに垂直的に統合されている状態が，資本主義的な生産構造を表現しており，同時にメンガーが考えた高次財から低次財への展開は，そもそも資本の形成過

---

[19] この著書も，オーストリア景気循環研究所双書の一冊としてユリウス・スプリンガー社から出版された。
[20] この基本的な説明にある社会への視点は，1928年の「借家人保護」についての研究でもすでに用いられていたことは，第1章第2節3）で見たとおりである。

程でもあるという考え方である。すなわち、資本はそれ自体で存在している所与のものではなく、形成されていくものであり、それは時間の過程だということでもある[21]。

ハイエクの説明は、もともとジェヴォンズが示した資本投下図に遡り、それを変形しつつ、メンガー、ベーム＝バヴェルクの表現方法も組み込んでいるように読み取れる。そもそものジェヴォンズの資本投下図は、時間軸を横に取り、資本の数量変化を縦軸に取っていたが（図1・図2左）、メンガーの着想にしたがって、

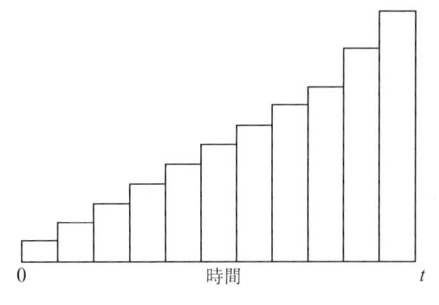

図1 〔Jevons (1871), p.230［170頁］〕

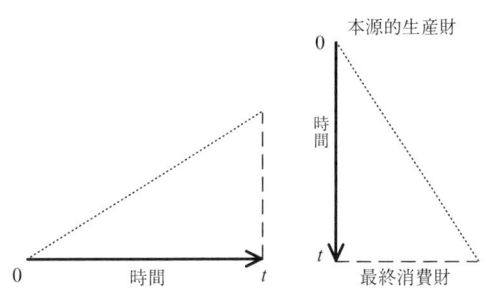

図2 左の三角形、t を中心にして右に90度回転すると右の三角形となる。

本源的生産財を頂点にして、それが順次段階を経て多様な最終消費財へと垂直的に展開していくという考え方で、時間を縦軸に取り、資本の価値変化、言い換えると最終消費財を産出していくまでのプロセスにある中間財の価値の量的変化が横軸に現れるように示している（図2右）[22]。

すなわち、ハイエクによる表現方法では、底辺の左側に直角がある直角三角形となっており、この三角形の高さにあたる垂線が時間軸であり、頂点に本源的な生産財（土地と労働）があり、これが時間の経過とともにさまざまな中間生産物を生み出しつつ展開し垂直的に統合された生産過程、言い換えれば資本

---

[21] こうしたオーストリア学派の資本論については、当時もその後も繰り返し議論がなされてきた〔Hicks (1939), p.191 ff.［下巻13頁以下］〕。その特徴は、固定資本よりも、流動資本から経済理論を展開していくということにある〔Hicks (1973), p.125 f.［139頁］.〕。
[22] Hayek (1931), p.39［167頁］。ハイエク自身、この三角形を「ジェヴォンズ流投資図」の変形と認めている〔Hayek (1931), p.38 footnote 3［258頁］; Jevons (1871), p.229 f.［169頁以下］〕。ハイエクの経済学の到達点である『資本の純粋理論』においてもこのジェヴォンズの図は時計回りに90度回転して示されている〔Hayek (1941), p.136［133頁］〕。

形成過程が考えられている[23]。すなわち多様な最終生産財に至るまでに，複雑で多様な中間生産財を産出していくということが示されており，かつこの直角三角形が，任意の経済システムにおける消費財生産と生産財生産とのある時点での均衡をも表現しているということである。

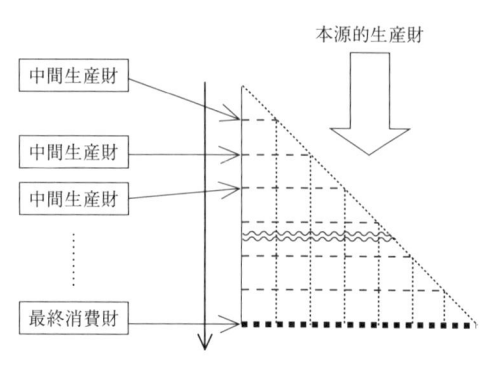

図3 〔cf. Hayek (1931), p.29 [167頁]〕

図3において垂辺は中間的生産財の産出過程である時間の経過を示している。斜辺は本源的生産手段が連続投入され拡大していくことを，そして底辺は最終消費財の産出量を示している。そして破線の線分（斜辺の垂直投影線分）は各時点における中間生産物への本源的生産手段の投入量を示している。まさに同時進行していく生産過程を表現しようというのである[24]。

さて，生産諸財への需要が，消費財への需要に対して，相対的に増加する場合を，ハイエクは「ヨリ資本主義的」と考えている[25]。図3の直角三角形で考えると，高さが高くなる割合に対して，底面がそのままか，あるいは高さの増加よりも小さな割合でしか拡大しない場合をイメージするのがよいであろう。中間生産過程がより長くなるということ，あるいはより複雑になるということであり，ベーム゠バヴェルクは，こうした生産過程の延長・拡大を，生産の「迂回（Umweg）」と呼んでいた。

さて，こうした生産のフロー，その時間的連続過程そのものを，ハイエクは数学によって関数で表現する方法ではなく，より単純化して断続的に，しかも等間隔で次々に生産段階への移行が行われることを，今一度，ジェヴォンズの投資図（前頁図1）のイメージで説明をしていく[26]。付け加えれば，生産過程という時間軸が，ある時点ある時点ごとにそれぞれ各企業家によってそれぞれ

---

[23] Hicks (1973), p.133 [147頁]．
[24] Hayek (1931), p.39 [167頁]．
[25] 原語は，"more capitalistic" である。資本集約的 (capital intensive) という意味。例えば Hayek (1939a), p.17 footnote 1 [49頁注9]．

第2章　正統か異端か　65

の選択がなされていることを表現しようというのであろう。図4のようにこれを横棒で表現すると[27]、各時点での中間生産物の産出高（ただし産出物の物理的量ではなくそれの価値）が表現されていることになる。網掛けされた横棒はそれぞれ各時点での生産財の産出量であり、その総計と、網掛けのない白い横棒す

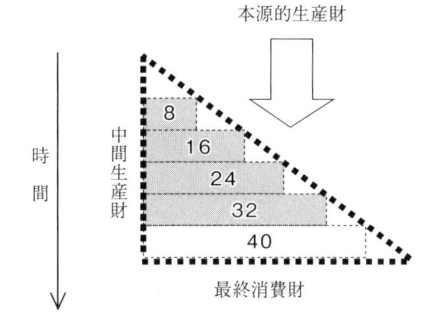

図4　■部分の合計は網掛けのない白い部分の2倍となる。〔cf. Hayek (1931), p.44〔168頁〕〕

なわち消費財の産出量との均衡が表現されているということである。

　本源的な生産財に頼った、すなわち土地と労働に、ただ直接的に関係した生産様式、ベーム＝バヴェルクの言い方に従えば、手から口への自然採取で自給自足の生産様式に対して、機械とその部品、原材料を加工した半製品など、生産された生産手段を用いて生産を行っていく様式への展開を迂回と呼ぶ。たしかに「迂回」という日本語の語感がもたらすイメージはマイナスであるが、ベーム＝バヴェルクが「人間の生産はすべて消費財獲得をめざすものである」[28]、「大局的に観察されるのは、技術的な成果のさらなる上昇であり、その度に結びついているのは、たんなる生産の迂回の一回限りの開始ではなく、それの延長の連続でもある」[29]、「生産がヨリ資本主義的になればなるほど、それだけいっそう年々の生産諸力の消耗率は少なくなるし、よりいっそう多い割合で中間生産物に投資がなされ、これが将来の期間にわたって消費財の果実をもたらす。さらに言えば資本主義の度合いが高まれば高まるほど、期間はそれだけいっそう長くなる」[30]として描写しようとする内容は、生産過程をヨリ手段目的的に編

---

[26]「ヒックスは、『価格と生産』におけるモデルを数学で翻訳するようライオネル・ロビンスに求められたが、貨幣的撹乱により崩壊しない均衡ということで、ハイエクが何を考えていたかを理解することに大きな困難を覚えた」〔Boehm(1986), p.17.〕とある。この点は、後述するようにハイエクが特有の前提をしていたからである。

[27] この図4から以下図8まで、ハイエク著書の数値に従っている。

[28] Böhm-Bawerk(1888/1961), II/1-S.107.

[29] Böhm-Bawerk(1888/1961), II/1-S.113.

[30] Böhm-Bawerk(1888/1961), II/1-S.120.

成していくということでもある。任意の時点で利用可能な資源がこれまでよりも，より遠い将来の必要を満足するために使用されるように生産を編成することで可能となる産出量の増加が想定されているのである。消費財の総計と均衡が保たれるように，生産過程が編成されていくことが，すなわち迂回プロセスが構成されていくということに含意されているのである。

　図4を見ながらイメージするなら，迂回過程が長くなればなるほど，最終消費財の総計すなわち白抜き部分と，中間生産物の総合計すなわち網掛け部分すべての総計との比率に関して，後者がより大きくなっていくということである。図4においては，1対2という比率になっている。この図は，この割合で均衡が成っているということを示している。ただし，このことは同時に，消費財が購入されるのと同様に，中間生産物の購入も逐次なされているということを考えれば，それぞれにおいて費やされる貨幣量をも表現しているということでもある。

　この図4からさらにわかることは，「時間のどの期間をつうじても，生産者たちが諸財に費やす貨幣の量の方が，同じ期間に消費者たちが諸財に費やす量よりもずっと大きいであろうということ」[31]，「ほとんどの財はそれらが消費者に売られる前に，数回は貨幣と交換されて，おおむねたしかなことは回数が多いほど，生産者の諸財に費やされる量は消費者の諸財に費やされる量より多いということ」[32]である。

　さて，そもそもの考えるべき問題はこうであった。追加的貨幣はどの水準にどのように注入されるのか，そしてそれはどのような影響をもたらすのか。言い換えるなら，すでにそれまで垂直的に統合されていた均衡はどのように，次の新たな形態の均衡に移行するのかということである。さらに別なふうに言うと，どのような仕方で迂回が延長されていくのか，つまり「ヨリ資本主義的」になっていくのかということである。次の3つの場合を考えている。

第1例：自発的な貯蓄と自発的な投資の場合　図4は，図3をよりわかりやすく中間生産段階を4段階としたものであった。こういう中間生産段階を備えた生産財生産と消費財生産との均衡状態からハイエクは出発する。消費者たちが消

---

[31] Hayek(1931), p.47 [170頁].
[32] Hayek(1931), p.48 [171頁].

費を我慢して自分たちの所得の 4 分の 1 を貯蓄したとすると，この貯蓄分は生産プロセスに投資され生産プロセス自体が長くなる（迂回する）ことになる。図 5 はこの一連のことを描くものである。

ただしこの場合，全体での貨幣量は変化しないということを前提にしている。貯蓄に回され投資された額は，中間生産物の生産のために使われるのである。消費財生産と資本財生産の均衡が，これまでのように維持されるのだとすると，図 4 の場合に考えられていた，両者の比率 1 対 2 という関係は，図 5 の場合では消費財分が 4 分の 3 に縮小したということで，図 5 のような 1 対 3 という関係で表現されるように編成され直されると考えてみることができるであろう。

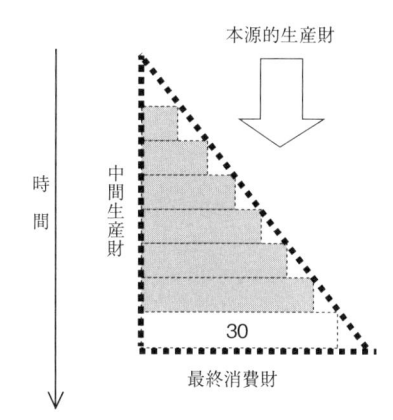

図 5　それぞれ■部分は，上から 4.3, 8.6, 12.9, 17.1, 21.4, 25.7 となり，この合計は白い部分 30 の 3 倍となる。〔cf. Hayek (1931), p.52［173 頁］〕

消費者たちは貯蓄に回した分だけ消費量を減らす。この最終消費財の需要に対応するように，生産者は産出量を減らし生産財の産出プロセスを変化させなければならない。無論それは，各生産者がそれぞれの企業心により選択していくはずのものである。ただし，生産過程そのものが縮小してしまうということではない。つまり生産者は，投資された分をこれまでの最終消費財生産にただちに回すのではなく，将来のために工夫をして生産過程を変化させる（迂回していく）ということであり，その可能性があるから投資を行うということである。生産は将来を見越して複雑化していく必要性と可能性があるということである。そうやって生産の迂回経路が出来るということである。図 5 の網掛けされた生産財生産過程の産出量は，白抜き部分，すなわち最終消費財の 3 倍（= 90）であり，図 4 の場合の 2 倍（= 80）よりもプラス 10 生産量を増加させていることがわかる。

さて，この思考実験において最も重要な点は，貨幣量を一定にしたままであるにもかかわらず，生産が増加する可能性があるということである。すなわち，生産過程のどの段階においても，貨幣所得の総額は減少することになるであろ

うが，その生産プロセスで使用される諸財の単位あたりの価格は減少するであろうから，実質所得の総額を考えればそれは増加することになると考えることができるというのである。

このモデルが，ハイエクの基本となるのであるが，将来を見越して，ヨリ資本主義的になる，すなわちヨリ生産的になるために貯蓄をする，一種の節制をするという意味であり，これが資本の蓄積に正当な方法だと考えていることである[33]。さらにその結果として現れるとされる実質所得の実質増加という結果ゆえに，貨幣賃金の硬直性という問題は無視すべきものと考えていることである[34]。

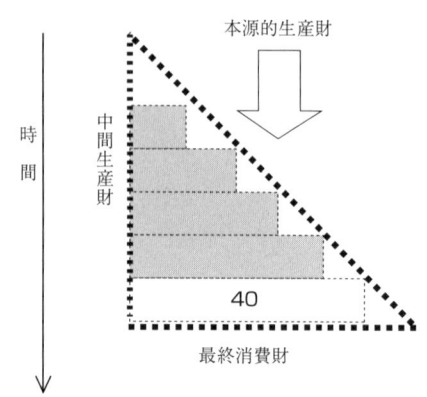

図6 ■部分は，上から5.7, 11.4, 17.1, 22.9, 28.6, 34.3となり，この合計は白い部分の3倍となる。〔cf. Hayek (1931), p.56[175頁]〕

第2例：消費財産出量を維持し，生産財生産過程へ追加的貨幣の投入をする場合

消費需要の落ち込みは生産者に影響を与える。生産者保護をするために，補助金，事業税控除などでその産業が優遇されることがあろう。消費財生産が図4のままになるように，つまり消費需要については度外視して生産財生産プロセスだけが保護されるとすると，図6のような状態になる。すなわち生産者に追加的に信用あるいはもっと直接に貨幣が追加投入される場合，図5にある貯蓄に

---

[33] この点では，まさにヒックスが指摘するように，ハイエクは景気循環論を構築しているのではなく，成長理論を構築していたのである〔Hicks(1967), p.210 f.〕。

[34] ケインズをはじめ多くの同時代の経済学者が考えざるをえなかった，（労働組合の賃上げ圧力の影響も含めた）貨幣による賃金の上方への硬直性という想定に対して〔Keynes(1936), p.266 f.[264頁]〕，ハイエクはかなり「無垢な」，というよりも「規範的な」前提を置いている。すなわち，賃金も需要－供給関係に応じて柔軟に変化しなければならないというそれである。このことは，ハイエクが貨幣的影響に着目しつつも，実はハイエクも「貨幣がなければ，〈物々交換の状態において〉すべてうまくいくという妄想から離脱していなかった」〔Hicks(1973), p.133[147頁]〕，あるいは「ハイエクは実質賃金下落があるだろうと単純には言ってはいない。しかしながらこのことと，（中略）彼があらゆるところで仮定しているに違いない価格のフレキシビリティと一貫するのだろうか」〔Hicks(1967), p.213 f.〕という指摘となる。

よって生じる場合と類似して，やはり生産プロセスは延びるであろう。しかしながら，前の場合と決定的に違うのは，中間財の生産過程延長が，消費需要については度外視しているゆえに，本来必要とされる消費財の使用量に比べて，余計な割合で本源的な生産財を使用するために生じることにより迂回プロセスが生まれてくるということである。

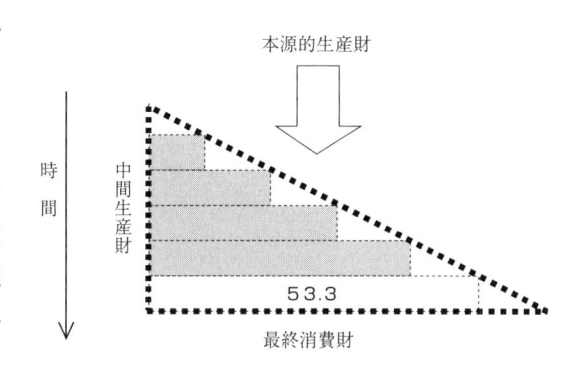

図7　■部分は，上から10.6, 21.3, 32.0, 42.6となり，この合計は白い部分の2倍となる。〔cf. Hayek (1931), p.59［176頁］〕

　図5の場合には，消費者自身による自発的な貯蓄という節約を意思決定することによるものであったが，図6の場合は，追加的に貨幣が裁量によって注入されていることで，生産者たちが追加的に生産を複雑化しているということに他ならない。この場合，消費者が図4の場合と同じ貨幣価格で消費財を購入したとしても，それはもともとの実質価値は減少しているということでもある。

　生産者たちが，そうした仕方で得た利益を彼らの所得として，それを生産過程に回さず，ただ消費だけに使用したとすると，そしてそもそもこの種の利得はそういうふうにもっぱら消費されるだけの傾向にあるものであるが，裁量により追加投入された時点から一定の時間を経て，消費の水準で貨幣量が増加してくることになる。つまり，一時的に消費水準における購買量が増加することになる。しかしながら，こうした場合，中間財生産過程にも前と同様に繰り返し持続して追加的に貨幣が新たには注入されていかないとすると，増大していく消費に比して，生産過程の方は萎縮あるいは短縮化していかざるをえなくなる。図7のように，増えた最終消費財に対応はしているが，追加的投入がないので短縮させられた中間財生産プロセスが形成されることになる。ただし，これは最終生産財の需要に応じた形で中間財生産過程が短縮化したというよりも，ヨリ非資本主義的な生産過程に逆戻りしたということにすぎない。

第3例：消費財需要の増加のために追加的に貨幣を投入する場合　中間財生産への

追加的信用あるいは直接的貨幣投入とは違って，今度は消費財需要そのものを拡大するように，減税や生活補助金などが投入された場合を考えてみることもできよう。ただしこの場合は，第2例（68頁図6）で見た生産財市場への追加的貨幣投入の最終段階と類似の問題を発生させることになる。すなわち，最終消費財の産出に対応する貨幣量だけが増加するということは，それまでの生産プロセスを短縮化することになるだろうということである（図8）。

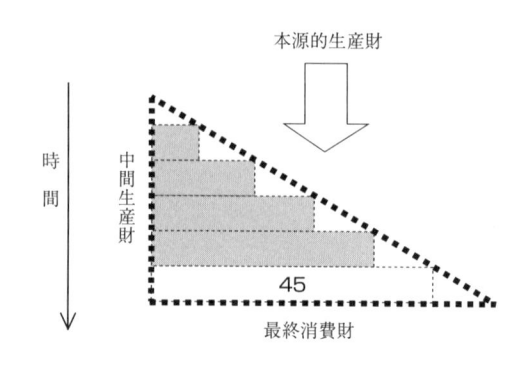

図8　░░░部分は，上から9, 18, 27, 36となり，この合計は白い部分の2倍となる。〔cf. Hayek (1931), p.61[177頁]〕

どういうことかと言うと，この種の消費財需要増加策は，最終消費財に近いところにある段階，言うなれば中間生産物の中でも低次の中間生産財への需要をも，最終消費財への需要が高まることとともに一緒に高めていく。中間財生産プロセス全体に一様にこの需要の高まりが発生していくのであればよいが，最終消費財に近いところに局所的にまず発生するので，そこで生じる価格のマージンが，より高次の中間生産財において得られるそれと食い違いを生むことになろう。つまり，局所的に高い利得を得る低次の段階があるのに対して，高次の段階はもともと，最終消費財需要を引き起こすように貨幣が追加的に投入されるよりも前に存在していた収支関係で成っているであろうから，結果として，均衡が達成されるように生産過程の迂回という形で生産構造が再編成されていくことはなく，歪な適応の仕方となるということである。つまり，追加投入は消費財に近いところにある段階の再編成には影響するが，さらに高次のところには均衡を保って影響を与えることにはならないであろうということである。

もちろん，これに関連して，より高次な中間生産財の中にあるもので，可能なものは，より低次段階へと順次移転されて経済システム自体は均衡を達成しようとすることになろう。ただし，その場合でも追加的投入の仕方によっては，

最終消費財の需要がそれへの供給をはるかに上回り消費財価格だけが一段と上昇することにもなってしまう。こうなると，生産財生産プロセスは以前の構造を崩してしまい，本源的な生産要素や可動性の高い中間生産物の価格だけが上昇し，長期的な生産過程の迂回の確保はますます不可能になっていくであろう。

　以上の3例はどれも，消費財生産と生産財生産とが均衡するということを前提にしてはいる。すなわち，財のレベルでの均衡と，貨幣量の増減がそれに与える影響とが主要な関心となっている。消費財生産と生産財生産とを結びつけるのは，資金の貸付を円滑に進めていく資本市場の存在なしにはありえない。そうした市場を形成するもっとも原初的な関係は，貯蓄された貨幣と生産に利用される貨幣との関係にある。第1例の場合には，貨幣が市場を攪乱することはない。貨幣は交換手段として交換市場を形成するというのである。

　資金の貸付市場において資金の貸借が行われるとすると，当然のことであるが利子の問題が発生する。すなわち，貨幣利子率の問題が存在することになる。ただし，ハイエクは上述の説明に際しては，貨幣利子は発生しないという前提を置いている。ハイエクはこの時点では，ヴィクセルとミーゼスに従い自然利子率というものを貨幣利子とは別にまだ想定しているのである。均衡利子率と呼び変えてはいるが，前世代から想定されてきた，貨幣的影響を排除した均衡を前提にしているのである。

　しかしながら，貯蓄額の総量と資本供給とが一致する場合をそう簡単に想定することは難しいであろうし，所与にすることは現実には意味がないであろう。無論そのことをハイエクも承知しての上のことであり，こうしたモデル提示の意図は，生産過程のどこかに裁量的に貨幣を追加的に投入して均衡が乱されることを主題化するということにある。

　例えば第1例では，貯蓄率一定ということも所与とされ，貯蓄と投資との関係はそれ以上問わないままになっているが，貯蓄は，消費を一時的に先延ばしにし，その節約した分を，より時間をかけて，すなわち迂回することで，より効率的に財の生産をするための投資に結びついていると見るのか，それとも保管，貯蔵，退蔵される可能性はありえないのか[35]。後者の場合に追加的投入が

---

[35] Hayek(1933a), p.158[125頁].

なされるべきなのか,それとも自然的に元の均衡状態に復原しようとするものであり,それを待たねばならないのか。

あるいは,もっと全体社会的な形で実は倹約が強いられるというのも考えてみることはできないであろうか。例えば税制という権力的関係が果たしている機能は,実は「強制貯蓄」だと見ることができるのではないか。そうして集められる資金は,果たして生産的に使用されるものなのであろうか[36]。

投資についても,同種のことを言うことができる。すなわち,生産財生産のために,誰がどのように,利用可能な追加的資金を生産的に利用することができるのかという問題である。

純粋理論ということで言えば,ハイエクが上述の思考実験をめぐらすために前提にしている一般的問題は,そもそも資本とは何かということである。ハイエクはオーストリア学派の伝統に従って,資本の貨幣による測量ということよりも,それの質的問題を重視しているのである。つまり「ヨリ資本主義的」という表現は,生産構造の質的変化を言っているのである。生産の迂回というのは,言い換えると一定の資本が,より集約的に利用される生産構造が変化するということであり,このことを重視しているのである。端的に言えば,景気循環,とりわけ恐慌の発生に対する政府の裁量主義への戒めということである。「健全な諸条件を確保するために必要とされるのは,自発的(voluntary)貯蓄と自発的支出により決定される消費財需要と生産需要とにある調和に,生産構造が可能なかぎり最速かつ十全に適応することである。もし個々人の自発的な決定により決められる調和が,人為的な需要創出によって歪められてしまうとしたら,それは,利用可能な資源の一部は再び誤った方向に流れ,定まった持続的な調整はまたもや遅延させられるということを意味するのである」[37]。

3) 資本の費消,それとも維持

ハイエクのロンドン・スクール・オブ・エコノミクス赴任には,おそらくふたつの意味があったように見える。ひとつは,オーストリア学派内ではこれまで共通の前提であった諸問題について,英米圏の経済学の用語によって,どのように表現し直すことができるのか,あるいはそもそもそうしたことができる

---

[36] Hayek (1932), p.183 ff. [145頁以下]。
[37] Hayek (1931), p.98 [202頁]。

のか，できないのかという点に答えること，もうひとつは，世界恐慌下，経済理論そのものが，それが対象としてきた事態の変化とその緊急性のために，まさに理論そのものを変化せざるをえない時代に遭遇し，資本問題についても複雑に絡み合った論点を捌いていかねばならなくなったこと，これらふたつの意味があったように見える。

　1932年の「資本の費消」と1935年の「資本の維持」というふたつの論文は，世界恐慌下で複雑化していく事態への苦悩であるとともに新しい道筋を提示するものであった。前者は，1929年ウィーンでの国民経済学会大会でのヴィルヘルム・レプケの報告に言及しており，ドイツ語で書かれキール大学の世界経済研究所の雑誌に載せられた論文である。後者は，ハイエクが編集主幹をすることになったロンドン・スクール・オブ・エコノミクスの『エコノミカ』に掲載される。これは当然のことながら英語で書かれたものであり，当時の英国経済学の泰斗ピグーの考え方への言及から始まるものである。

　後者「資本の維持」は，1939年に『利潤，利子および投資』と題して，それ以前の諸論文を集めた一冊を刊行しているが，その論文集の中に収められたものである。前者の「資本の費消」は，その論文集のはしがきに「今では，その理論的論拠の一部が完全に混乱している」[38]と理由が付され，そこには収められないままとなったものである。

　さて，何が「混乱」なのか。というのも，その論文の論旨ははっきりしているのである。ドイツ語圏の同僚たちの関心，そして何よりも故国オーストリアの現実の状況を照らしてみると，はっきりしすぎてさえいる。その方向はペシミズムであり，そこでの現実経済がもう閉塞してしまっているということである。これに対して後者は，ドイツ語圏の同僚たち，そして故国オーストリアの現実とは切り離され，また理論的にも次の時代への新しいアイデアが提示するものであると見ることができる。

　問題となるのはやはり「資本」とは何かということである。前述の3つの例をつうじて見たように，ハイエクの前提は，資本が流動資本のそれであり，それが生産プロセスで創出していくものであり，つねに時間性を帯びたものだということであった。

---

[38] Hayek(1939a), p.vii[3頁].

そうした発想の本来的なことは、ベーム＝バヴェルクから、さらにメンガーに遡ってみると、よりはっきりするかもしれない。すなわち、「真実のところ資本ということで理解されるのは、経済的諸財の諸数量ということでしかない。すなわち、来たるべき時期のために現在われわれの自由となり、したがってある然るべき時期にわたってわれわれが自由にでき、しかも（中略）そうした本質と経済的な特質の使用を可能にする、経済的諸財の諸量のことでしかない」[39]ということであり、諸財の諸量であって、諸財を購入する貨幣の量ということではない。つまり、どれだけの諸財を一定期間支配することができるかという、その力のことを言っているのである。

言い換えると、メンガー以来の要点は、生産性の構造ということであり、ある一定の時間、諸財を自由処理し垂直的に統合することが確保されるということである。それは、あまりに短い時間であってはならないということであり、それゆえに生産性が発揮されるということであり、その生産性は一定の構造を備えていなければならない。ジェヴォンズ流の三角形を変形させた図形的説明で言おうとしていたとおり、低次財生産に必要なそれより高次な諸財、諸々の高次財、あるいは低次財の補完を可能にするためのn次財、諸々の高次財それぞれの数量をどのように確保して、ひとつの体系だった経済システムができるのかということが重要なのである。

論文「資本の維持」において、ハイエクはピグーの議論から始める。それは、資本の量が一定であるということを考える際の工夫に関することを論じたいからである。

貨幣が持つ計測単位としての性能に頼って、メンガーがいう諸財の諸量を考えてみることは、もちろん可能であろう。さらにその資本諸財をある適当な一般物価指数で割れば諸量の変化を観測してみることも可能であろう[40]。しかしながらこの種の議論も、貨幣量が恣意的に変化しないということが前提となろう。貨幣供給が増加することで貨幣価値が減少した時、測定される諸資本の貨幣価値も減少することになろうが難しい問題も生じる。つまり、これは貨幣価値の減少にすぎないのか、それとも資本の減少でもあるのかという問題である。むしろ問題があるとすれば、貨幣の数量が恣意的に変化する可能性があるとい

---

[39] Menger(1871/1968), S.131 [113-4頁].
[40] Hayek(1935b), p.71 [89頁].

うことに問題があるとも言えよう。

　このことは，もう一方の論文「資本の費消」にあるアクチュアルな問題と関係している。「費消」とは，収縮であり消尽していくということである。ハイエクは，彼がロンドン赴任後，その職を継いだオーストリア景気循環研究所所長，ミーゼスのプライベート・ゼミナールの同僚でもあるモルゲンシュテルンの統計研究を援用して，当時立ち行かなくなった経済状態に瀕した故国オーストリアとそれに至った原因を指弾している[41]。

　「それ（モルゲンシュテルンの研究）によれば，ウィーン株式市場において値の付けられる，オーストリアの株式会社の相場価値は，1931年10月31日までに，同種の会社群の1913年の相場価値とこれにそれ以降なされた新規創業および増資の金〔で測った〕価値とを加えたそれの，およそ18.5パーセントに下落している。この推移のほんの一部はインフレの結果であるが，大部分はインフレ終了以降初めて発生したことが，次のことから読み取れる。すなわち1931年10月31日の総価値が，インフレの終わった後に生まれた新規創業および増資の総額よりも，なおさらに小さいのである。オーストリアにある株式会社の株式資本の現在総価値を絶対額で示すと，1931年10月に7億8425万5607シリングとなるが，これを，国家が財政補助するゆえに格別に硬直的で，少なく見ても大部分が消費支出である部分と比較してみれば一目瞭然である。すなわち，この補助額たるや1931年度予算で見込まれていたオーストリア共和国の連邦歳出の3分の1をかろうじて超えないところにまで達しているのである（断っておくが，ここには州や市など地方公共団体の歳出はまだ含めていない）。つまり，すべてのオーストリアの企業が，まだオーストリア人の所有にあって，オーストリアが，これらの企業すべてを1931年秋の相場で外国に売却することができたとしても，その売上金でこの共和国の歳入の半分さえも充当することができないのである」[42]。

　先の3例の説明と重ね合わせて考えてみるまでもなく，この末期的状態の原因を，ハイエクは政府が消費財購入の補助をし続けたことに見ている。すなわち，消費財購入のための種々の所得補助が，迂回可能な生産構造の構築を阻み，

---

[41] Morgenstern (1931/32).

[42] Hayek (1932a), S.104.

経済システムを崩壊させたということである[43]。第一次世界大戦の敗戦，ハプスブルク帝国の崩壊など未曾有の混乱を考慮していくと，当時の政治と経済の関係と，このハイエクの指摘については，違った評価を下すことも可能であろうが，「労働者保護」という名目での「消費者保護」，そしてそれが社会民主主義者のみならず，保守主義者によっても行われ続けた，この1920年代オーストリアでの体験は，その後のハイエクの業績に一貫して通底している問い質すべき問題となっていく。

後に，すなわち第二次世界大戦終結を前に，英国においても労働党による戦後の政策プログラムが現実化するとともに，ハイエクは再び同じ種類のペシミズムを抱いて『隷従への道』を著すことになるのであるが，1930年代半ば，ロンドンで教鞭を執り始めた頃，彼はもう一方の論文「資本の維持」において英国についてはまだ理論的には楽観的に診ていたことがわかる。

すなわち「〈資本をそっくりそのまま維持すること〉それ自体に目的はない。それが必要となるのは，ただひとつ，そうすることに失敗すると生じる，周知の確実な諸結果のゆえにである」[44]。資本は暗示的に明示されるのである。このパラドクスに支えられているゆえに，意図的な維持策がその意図に反して取り返しのつかないことになる。

資本の維持は，資本家の自分たちの利益のためだけになされるわけではない。むしろ資本家はそのためには，そうした無垢な主観主義を控え，より客観的な基準を採るように強制されさえしている。資本の維持に注意を払わねばならないとしたら，それは資本家であり続けるために収入を将来にわたって故意に自分たちに振り向けるというだけではなく，自分たちの活動の如何が他の人々の収入にも影響を与えることになるからである[45]。

貸借対照表のような客観主義的な表現様式が要請されるのはそれゆえであるし，設備に対して減価償却が考えられるのは，そうしたゆえである。しかしながら，この種の測定の単位としての貨幣による表現は，客観主義的ではあるが，貨幣のもつ他の機能により実は客観的ではなくなりもするのである。むしろ客

---

[43] こうした1920年代の，一方でのオーストリアにおける悲劇的な経済状態についても，また他方でのウィーン市が積極的に展開した住宅政策をはじめとした労働者・消費者保護政策については，第1章第2節3) でも論じたとおりである。

[44] Hayek(1935b), pp.92-3[73-4頁].

[45] Hayek(1935b), p.95[75頁].

観的であることを求めようとするなら、均衡利子率（自然利子率）という考え方に頼らざるをえないであろう。このすでに古びた理論装置が、その理論的な暗示に支えられて自然均衡があたかも可視化するように考えさせられることで、貸借対照表や減価償却などの発想が生まれてくる。注意を向けなければならないのは、貸借対照表で表現される数値の一致や、新規設備とそれに対する減価償却の関係も、要請されるものではあるが実は虚構だということである。「実際、純粋に経済学的な観点からすれば、減価償却と陳腐化とに実質的な相違はない」[46]。つまり、ある設備とその減価償却との関係から均衡を想定することは、それはそれで可能であろうが、注意を向けなければならないのは、実はその設備が陳腐化してしまう可能性である。生産プロセスの実質的な変化は、この点では、貯蓄と投資との均衡という問題よりは、はるかに企業家（資本家）の予見能力にかかっているということである。

「継続して最大の収益を得るように自らの資本を維持することが、資本家であり企業家である者の主たる機能であると言ってもそれはおそらく言い過ぎではない。しかしただこの意味でだけ、社会の生産設備の大きさが企業家の成功に依存しているのではない。それは不確実性に満ちた世界の中で、この企業家が資本利得（「意外の利潤」）を資本還元していくことにも依存している。資本設備の新規形成の多くは（中略）貯蓄そのものから生じてくるのではなく、資本維持のプロセスの一部をなしている資本家個々のこれらの利得から生じるのである」[47]。

資本の維持を可能にすることができるとしたら、それは国家や政策ではなく予見能力を持った企業家であり、企業家の利得追求心によるということである。

3. 理論経済学との離別

1939年第二次世界大戦が始まる。ハイエクは、空襲を逃れ一時ロンドンを離れケンブリッジに疎開をしている。戦争遂行のために政府に直接関係せねばならなかった多くの経済学者とは異なり、そしてそもそも外国人であったという

---

[46] Hayek(1935b), p.108[84頁].
[47] Hayek(1935b), p.119 f. [92頁].

こともあって，ハイエクはこの期間，純粋にアカデミックな仕事に没頭した[48]。そしてその姿勢は，きわめて厳しく徹底したものであった。

　1941年ハイエクは『資本の純粋理論』を書き上げる。これにより彼は3つ目の博士号を得る。しかしながら彼はこれ以後，最晩年の『貨幣発行自由化論』に至るまで同時代の経済学理論の展開から距離を取っていく。経済学者ハイエクから社会哲学者ハイエクへの転換と言うことができる。しかしこのことはいったい何を意味しているのであろうか。経済学の主流が英米経済学に標準化されていき，オーストリア学派は傍流としての位置しかなくなっていったことも，また経済学におけるドイツ語の位置がなくなったことも事実であるが，いったい何がハイエクを経済学からの訣別をさせたのであろうか。

　1970年代に入って，ヒックスは自らオーストリア学派の系統に属すると宣して，ネオ・オーストリア学派を唱える。彼の言い方に従えば「〈オーストリア〉学派は主流からはずれた特異な分派ではない。彼らが主流なのであり，他の人々がそれからはずれているのである」[49]と言う。

　さて，何がずれていると考えられたのか，そして何が正統派であったのか。ハイエクの『資本の純粋理論』，この書は題名のとおり，ウィーンで経済学に関わることになって以来の，そしてベーム＝バヴェルク以来の「資本」ということについて精緻に論じようとするものである。このことは同時に資本がこれまでどれほど誤って論じられてきたのかというということでもある。

　すでに詳しく見てきたことであるが，ハイエクが説明に用いたオーストリア学派の基本論法に，資本についてのこの学派の見方を学ぶことができる。すなわち，本源的生産財，中間生産財，消費財という三段階のカテゴリーの区別にもそのことを見ることができる。さらに中間生産財もn次の段階構成をしていることが想定されていた。こうした段階構成は，すでに時間的過程が前提になっているということである。ある消費財の生産は，種々の段階を進行していった結果の産物だということであり，その過程は時間の経過ということである。

---

[48] 1944年夏英国領ジブラルタルの経済生活状況調査を行い，とりわけ家賃価格と市場について提案を行っているが，これが唯一のイギリス政府依頼の仕事であったという〔Hennecke (2000), S.247〕。また第5章第1節で見るとおり，戦後オーストリアの処理について亡命オーストリア政府関係者，オットー・フォン・ハプスブルクらとの戦後オーストリア処理についても関係していた。

[49] Hicks (1973), p.12 [14頁].

ベーム゠バヴェルク以来の「迂回 (round-about)」という用語は，『資本の純粋理論』においても用いられているが，その趣旨は，資本主義のこの時間的過程の複雑性を描き出そうとするものであった。この語が難しく誤解を生むことはハイエクも指摘しているが[50]，この語に担わされなければならなかった意味内容は重要である。

土地や労働といった，本源的生産手段の所有を資本所有と言うことができるであろうか。マルクスとマルクス主義に従うと，生産手段の私的所有が資本家と労働者の区別を可能にするという言い方や，一握りの資本家への資本の集中という言い方がなされるが，こういう場合の資本とはどのような形をしているのであろうか。土地や労働ということであろうか。仮にそれらだとしても，それではそれらがどのような様態でありうるものであるのかということを，さらに問う必要があろう。

生産過程の迂回，言い換えると最終消費財に至るまでにn段階にわたる垂直的な分業に支えられる中間生産財の長いプロセスがあるということは，実は本源的な生産手段とされる土地と労働が，その段階を経て順次変形されて消費財へと形を変えていく過程だということを描こうとしている。そしてこうした変形のプロセスこそが資本の存立そのものだというのである。土地は，ただその土地そのままではまだ資本ではないし，労働も同じくそうである。中間過程を構成していく連関が，まさしくこうした資本でありうるためのプロセスに他ならないのである。

別の言い方をすれば「生産手段は生産される」[51]という再帰的関係でこのプロセスが成っているということであり，永久不変の耐久財として資本の総体があるというのではなく，非永久財，つまりつねに置き換わる過程を前提にして，生産手段が生産されることに資本の基本構造があるということである。迂回という語が表現したかったことは，この構造が長く複雑化していく時間過程があるということである。ただし，「迂回」という言葉が意味する延長的なニュアンスだけではなく，つまり生産過程が複雑になり，ただ延長されていくということだけではなく，逆に圧縮されて内容は複雑になるが長さは「短縮」すると

---

[50] Hayek (1941), p.59 [59頁].
[51] Hayek (1941), p.57 [57頁].

いうことも考慮する必要があろう[52]。時間の短縮が必ずしも単純化でないことは前提にせねばならない。

「資本の根本的特徴は、（中略）それが代替を要するものであり、ゆえに投資に通じるということである。これがさらに新しい資本の創出に通じるのである。いったんこうした新しい資本が存在するや、その歴史的面は重要度（レリバンス）を失う。大切なことは、資本は生み出されて終わるというのではなく、これ（あるいはその等価物）が再生産されていかねばならないということである」[53]。

再生産とは、同一物が繰り返し生み出され続けるというよりも、等価性により代替が進行していく過程だということである。これは何か本源的な生産財から中間的な生産財が生産されるということではなく、生産財は生産財である限り生産されなければならないということであり、さらにそこでの時間のパースペクティブは未来に向いていて、すなわちどのように生み出されたかという歴史的面には向いておらず、将来に向けて、現在あるものを将来につながるようにいかに再生産していくかということが問題となるということである。それゆえ投資が繰り返されなければならないということでもある。

つまりある生産財が生産されるための費用・価値がどれだけであるかということではなく、より重要なのはその生産財が永久に存する財でない限り、それがもたらす収益とそれ自体の減価償却を考慮して再生産をし続けなければならないということである。機械設備、工業施設などの資産実体は一定期間には置換されることが必要となるであろうし、この資産とこれが生み出す収益との関係も、減価償却費用と利子との関係で利益配分をしていかねばならないであろう。ストックの〈回転〉がないところでは、資本の問題は発生しないし、そもそも資本は「非永久的なリソース（non-permanent resources）」であるゆえにそうなるということでもある。

しかしながら、問題はまだそれほど単純ではない。代替され回転するとしても、その速度が一定であるとは限らない[54]。つまり減価償却を考えるにも生産財の耐久性の時間はつねに個別的であり同一のものであっても時代や環境により変化しうるものであるし、投資期間の長さも一定であることはなく投資家そ

---

[52] Hicks (1973), p. 125 ff. [138頁以下].
[53] Hayek (1941), p.87 f. [87頁].
[54] Hayek (1941), p.129 [127頁].

のものに依存することになるし，さらに投資収益が得られるとしても，それが瞬間的であるか連続的であるかについても状況に依存しているものである。非永久的なリソースがどれだけストック可能であるかということや，それのための投資期間がどのくらいの広がりをもつかということとの関係を単純化したモデルで論じることには種々のリスクを冒すことになる[55]。

ハイエクは投資関数や生産関数という言葉を単純に用いることにはきわめて慎重である。彼が用いるのは，せいぜいインプットとアウトプットの関係ということに抑えられている。したがって経済学の研究主題，すなわち「目下われわれが考察したい研究主題は，投入関数の形の諸変化と産出関数の形の諸変化とにある関係である。われわれが答えねばならない問いは，投資の生産性が投資期間の範囲にどのように跳ね返ってくるかということである」[56]。ただし，そうは言っても「投入関数はわれわれがそこから出発すべき基本的な量であるが，産出曲線は推定によってそれから導き出されうるにすぎない」[57]ということでもある。

それゆえに，このインプット部分とアウトプット部分との非相称的な関係を均衡関係として考えるには，種々の条件を付け加える必要が出てくる。もっと具体的には，生産財価格とそれにより生み出される生産物の予想価格との差というのもこれにあたろう。この差は時間によりその割合を変動させるものであり，利子率とされてきたものである。これはただちには，貨幣の貸借の関係で生まれてくる貨幣利子率とは異なる。より本質的な内容を持っている。すなわち，前述のとおりこの実物収益率とでもいうべきものは利潤率のことであり，利子率はハイエクの言い方では貨幣利子率のことである[58]。そういう利子率は，さらにインプット部分とアウトプット部分の非相称関係，および「迂回」ということで想定されているプロセスの複雑化ということを加味して考えていくなら，この利子率に影響を与える要因をさらに種々考えていく必要がある。

ゆえにケインズによる，「rを利子率とし，Mを貨幣量とし，Lを流動性選好関数とすれば，$M = L(r)$を得る」[59]という理論化には，ハイエクはきわめ

---

[55] Hayek(1941), p.85 [84頁]．
[56] Hayek(1941), p.140 [138頁]．
[57] Hayek(1941), p.111 [111頁]．
[58] Hayek(1941), p.354 [342頁]．
[59] Keynes(1936), p.168 [166頁]．

て批判的にならざるをえなかったのである。利子率がもっぱら貨幣量と流動性選好によって決められるという考え方や，流動性選好そのものも実は生産プロセスの複雑な影響から自由ではないということを強調せねばならなかったのである[60]。例えば投資の際の待忍（waiting）ひとつをとっても，それはけっして単純な量的関係として処理されるものではないのである[61]。

しかしながら，資本主義の実物にあるこの種の複雑性を記述していくことは，それ自体でその途轍もない複雑さに苦悩せねばならないものであり，ハイエクが描くモデルそのもの，そして彼の経済学そのものがきわめて複雑で難解なものとなっていかざるをえなくもなっていったのである。結果として複雑性を記述することを徹底するよりも，単純化された表現とそうする前提に対して批判的見解を開陳していくことへと，彼は姿勢を変更していかねばならなくなっていったのである。

とりわけ，故国オーストリア，および旧きヨーロッパの破綻の経済理論的理由を，裁量主義ということの中に見通していたことと，そうした政治への厳しい批判の欲求が，この時代にあって否応なしに，ハイエクを社会哲学の方向へ駆り立てることになったのである。この点は，『価値と資本』において，オーストリア学派，とりわけベーム＝バヴェルクの貢献も含めて，また他方でケインズをも含みこんで，一般均衡理論の動学的展開の基盤を数学により理論彫琢していったヒックスによる徹底的な学問的世界の地平とは大きな相違がある。オーストリア学派の蓄積は，オーストリアから離れて，ヒックスの『価値と資本』を基礎に新たに継承展開されていくことになるのである。

---

[60] Hayek(1941), p.360 ff.［347頁以下］.
[61] Hayek(1941), p.141［139頁］. ハイエク特有の幾何学的説明様式について，ケインズの正統な継承者であるロビンソンは，ハイエクのケンブリッジでの講演の思い出で，「ハイエクがロンドン大学に赴任する途中ケンブリッジを訪れたときのことをよく覚えています。彼は，彼の理論の詳細な説明をして黒板を彼の三角形で埋めました」〔Robinson (1972), p.2.〕と述べている。また同時にハイエクが想定していた時代性，つまり第一次世界大戦前の経済システムのことが想定されていると見ていた。すなわち，「（ハイエクの）全体の論拠は，後にわれわれが見るように，現在の投資率と，資本財の総ストックの混同にその本質はあった」と述べており，これが1914年以前の考え方にとらわれたものだと述べている〔Robinson (1972), p.2〕。

第3章

反合理主義の道

カフェ「ランドマン」。ここはかつて経済学のオーストリア学派のたまり場であった。

学問をするには友だちが必要である。シュッツとハイエク，ともに同じ年にウィーンで生まれた。第一次世界大戦では，ともに繰り上げ卒業の後，志願しイタリア戦線へ送られた。そして敗戦，帰郷しウィーン大学法学部に入ったのも同じ年であった。彼らの博士号（Dr. jur.）はともに試験でケルゼンが与えた。ハイエクはふたつ目の博士号（Dr. rer. pol.）をヴィーザーとシュパンを指導教授にして学位論文により取得した。シュッツも，ハイエク同様に国家学の学位も目指したが，ふたつ目の学位取得には至らなかった[1]。ただし，ふたりはともに当時世界的に著名であったウィーン大学法学部の教授たちのもとで学んだのである。

　すでに述べたとおり，彼らを結ぶものは，こうした履歴だけではない。ミーゼスのプライベート・ゼミナールをつうじて，またハイエクが友人フュルトとともに結成したガイスト・クライスをつうじて，たいへん広範な領域にわたる学問テーマについて，彼らの生涯を通して共通の友人たちと関わり続けることができた[2]。彼らが残した業績は，20世紀の社会学と経済学それぞれに，たいへん大きなものがあるし，経済学についても社会学そして現象学についても，さらにそれらを包括していく社会哲学についても彼らをのぞいて，これらの学問について語ることはできない。

　この時代の多くの知識人たちと同様，ハイエクとシュッツとの間にも，長い期間にわたる書簡のやりとりが残っている。ただし，シュッツとグールヴィッチ，シュッツとフェーゲリン，シュッツとパーソンズなど，すでに公刊もされ，よく知られているアカデミックな往復書簡とは異なったところもある。彼ら共通の学問的領域について長く議論がなされた部分は，現在知ることのできる限りではきわめて限られている。互いにその時々に抱いていた関心についての交

---

[1] シュッツの青年時代について詳しくは Mori（1995），30頁以下参照。
[2] 第1章第2節2）参照。

換を行ってはいるが，おおむね関心の表出に終わり深い議論にまで至ることはなかった。それ以外は時候の挨拶，そして互いの実務的なお願い事である。

しかしながら，ふたりの書簡の往復は，1950年代まで，すなわちシュッツの死の前まで続いている。第二次世界大戦後しばらくしてオーストリア政府からウィーン大学再興のプロジェクトを委託されたハイエクは，オーストリアを去って英米圏で活躍していた多くの社会科学者たちを挙げたリストの中に，もちろん友人シュッツを，マハルプ，モルゲンシュテルン，ハーベラーら彼ら共通の友人たちとともに入れるのを忘れていない[3]。

シュッツ没後ハイエクが1960年代に書いた，オーストリア学派経済学についての回顧でも，友人シュッツについて触れている。

「われわれみんな，シュッツをつうじてマクス・ヴェーバーや，フッサールの現象学のことを知るようになった。その際，カウフマンの特異な博覧的才能がシュッツを助けたが，私は現象学を一度として理解することができなかった」[4]。

敢えて繰り返すまでもないがシュッツは，現象学的社会学という新しい領域を開拓したし，現代の社会学は彼の業績なしにはありえない。しかしながら，他方のハイエクは，終始一貫して社会学にも現象学にも強い忌避感を示し続けていたのも事実である。このことをわれわれはどのように理解すればよいであろうか。

1．報告「経済学と知識」

カフェ「ランドマン」での国民経済学会の会合で，ハイエクが繰り返し報告をしていたことについては，すでに述べたとおりである[5]。その多くは銀行と貨幣についての，彼が当時もっとも得意とした分野についてのそれであった。「国際的均衡について」（1928年3月），「財政破綻について」（1931年2月），「銀行業務について」（1933年4月），「経済政策について」（1937年12月）などであるが，こうした経済学者ハイエクの経済事象そのものについての関心とは異な

---

[3] 第6章第1節参照。
[4] Hayek（1963b），p.31 f.
[5] 第1章第2節3）参照。

る重要な報告がカフェ「ランドマン」でなされている。「経済学と知識」(1935年9月)と題する報告である[6]。

　1931年以来ロンドン・スクール・オブ・エコノミクスで教えるようになった後にもかかわらず，ハイエクはしばしばウィーンに戻ってこれらの報告をしていた。オーストリア学派がまだなおウィーンをその活動の場としていたということである。ただしこの報告は，その後英国において1936年11月にロンドン経済学倶楽部でも繰り返してなされている。そしてその翌年，ハイエクがロンドン・スクール・オブ・エコノミクスに赴任して以降，自らが編集主幹となった専門雑誌『エコノミカ (*Economica*)』に論文として掲載される[7]。

　前章で見た1941年の『資本の純粋理論』で終点となる経済学者ハイエクと，その後『隷従への道』『科学による反革命』から『自由の条件』へと至る社会哲学者ハイエクの始点との分水嶺，すなわち経済学者ハイエクから社会哲学者ハイエクへという転換点として見ることができるが，「転換」というよりは，実は当然の帰結だとも言えるところもある[8]。というのも，転換に至る過程には，ウィーンの仲間たちの知的環境が少なからず影響していると考えられるからである。とりわけ，友人シュッツが同じ時期から別なふうに主題化し精緻化していった社会科学の学問的性質そのものについての問題，とりわけ「レリバンス」問題とも深く関わっているからである。

　実際，論文「経済学と知識」の中には「レリバント」という語が多用されている。しかも，ハイエクのこの報告「経済学と知識」に対して，実はシュッツはきわめて長いコメントを手紙で送っているのである。ただし，この長いコメントについて見る前に，彼らウィーンでの仲間たちにとっては実は共通の課題がすでに存在していたことについても触れておかなければならない。というのも，たいへん興味深いことであるが，ハイエクの報告には今ひとつの主題も隠

---

[6] Furth (1989), S.251 f.
[7] Hayek (1937c). 英米圏の経済学，そしてローザンヌ学派の数学的一般均衡理論に対して，経済学のパラダイムそのもの，そしてそれが内包する科学主義の伸張への頑なな批判者であったハイエクの立場をよく示すものであったということもできる。ヒックス『価値と資本』〔Hicks (1939).〕による一般均衡理論とオーストリア学派との英米圏での綜合，すなわちその後の数理経済学の基礎を確立する業績が著されるのは，この後1939年のことである。
[8] ただし，これらの論文の問題設定の基礎にある情報の非相称性という問題は，現在ではむしろ経済学の主題とさえ言えるであろう。

されていたからである。すなわち，仲間というよりは，当時は先生でもあったミーゼスへの批判が，そこには籠められていたのである。そして実はシュッツもミーゼスについてハイエクと同様の考えを抱いていたのである。

1）反ミーゼス

学会といえども先生に意見することは，しばしば難しい。先生がたとえ間違っていてもそうであることがある。ハイエクは回顧している。「ミーゼスは弟子たちによるどんな批判にもひどく憤慨する人で，彼を批判したということで，マハルプもハーベラーも一時不仲になったことがあります」[9]。

そんなミーゼスに向かって，ハイエクはその理論的立場を批判する報告をした。ハイエクは言う。「1937年の知識経済学（economics of knowledge）についての論稿（中略），これは，ミーゼスが市場の理論はアプリオリだとしているが，それは誤りだということを彼自身にわかってもらおうとして書いたものでした」[10]。

価格の決定，利率の決定，生産量の決定，供給量の決定など，それぞれの決定は，それぞれの決定を可能にしてくれる一定の条件によって支えられているはずである。それぞれは，まさにそれぞれの条件のもとでありうることであり，しかじかの条件のもとで，そうなっているということに他ならない。

これまでわれわれは，経済学を究めようとしたハイエクが，統制経済，干渉主義から社会主義批判へと至る，すなわち第一次世界大戦後のオーストリア経済混乱の原因諸問題に対する，きわめて厳しい批判的見解を持つに至るプロセスを見てきた。このプロセスは，オーストリア学派をまさに「非オーストリア的に」，つまり学問的に展開していくことに努力した英国人理論経済学者ヒックスとはずいぶん違っている。ハイエクを捕らえていたのは，言うなれば戦間期の難しい時代のオーストリア学派の反オーストリア性というものでもある。そうした第一次世界大戦後のオーストリアに対する反オーストリア性は，ミーゼスにも見ることができる特徴である。

ミーゼスは，1920年に「社会主義共同体における経済計算」[11]という有名な

---

[9] Hayek（1994），p.72［60頁］．
[10] Hayek（1994），p.72［60頁］．
[11] Mises（1920）．

社会主義批判論文を『社会科学・社会政策雑誌』に寄稿している。次のような話である。

「平等主義」が徹底化された，例えば，言うところの社会主義が実現したとされる社会を考えてみよう。分配の不平等を廃して，またその元凶とされた貨幣経済も廃したとしてみよう。それを実現するために人々には平等に同じだけ商品引換券が配られ，それぞれ平等に同じだけ商品を得ることができるようになったとしてみよう。そうは言っても，そこにおいてもまだ個人の主観性というものが存在するとしたら，あるいは「みんなが」同じように「等しく」我慢し続けることができないとしたら，あるいはそうした主観性の持ち主たちを反革命分子として徹底的に殺戮してしまうことができないとしたら，どうであろうか。

というのも，人というものは「等しく」長く我慢し続けることなどできないからである。例えばビールは嫌いでワインが好きな人も，ワインは嫌いでビールの好きな人も，社会主義的平等のもとで，その好き嫌いにかかわらず，それぞれ同数のビール券とワイン券を配給されたとしたらどうなるであろうか。社会主義によってエゴイズムが消し去られ人々の嗜好そのものも完全に均されてしまうことがないとしたら，ビールは嫌いだがワインが好きな人は，ワインは嫌いだがビールの好きな人と，お互いの券をその時の比率で交換することになろう。つまり，どうやっても市場はなくならないという議論である。ロシア革命，そして第一次世界大戦後のオーストリアにおいて政治の主導権を握るようになっていった社会民主労働党による「社会主義への道」の実践に対して，市場の普遍性と社会主義の不可能性を説き続けた[12]。

ミーゼスが示したかったことは，別な面から考えると，どのようにしても人の主観的世界が存在し続けるということでもある。そしてそうした違う個の間であるゆえに交換関係が発生し，それが一般化された関係となるためには不可避的に一般的な交換媒体である貨幣が発生してくるという考え方である。しかし，なぜそのようになるのであろうか。

---

[12] 第一次世界大戦後オーストリア社会民主労働党の党首となり「社会主義への道」の企画者であり実践者であったオットー・バウアーは，ミーゼスとウィーン大学での同級生であった。彼らと当時の政治的また学問的論争状況については，Mori (1995), 58頁以降で詳しく論じた。

これについてのミーゼスの理由づけは，人というものは合理的にのみ行為するからだというそれであった。なるほど，人は自らの満足を極大化するということを軸にして行動していく原理，言い換えれば功利的に行動する合理性を備え持ったものだという説明である。そしてそれゆえに，この人たちが関わる交換関係も，そこから生まれる貨幣も市場も合理的なものに他ならないと考えようというのである。そしてこうした考えは，「人間の合理主義は，歴史上，経済から生まれ出た」[13] として，経済の合理性，経済は合理性に支えられるという考え方となって存在し続けてきたとするのである。

　しかしながら，こうした議論は，そうであるならばどうしてミーゼスが厳しく敵対した社会主義というものを，まさに合理主義的で功利主義的である人間たちが，そうであるにもかかわらず選択してしまうことになるのかと問われた時に，答えに窮することになる。なぜなら，人というものがそれほど合理的であるのなら，どうして人はそのような非合理的な選択をしてしまうことになるのかという問いに，おそらく巧く答えることができなくなるはずだからである。「ミーゼスによる見事な社会主義批判，このことについて私は脱帽するが，どうして実際に有効なそれにならなかったのかということを，今になって振り返れば説明可能です。というのも，ミーゼス自身が徹頭徹尾どこまでもひとりの合理主義者であり功利主義者であり続けたからです。社会主義拒絶と合理主義的功利主義とは整合しないからです」[14]。

　すなわち，「アプリオリなのは，個人の行為の論理だけであって，そこから数多の人々の相互行為へと進むやいなや，経験的な領域に入ることになる」[15] からである。個々人それぞれは，自分の行為について，それぞれその時点で所与のデータと可能なことを頼りにして論理的な説明をしていくことができる。それは，経過し完了した帰結についての説明のみならず，未来の予測についても同様に，ある時点において所与とすることのできる事柄を頼りにして，将来に関して論理的な説明をしていくことができる。その結果が，ある価格の決定であることもあるし，またある利率の決定であることもある。さらに生産量の確定，供給高の確定などであることもあるし，それらの予測であることもある。

---

[13] Mises (1920), S.100.
[14] Hayek (1994), p.72 [60頁].
[15] Hayek (1994), p.72 [60頁].

価格，生産量，利率などいずれについても，それぞれの需要と供給との均衡点を説明してみることができるであろうし，想定してみることもさほど難しいことではない。そうした均衡点は，その均衡点を導き出すために，それぞれ所与として考えることができる諸々の事柄やその関係をまず前提にして導き出されていくものである。

ある均衡点の確認や想定は，それを可能にするための種々の所与を前提にして，またそうした前提があることにより，均衡点を確認し想定することができるということである。しかしながら，注意せねばならないのは，こうした所与性が，アプリオリ，あるいは客観的であるということと同じではないということである。これは，まさしくその研究者の視点からその関係が論理的に整理されているということであり，均衡点の共有とは，発生した出来事を，まさにそのようにありうるものとして，それを事後的（事前的）に論理的に説明する所与（あるいは所与となりうる）データがありうるということである。またそうした所与性を前提に論理性を維持して未来完了的に，そのように発生すると考えられる出来事について言うことができるということである。注意せねばならないのは，けっしてこれら全体が客観的なのではなく，ましてやアプリオリなどとは言うことができないということである。言い換えれば，その都度の状況に依存した所与のデータが前提となって，論理性が提供されるということなのである。

「与えられた与件（データ）」というような重複的な表現に，すでにこの問題を隠蔽する諸々の水準が存在していることがわかる。「言及されている諸事実が，それらを観察している経済学者にとって与えられたものと想定されるのか，あるいはこの経済学者が説明しようとしている行為をする人々にとって与えられたものと想定されるのか。さらにもし後者に与えられたものとされるのであるならば，同じ事実はその体系内のさまざまな人々すべてに知られているとされるのかどうか，さらには異なった人々に対して与えられた〈与件〉は異なるものでありうるのかどうか」[16]という，明瞭に区別することのできる諸水準があるにもかかわらず，それに注意を払わぬために混乱が生じるということである。

景気の動向や金利の先行きについてなど，エコノミストの言及対象となる事

---

[16] Hayek（1937c），p.39［40頁］．

実と，そうしたエコノミストがまさに主題化している事実との違いがあろう。すなわち「そういう事実」として言及される種々の事実，例えば預金金利の変動，より廉価な商品の選択，箪笥貯金などの諸事実は，どれも普通の人々に与えられた事柄でもある。それらはたしかそれらではあるが，専門的なエコノミストにとっての事実水準とは必ずしも同じにはないということである。

例えばある時点で，ある商品の価格が「われわれ」に与えられている事実があると言っても，その場合の「われわれ」とは何か。価格額が「われわれ」に同じに与えられていても，その事実への関わり方についてどの人も同じになれるとは言い切れない。つまり，言うところの「われわれ」には「私」も含まれているのかどうか。また，そもそもその与えられている価格額が，どの範囲の「われわれ」すべてに既知となっているのかどうか，それ自体を問えばさらに難しい問題に至る。

経済理論をその内的な整合性を高めて一連の自明な諸命題だけからなる体系として編成していくことは可能であろうが，そのようにして編成されていく知識の体系と，「われわれ」の日常生活における知識との水準には，おそらく違いが存在しているだろうという，現在ではよく知られた問題である。もちろん，ハイエクは，経済理論が形式化されていく傾向そのものを無垢に非難しているのではない。形式化が度を越しているということそのことではなく，それよりはむしろ，そうした「われわれ」の日々の選択の論理と，専門家により体系化される経済理論とには意味の水準に違いがあるということである。数学を理想にしてアプリオリな法則を形式化した世界で探求しつつ体系化を企図する純粋な経済理論を，社会そのものの諸関係を説明するためには直接適用することなどできないのではないかということである[17]。それゆえに，これらの混同は時によって，とりわけ社会生活に関わる事柄が対象であるだけに，重大な問題を引き起こすことにもなるということである。

論文「経済学と知識」でも言及しているが，ハイエクはすでに同じ商品であっても場所のみならず時点によっても価格が異なる問題，後にポートフォリオ理論として展開されていく問題を別のところで詳細に論じている[18]。言い換えれ

---

[17] Hayek（1937c），p.35［29頁］．
[18] Hayek（1928a）．

ば，いわゆる価格決定についての一般均衡を理論的に精緻化するとしても，それはたくさんの仮定を設けて，相当に皮相的なモデルを構築することにしかならないということの指摘でもあった。さらに，価格の異時点間（intertemporal）の変動という問題のみならず，そこからそもそもそれらをデータとして与えられる諸人格の相違（interpersonal）の問題への展開も考慮していかねばならないということである[19]。

「正しい予測というものは，これまで理解されてきたように，均衡が達成されるために存在しなければならない前提条件ではない。むしろそれは均衡状態の明確な特性である。またこの目的のために予測が永遠未来に至るという意味で完全である必要はないし，万人がすべてを正しく予測せねばならないという意味で完全である必要はない。われわれがむしろ言うべきことは，均衡とは諸々の予想が正しいとわかる限りで続くであろうし，それら諸々の予想はその人々の決定にとって関連のある諸点においてだけ正しくあるであろう」[20]。

このように呼ばれる「関連のある」ということに自覚的にならねばならないということである。例えば，価格，金利，生産量などが確定するということは，それぞれの均衡点，あるいはそれぞれの均衡点に向かうトレンドが存在しているということである。しかしそうしたトレンドを存在させる諸条件や，それに関係して個々人の知識が変化していくプロセスについては，その時点では背景に押しやられ注意の外で隠れてしまっており，そこにおいてはただちに明瞭化を敢えてする必要がないが，それを問うことも可能だということでもある。

2）レリバントな知識

均衡分析そのものは，そういう前提のもとでその均衡の諸条件を純粋理論として記述するためのものである。この点では，そこに現実社会についての言明そのものをそのまま含めることは難しい[21]。しかしながら，われわれは仕入れと売り上げの関係など，それらの均衡点となる事態を想定しながら生活をしているので，こうした想定の仕方を経験的には知っている。ただしこれらふたつについて，すなわち想定される理論的な均衡状態と，現実の売り買いの状況と

---

[19] Boehm (1986), p.21 f.
[20] Hayek (1937c), p.42 [57頁].
[21] Hayek (1937c), p.45 footnote 11 [74-5頁].

にある相違も重要である。仮に前者について，ホモ・エコノミクスという類の全知全能人を想定し，完全競争を想定した理論モデルを考えていくこともできるが，それはそのままでは，現実社会そのものについては多くは語ることはないであろう。

　むしろ要点は，このモデルは，それのために必要な知識をどのように獲得したのか，あるいはそれを用いてどのようにコミュニケーションしていくのかということと関係する[22]。モデルは，まさにそれがそうなるための条件とともに考えねばならず，それによってすべてが説明しつくされるというものではない。少し考えてみればわかることであるが，すでにそうしたモデルにおいて全知全能であれば，何かを知ろうとすることはそもそも必要がないし，誰ともコミュニケーションをする必要もなくなろう。そして，こうしたモデルだけからなる社会が実際にあるとしたら，それは奇妙である。

　「われわれが解決したいと望む問題は，たくさんの人々からなる自生的な相互作用が，各人はほんのひとかけらの知識しかを持っていないのに，どのようにして，例えば価格が費用に一致する，ある状態をもたらすのかということであり，そしてそうした人々全員から合成された知識を持つ誰かによる作為的な指令だけで，この状態がもたらされるのかということである。この種の何かが起こっているということを経験がわれわれに教えてくれるし，価格が費用と一致する傾向があるということを経験的に観察して以来，われわれの科学が始まった。しかしながら，われわれの分析では，こうした結果をもたらすために，さまざまな人々が情報のどんな断片を持っていなければならないのかということを示す代わりに，実際には誰もがすべてを知っているという仮定に陥ってしまうことになり，問題の実際上の解決を避けているのである」[23]。

　人々の活動が合理的かどうかは，実は所与のことではない。活動に関わる人がいつもすでに合理的かどうかなどもわかることではない。人は情報のある断片を持つにすぎない。しかしそれにもかかわらず，さまざまな人々に与えられる主観的なデータが，つまりそうした情報の断片が，ある客観的な事実とされる，例えば価格と費用との一致という，均衡点を生むということである。情報

---

[22] Hayek（1937c），p.46［62頁］．
[23] Hayek（1937c），p.50 f.［66-7頁］．

のほんの断片でしかないが，知識はどれもそこから予知・予言していく可能性と関係しているという点で，知識はそれ自体すでに予測と不可分である。もっと一般化して言えば，ある知は，その知によって見えなくなってもいる「非知」について知る可能性を備え持っているということであり，それにより予知が可能だということである。こうした点から「関連のある知」，すなわち知識のレリバンスということについて言うことができる。

「均衡が実現するために人が持っていなければならないレリバントな知識とは，その人がもともといる位置からの見方ではそうとしか得られない知識と，そこでその人が作る諸々のプランとである。偶然に得ていれば，役に立ち，ゆえに自らのプランを変更することになる知識を言っているのではない」[24]。

そういう偶然的追加により変化していくプロセスそのものではなく，人はある時点にいることによって，その時点に結びつけられて得られる知識のことを言っている。しかし同時に，その場その時点においてその知識は，その知と不可分の「非知」に関わり，それにより予知とも関係できる。その場その時の予想により，人は諸々のプランを立てる。プランと言っても，何ヶ月，何カ年を経て達成されるような遠大な計画というよりも，もっと素朴な例を考えるほうがよいかもしれない。すなわち，「こうであるから，ああしよう」「そうであるから，こうなるだろう」という類の予想である。そのとおりになるかどうかは，その時点では非知であるが，この時点で集積できる知と，ありうる変化についての予想とから「関連性（レリバンス）」の体系を考えてみることができるのであり，それが例えば均衡点だということになるのである。

2．シュッツからの手紙

カフェ「ランドマン」でのハイエクの報告は友人たちの反響を呼んだ。シュッツも参加者のひとりであったが[25]，ロンドンに戻ったハイエクに，1936年10月

---

[24] Hayek（1937c），p.53．[69頁]．
[25] シュッツが国民経済学会の会員であったかどうかについては不明であるが，ハイエク同様シュッツもミーゼスのプライベート・ゼミナールの一員であり，そしてこの講演会にシュッツが参加していたことは手紙から事実であることがわかる。

15日手紙とともに，全体15節，25枚にもなる長文の論文草稿を送っている[26]。背景の状況を重ね合わせながら，3つの問題を取り上げてみたい。

1）ミーゼスについて

ハイエク，シュッツたちが参加していたゼミナールの主宰者ミーゼスは，その当時における彼の主著と言える『国民経済学の基本諸問題』を1933年に出版しているが，その中に収められた論文のいくつかはそれ以前に発表されていたものである。したがって，これらについてゼミナールのメンバーたちはよく知っていた内容だと考えられるし，シュッツが『週刊ドイツ読書新聞』にその書評を書いているのである[27]。

ミーゼスのこの本は，多くの既出論文から成っているが，終始一貫して社会科学が人間行為の基本概念とアプリオリな科学体系とを備えもつものであることを説いている[28]。後でも詳しく触れることになるが，ハイエクが社会学という学問そのものにきわめて否定的な見方をし続けたのに対して，ミーゼスはハイエク，シュッツの世代とは違い，とりわけヴェーバーとの関係もあって当時の社会学の論理について，非常に好意的に受け入れている[29]。ミーゼスの言う人間行為の基本概念は，すぐにわかるがヴェーバー『経済と社会』[30] 冒頭にある「社会学の基礎概念」で類型化されている目的合理的行為に結びつくものである。さらにアプリオリな科学体系の主張は，メンガーとシュモラーの価値判断論争に対する，ヴェーバーの提案，すなわち理念型という方法にも関係している。第一次世界大戦前後の現実の社会経済状況について思えば，ヴェーバー

---

[26] Schütz [1936]. この論文草稿は，英訳され Schutz (1996) に収められている。
[27] Schütz (1934). ミーゼスの活動は活発であった。その前年1932年にも『共同経済――社会主義についての研究』〔Mises (1932)〕を出版しているが，この著書はシュッツとシュッツ夫人が索引作成などに関わっていたことがミーゼスの謝辞からもわかる。また，ハイエクの「経済学と知識」において，ミーゼスのこの本についての言及もある〔Hayek (1937c), p.50 footnote16. [75頁]〕。
[28] ハイエクの論稿において明瞭にミーゼスを指摘しているところは，Hayek (1937c), p.36 footnote 3. [73頁] であり，ミーゼスの論稿「アプリオリな諸命題の範囲と意義」「主観主義的価値論の方法について」についてである。
[29] ミーゼスとヴェーバーについては，別のところで論じたことがある〔Mori (1995), 125頁以下〕。
[30] Weber (1921/76).

の場合も、そしてミーゼスの場合も、ともにきわめて悲観的な見方をしてはいたが、学問論という点ではミーゼスの見通しはヴェーバーのそれと比べても、それ以上にもっと楽観的な科学観に支えられていたとも言える。

　カフェ「ランドマン」でのハイエクのミーゼスへの暗示的な批判は、おそらくすでにミーゼスのプライベート・ゼミナールのメンバーたちの中では1930年代のはじめには主題にとりあげられていた問題であったと想像することができる。ハイエクの講演は、ロンドンに招聘された気鋭の経済学者として、市場、貨幣などをめぐる当時最新の経済理論との関連で論じられたことにその重要な点を見出すことができるが、ミーゼス自身のポジションをよく見据えて、さらにヴェーバーとの関連も含めてミーゼスの理論の難点を主題化するということで言うなら、議論をする相手としてはシュッツが最良であったことは間違いない。

　ミーゼスの難点についてのシュッツの指摘はふたつある。ひとつはミーゼスの著書の前半部分にある人間行為の基本概念についてであり、今ひとつはアプリオリな理論科学としての社会学と国民経済学が可能なのかかどうかということについてである。

　さて、ミーゼスは、次のような基本的姿勢をとっていた。

　「われわれの思考の出発点は経済ではなく、経済活動、すなわち行為、(中略)合理的な行為である。人間行為とは人間の意識的な行為であり、われわれはこれを概念的に明瞭かつ正確に無意識的行動から区別することができる。(中略)行為の概念をわれわれは思考し行為する人間のそれとして捉える。このように概念を捉えることにより、われわれはただちに方法と目標、手段と目的、原因と結果、開始と終了などの概念ペア、そしてこれとともに価値、財、交換、価格、費用などの諸概念も得る。これらはすべて必然的な仕方で行為の諸概念の中で、またそれらとともに価値、順序と重要度、希少と余剰、利益と欠損、成功、利潤そして喪失などの諸概念とともに考察されるものである。こうした諸概念と諸カテゴリーすべてを〈行為〉という基本概念から体系的に演繹しつつ論理的に展開し、それらの間に存している必然的な諸関係を示していくことが、われわれの科学の第一の課題なのである」[31]。

---

[31] Mises (1933), S.22 f..

こうしたミーゼスの立場が、おそらく惹起してくることになる問題点、すなわち人間行為の説明は果たしてこれで十分なのかということを、シュッツは指摘している。たしかにヴェーバーとの関係でミーゼスは自らの行為概念を提示しており、そしてそれがヴェーバーの考えた目的合理的行為にほぼ対応することになるにはなるが、ヴェーバーが同時に提示していたその他のカテゴリー、つまり価値合理的行為、とりわけ伝統的行為や感情的行為などの行為類型の存在はどのようになるのかという疑問をシュッツは挙げている[32]。さらに、ミーゼスは所与の前提として考えているのだが、人とは果たしてそのように「合理的」「理性的」であり続けるのかどうかという疑問である。すなわちミーゼスに従って、人間の行為において「限界効用の原理に従って経過しない行為はそもそも考えられないということであり、どんな行為も経済的行為だということである」[33]と考えて、本当に問題はないのだろうかという疑問である。

「限界効用原理」という表現にすでに表されているように、そしてこうした表現をミーゼスは用い[34]、この原理を基本原理として社会科学を演繹的に体系化していく学問として捉えようというのである。シュッツはハイエクに宛てて書いている。

「ある論者たち、なかんずくミーゼスは（中略）、国民経済学の諸法則や、より正確には一般的社会科学の諸法則、その特殊例が国民経済学を表現するのですが、これらがアプリオリな特質を持つものだと主張しています。これまでに公表されているミーゼスの業績からは、アプリオリ性という彼の概念が、〔私の手紙の〕前節で示した[35]一般妥当性や普遍性を超え出ようとするものかどうかは、はっきりしません。もしそうでないとしたら、アプリオリ的という表現は避けるのが無難でしょう。というのも、ある特定の定義によって規定された一定領域内部で一般的かつ普遍的に妥当する諸命題が、それゆえにアプリオリな諸命題であることなどないからです。しかし何かを期待して、ミーゼスがアプリオリ性という概念を、壮大な哲学大系のひとつの意味として考えようと言

---

[32] Schütz (1934), S.39.
[33] Schütz [1936], S.715
[34] Mises (1940), S.84; Schütz [1936], S.714 f.
[35] シュッツは、彼のハイエク宛の長文論文草稿の中で、ミーゼスの「限界効用原理」が仮説的な性格を持つものでしかないことを言っている。「前節」とは、Schütz [1936], S.18; Schutz (1996), pp.102の第11節のこと。

いたいのなら，たしかに彼はこの意味をもっと詳細に論述するべきでしょう。つまり，哲学においてアプリオリ性という概念は，〔キリスト教的〕教義論史上の極限の諸行為だけを知ればよいというのではなく，現代哲学者たちによっても，完全に異なる意義で使われているということを，確認しなければならないのです。新実証主義は，アプリオリ性すべてを基底的な約束として見ようとしていますし（これについてはカウフマンの最新著の素晴らしい解説を参照してください[36]），フッサールは最近，現象学の主題的課題としてアプリオリの相対性について述べていますし，ベルクソンと彼のサークルにとっては内的持続が唯一の真なるアプリオリなのです」[37]。

ミーゼスは，その後の彼の最も有名な著書『国民経済学──行為と経済の理論』[38] において，門下生シュッツの『社会的世界の意味構成』の業績のほんの一部についても，またそこにおける内的時間についても論及しているが，その内容はまさに触れたという水準にすぎないものであった。ヴェーバーからミーゼスの時代までに社会科学が依拠することができた哲学は，新カント主義に限られていた。シュッツの社会学は，まさにこの時代以降の哲学を十分に吸収した上で展開されていくものであった。時代とその哲学のアクチュアリティについての見解の相違に注意せねばならない。

2）レリバンスの問題

「レリバンス」は，シュッツがその生涯をつうじて考察した課題である。すでにこの時期，シュッツは彼の「レリバンス論」の最初の草稿を完成していた[39]。ハイエクが「経済学と知識」で指摘したとおり，データが与えられているといっても，それはいったいどういうことかについての主題化である。

「無知をさらけ出さないために，データという概念，あるいは〈所与の与件(データ)〉

---

[36] Kaufmann (1936) のことである。
[37] Schütz [1936], S.20 f.; Schutz (1996), pp.103 f.
[38] Mises (1940). この著作の英訳は，*Human Action -A Treatise on Economics*, New Haven 1949. という有名な書である。
[39] この草稿についても触れたことがある〔Mori (1995), 565頁以下〕。なお，これは後にゼイナーによって編纂され出版される〔Schutz (1970)〕。シュッツ自身のレリバンス論そのものはこの書に体系だって収められている。これらに加えて未公刊資料が，Schütz (2004) などで順次出版されている。

という概念も今や使うのをやめたほうががよい。そもそもそうしたデータが誰に与えられるのかと問うのが正当なところでしょう。私，日常に生活している人間には，私の周囲すべての世界が，言うなれば諸データから成っているのです。朝日が昇るのも，市電が走り出すのも私には与件ですし，店に行ってシリングで物を買うことができるというのも与件です。パリ証券取引場が政治状況で暴落するのも，茶の価格がインドでの不作で上昇するのも私には与件なのです。この意味で，外部の世界についての私の経験はどれも，私がそれにどんな影響も与えていないのであれば，与件なのです。私自身がいる，その時々の関心状況に応じて，あるいはまたある瞬間また別の瞬間に，私は自らの注意を向けるでしょうし，私にとって関連(レリバント)のある諸現象であれば，その状況が与えられ，私の経験が許す限りで，それを十分に分析することにもなりましょう。例えば，市電の時間やその運転間隔が分かればそれで私の場合十分であります。私は電気技術者ではないし，またある別の視点からは私に関連(レリバント)のあるものだとしても，電気軌道車の構造や技術装置を細かく見ようとはしません。これも私にはいずれにせよ与件ではあります。だから，日々生活している人にとって与件であること，その人の見方で明示的に目に入るもの，これらはその人の関心によりその都度関連(レリバント)のあるということであります。人は，たしかに当該の現象についてリアルな経験ストックをもとに吟味していくか，間接的なそれをもとにしていくかはあるでしょうが，それに着手することはいつでもできるのです」[40]。

　経済学者ハイエクとの関連で言えば，純粋経済理論を彫琢していく理論経済学者にとってレリバントである事柄と，実際に生活している中で経済活動に関わっている市井人にとってレリバントである事柄とは，重なり合うところもあろうが，それがそうであるように見える注意の向き方は異なっているということである。また実際に生活しているわれわれ自身の間でも，それぞれ何を主題とするか，そしてそれをどう解釈するか，そしてどういう動機でそうしたかなどについては，それらに微妙な濃淡差があるはずだということである。そしてこのことは，職業的な純粋経済学者同士でもそうであろう。この関連性の濃淡の差あるいは，厚みの差異があることにより，同一かそうでないかという関連性について問うことができる関係があるのである。

---

[40] Schütz [1936], S.700; Schutz (1996), p.96.

ミーゼスに対する論難は，人間の活動が，このレリバンスという構造に支えられていることをミーゼスが明瞭化していないということにあった。すでに見たように，すべて一面的に合理的だとされる行為主体だけの社会がもし存立しているとしたら，実はコミュニケーションを可能にする差異性などはそもそもないのである。何についても「正しい」見方，「正しい」内容というものが，ただひとつということになってしまおう。このことは，時に怖いものである。例えば職業的に頑なすぎる経済学者は，複雑な事象をそのまま自らの「正しい」理論で裁断していくことになるということでもある。

3）リスクの問題

　注意・関心の向き方の差異により生じる一種の濃淡の差としてイメージしてみることができるレリバンスの問題は，われわれの行いが，単純にアプリオリに支えられているというのではなく，もっと複雑なプロセスであるということである。前述のとおりシュッツは，すでにウィーン時代に体系的な説明をしていくための基礎をなし終えていた。つまり，ミーゼスがヴェーバーの構想をより特殊化することによって，行為そのものを合理性の達成と考えようとしたが，シュッツは，行為（過程）そのものが，それを構成していく複数の行為（過程）から成っていることを理論的に説明していた[41]。

　何かを為すということは，ひとつの時間過程である。ひと連なりの行いからなっていて，それの始点から終点までのプロセスである。それはその開始点から見れば，未来完了的にプロセスが順次進行し，終点で完了するという過程からなっている。ただし，その進行途中，予定していたとおりに進行するかどうかはわからない。不測の出来事はつねに発生するであろうし，それに応じてもとの予定を修正することもあろう。発生するさまざまな出来事について，われわれはさまざまに注意を向けるし，それに伴いさまざまな関心に遭遇するはずである。例えば一心不乱に何かをし遂げようという決意をしたとしても，その何か以外のことに注意を向けないように注意をし続ける必要があるということであり，その注意がもともと想定されていた方向から逸れていないかどうかに

---

[41] Schütz (1932/2004), S.55 f./152f.［74頁以下］．これについても，詳しく論じたことがある〔Mori (1995), 394頁以下〕。

ついて，その注意自体をさらに注意する必要も出てくる。

　そういう点では，ある特定の行為が完遂されるというのは，そうした行為過程で発生する諸々の出来事の多くのものについては一方で注意されることなくそのままにされ，ある特定のものについてだけ処理しつつ，また他方で不測の出来事に遭遇して軌道を修正しつつ，当初の終点に到達していくプロセスの達成である。

　「ワインを飲む」という行為も，ひとつの行いが表現されてはいるが，すぐにわかるように，その行い自体は，それを構成していくさらに諸々の行為からも成ってもいる。時には「ワイン・セラーに行く」という行いも，「ワインの栓を抜く」というそれも，「ワインを注ぐ」「グラスを並べる」「ワインの香りを嗅ぐ」などという諸々の行為と同様に，「ワインを飲む」という行為の中に含まれ，それを構成していると考えねばならないこともある。「ワインを飲む」という行為過程全般に，これらすべての要素となる諸行為を埋め込んでいくことができるはずである。「ワインの香りを嗅ぐ」がこの場合，その過程に埋め込まれてしまうとしたら，それは，この場合にはそこへの注意が向いていないからである。

　「仕事に行く」という行為は，「靴を履く」「階段を下りる」「市電に乗る」などの行為を含むこともある。われわれは，「出勤途中，階段を降りている」時に，人から「どちらに」と聞かれたら，「仕事に」と答え，「階段の下まで」と普通は言わない。それは，聞き手の注意が「階段の下まで」ということにはないということを，受け手がわかっているからである。

　シュッツは，行為の完遂された状態をわれわれは未来完了的に投　企し，完了するまでに生じる諸々の出来事を整序していくプロセスとして行為について理論化している。「ワイン・セラーに行く」「ワインの瓶を手に取る」「ワインの栓を抜く」，あるいは「靴を履く」「扉を閉める」「階段を降りる」などは，その当該の行為プロセスそのものの中に組み入れられていく個別の単位行為であり，これら諸々の単位行為の複合体でひとつの行為が成っている。と同時に，「ワイン・セラーに行く途中で見た虫」「靴を履く時に気がついた靴の傷」「階段を降りる時に会った赤い帽子の女の子」などは，その時々に注意が向いた諸々の出来事であり，当該の行為過程をなすそれらではない。しかしながら，これらすべても関連はそのようにあり続けているのである。この関連性は，まさに

その行為プロセスとの関係で注意が向くその強度とその濃淡の差にある。その行為そのものの過程においては，ほんの注意が向いた程度のことであったのが，「そうか，あの時の赤い帽子の女の子」というように想起され注意が改めて喚起され，新たな行為プロセスが自生する可能性もつねに含まれている。

あることをしていく過程で，別のことにちょっと注意が向いたが，そのままにした。それはまさにそのあることをするために必要だったからである。別のことに少し注意したが，真剣には捉えてみなかったために，すなわち実はその別のことが，当のあることと関係していたゆえに，あることについても成し遂げられず失敗をするということがある。ある行為のプロセスは，それが完遂されるまでに発生する諸々の出来事への注意と処理の連続から成っている。ある注意はまた別のことへの注意をしないことに関係し，ある処理はまた別の処理をその時にはしないということである。この種の選択の連続が，行為プロセスそのものということである。

ヴェーバーやミーゼス，そしてその後20世紀の社会学の趨勢となった社会的行為論の頑ななモデルを解体するための，つまりそうした行為論の転換のために，シュッツのレリバンス論の意義があることを知る必要がある。そしてこの問題は，まさに後に1980年代以降，ようやく社会学においても着目されるようになるリスクの問題にもつうじるものである。

ハイエクが，その後アメリカで展開されるポートフォリオ分析の原型となる議論を経済学の純粋理論の水準でしていたことについては前述したが[42]，シュッツも投資の問題として，ハイエクへの手紙で述べている。

「投資というものは，ある場合には，関係している経済主体が計画する時点に存在している諸事情に従い（より正確には，この時点に存している諸々の知見に従い）合理的に正当化され，なされたのだと理解されるが，諸物の展開は期待どおりには進まないという理由で，後になって資本の誤ったマネージメントということにされる。また別の場合には，関係している企業家たちの計算が矛盾に満ちたものだったという理由で，そもそもの始まりから，この投資プログラムは正当化されるものではなかったということで，誤った投資ということ

---

[42] Hayek (1928a). 経済学におけるリスクの主題化は，ナイト〔Knight (1921/71)〕の業績であるが，これについてはシュッツも未公刊の研究ノートの中で触れている。ハイエクとナイトとの間には，オーストリア派の資本について論争があるが，ここでは触れない。

が言われる」[43]。

　投資とはそういうものである。まさにある状況において、一定のデータが前提とされるのである。投資行動は、けっしてアプリオリな合理性という類のものから成るものではない。予定した配当や予定した株価上昇はまさに予定してみたことでしかない。その時点のプランにおいてだけ予定してみることができたということである。「誤ったマネージメントが問題であり、まだなお期待、プラン、リスク計算はあろうが、これまで長く疑問の余地なく揺るぎなくしっかりしていたことすべてが、不確実であり未決なのです」[44]。

　投資にリスクがつきものだという言い方があるが、いやそれどころかすでに行為そのものがリスクであること。つまり、何かをしないということも行為であり、そしてある行為をする選択、そしてその行為を遂行していく際になすことになる種々の選択それ自体も、すでにリスクを含んでいるということである。行為とリスクという現代的な課題について、シュッツはすでにこの時代に主題化する装置を準備していたのである[45]。

3．主観性と自生性

　さて、ミーゼスは、必ずしも頑なに自説に留まり門下生たちの意見に耳を傾けようとしなかったわけではなかった。シュッツとハイエクとの批判点、そしてそこからの彼らの展開について、否定的ではあったが十分にフォローしていこうという意欲を備え持っていたことは、その後の彼の最も有名な著書『国民経済学──行為と経済の理論』から理解することができる。この書はミーゼス渡米後『ヒューマン・アクション』[46]として英訳され、ミーゼスの主著ともなるものである。副題にあるとおり、この著は行為論を展開するものであり、国

---

[43] Schütz [1936], S.703; Schutz (1996), p.98.
[44] Schütz [1936], S.704; Schutz (1996), p.98.
[45] このことは、Luhmann (1991) の精緻に体系化した業績以降、社会学の基本構成が大幅に書き換えられることになったことと重ね合わせてみる必要がある。ハイエクの「経済学と知識」とそれに関連した業績は、1950年代以降の経済学のポートフォリオ分析や情報経済学への芽となったことを考えると、社会学の「主潮流」はあまりにも安穏とほぼ20世紀の大半をリスク計算なしに、リスクを主題化してこなかったことがわかる。
[46] Mises (1949).

民経済学の基本は人間行為の本質を研究することだとしており，その学を実践学（Praxeologie）と呼んでいる。

そこにおいて，すでにそれまでにも使用してきた言葉であるが，ミーゼスが主要な研究領域として考えた領域，市場活動，市場における人間行為を主題にする学を「カタラクティク（Katallaktik）」として，オーストリア学派のそれまでの諸々の知見を再構成して市場経済論を改めて体系化しようと試みたのである。そして，「時間と行為」「世界内行為」など，大雑把でもあり否定的でもあるがシュッツの業績も考慮していることがうかがえる[47]。

ミーゼスの到達点は，ヴェーバーの『経済と社会』[48]，ヴィーザーの『社会経済学綱要』[49]などの業績の延長上に位置づけることができるものではあるが，ミーゼスがまだ用いていた「国民経済学」という用語そのものとともに，ミーゼスの理論自体，当時の英米圏内においては経済学の主流ではなくなっていくことになる。

しかしながら，こうした主著が英訳される以前，渡米後しばらくしてミーゼスは，シュッツが関わっていた雑誌『哲学・現象学研究』に「社会科学における非合理性の取り扱い」と題して寄稿している。そこにおいても，この大きな著作の実践学に関わる部分の要点を繰り返し述べている。

「社会科学が扱わなければならない経験は，つねに複雑諸現象の経験である」[50]とミーゼスは言う。後述するとおり，この点についてはハイエクもよく似た見解を持ち続けている[51]。社会科学は，複雑現象に関わる科学だということである。

ミーゼスは，行為論を実践学と呼んだが，「実践学（praxeology）は理論科学であり体系科学であるが，歴史科学ではない。その領域は，具体的諸行為の環境的およびそれに付随する諸事情を度外視した，人間行為それ自体である」[52]と言う。人間行為についての学であるが，人間が何をしたかということを歴史記述するのではなく，人間はどのようにするのかということを理論的に捉えよ

---

[47] 詳しくは，Mori（1995），507-522頁を参照。
[48] Weber（1921/76）．
[49] Wieser（1924）．
[50] Mises（1944），p.528 f.
[51] 第4章第2節以下参照。
[52] Mises（1944），p.529.

うというのが主題だということである。

　さらに，この実践学の領域について，ヴェーバーの価値中立性という考えに従って，ミーゼスはかなり厳しい制約を加えてもいる。

　「実践学は，決定論に対する自由意志についての形而上学的問題とは関係していない。(中略) 実践学は人間活動の究極的諸目標について関わるものではない。こうした問題にも関わらねばならないだろうが，目下のところ，実践学は究極的諸目的を主題にするのではなく，いずれの諸目的を達成するにしてもあてはまる諸手段の研究に限定せざるをえないことを強調しておきたい。これは手段の学であり，目的のそれではないのである。(中略) 実践学は，テクノロジーの諸問題と関係するのではなく，選択と行為そのものの範疇的な本質，目標設定および手段適用の純粋諸要素と関わる。(中略) 実践学は，選択と行為，そしてそれらの結果を扱うものである」[53]。

　この学が，人間の，あるいは人間生活一般の目的を提示し提供するものではないということ。そうした「形而上学的」な試みは実践学の課題ではないというのである。この点もミーゼスは，ハイエクや，そしてシュッツとも同じ前提に立っているということができる。手段と選択の理論が，実践学の理論だというのである。しかしながら「実践学は〈合理的〉という言葉は使わない。これが扱うのは目的的行動，すなわち人間行為である」[54] からであると言っている。

　つまり，目的については実践学が何か言うことはないが，行為というものは目的的であることは間違いないということである。したがって，「行為が非合理的だと呼ばれるのは，それの目標が観察者にはわからない場合か，あるいは使用されている手段が目標とされている結果を直接生み出すには不適当であると観察者には思える場合かのどちらかである」[55] という。こうした区別は，ヴェーバーの目的合理的行為とそれ以外の諸行為との区別であり，社会学者たちにはよく知られていた，パレートの論理的行為と非論理的行為の区別であり，この時代，パーソンズが一般化していった合理的行為論である[56]。

　ただし，パーソンズが体系化していったような，全体社会論そのものの構成までも理論的に収めようという意図はミーゼスにはない。すなわち「厳密に言

---

[53] Mises（1944）, p.531.
[54] Mises（1944）, p.533.
[55] Mises（1944）, p.534.

えば，満足の増大（不快の減少）だけが目的と呼ばれるべきであり，それに伴いそうした増大をもたらす状態すべてが手段と呼ばれるべきである」[57]。そして「個人その人以外他の誰も，何が自らをより多く満たすか，満たさないかを決めることはできない。価値判断は純粋に主観的であり，当該個人の欲望を度外視した満足や幸福の絶対状態のようなものは存在しない。（中略）価値の個人的判断が満足の基準そのものなのである」[58] ということであり，ミーゼスの社会経済論は，この点では，どこまでも主観主義に根を置くものであった。

ただし，そうした主観主義に着目をしているにもかかわらず，科学観は，古典的なそれのままであった。すなわち，ミーゼス自身が扱う科学については，依然として同じ姿勢で合理性を保持し続けていたのである。「社会諸科学はもちろん合理的であり，諸科学はすべてそうである。科学は諸現象を体系的に記述し解釈への理性の適用である。理性に基礎づけられない科学はひとつとしてない。非合理的な科学を求めることは，自己矛盾である」[59] と言う。

こうした合理的科学という枠組みに執着すると，目的的でない行為があるとすると，それはどのように処理すべきかが難しくなる。実際，ミーゼスは，この点についても考えていないわけではなかった。すなわち，行為は目的を備えた意識的行動として考えられるが，日々の行動を見ればわかるように，主要には単純な繰り返しでなされていると言ってもよいかもしれない。当然，ミーゼスはそういう問題であっても，その行為性の本質は目的性であると言い切るであろう。実際，「ひとつの行為が諸事象の規則的な過程の中で，言わば自生的になされているという事実は，それが意識的な意志作用に帰すものではないと

---

[56] 1937年に出版されたパーソンズの大著『社会的行為の構造』の書評を，当時雑誌『エコノミカ』の編集主幹をしていたハイエクが，シュッツに依頼したという話はよく知られている。この書評は当時公刊されなかったが，現在に至るまでの現象学的社会学と，構造機能主義というふたつの社会学の立場としてもよく知られた主題である。しかし，さらに付け加えておくと，パーソンズが，自らも経済学から社会科学に入ってきたということ，すなわちマーシャル，パレートについて『社会的行為の構造』では集中的に取り上げ，さらに解析力学を理想にした分析的な社会学の構築を唱えていたこと，さらに『社会的行為の構造』においてオーストリア派の経済学についてきわめて否定的な見解を述べていることについても考慮して読まねばならないということがある〔Mori（1995），629頁以下〕。
[57] Mises（1944），p.532.
[58] Mises（1944），p.533.
[59] Mises（1944），p.545.

いうことを意味するものではない」[60]としている。

さて、興味深いことはここでミーゼスが用いている「自生的」という表現である。ミーゼスの言及はこれだけにとどまるが、まさにこれが1930年代のシュッツの重要なテーマであり、そしてハイエクが自生的秩序として彼の鍵概念としていったものである。

シュッツの主著『社会的世界の意味構成』においても数箇所、この言葉が出てくるが、1930年代の一連の草稿「社会的世界における人格性の問題」[61]では、この概念はレリバンスと並び重要な概念として用いられている。

前書においてシュッツは次のフッサールの文章を引いている[62]。

「端的に視線を向け、捉える働きは直接に過去把持を基礎にしても見出される。例えば、過去把持の統一の内に存するメロディーが経過し、そしてわれわれがその一断片を、再生産することなく、ふり返り注意する（反省する）場合がそうである。そういった働きは、継続的行程の中で生じたものに対しても、また例えば思惟の自生性のような、自生性の行程の中で生じたものに対しても可能な作用である」[63]。

フッサールの「自生性の諸行程（Schritte）」という言い方がすでに表現していることであるが、そこには一種の進行性、継起性が含意されている。後の草稿の中ではライプニッツを示しながら繰り返し出てくる。「個体は自らを自生的な本質として統覚する、その世界の中で知覚し思考し行為しつつ自らを見出す。ライプニッツが自生性を、つねに新たな統覚を繰り返し継続していく能力として定義したのは正しい」[64]。

シュッツは明確に典拠を示しつつ「自生性」という言葉を用いているが、上述のとおりミーゼスの場合にも、そしてこの言葉をまさに後に鍵概念とするハイエクの場合にも、その典拠をシュッツの場合のようには示さないままにしていった。そして、これについての彼らの議論を現在知られている書簡類からは確認をすることはできない。

---

[60] Mises（1944），p.531.
[61] この草稿については、Mori（1995），563-588頁を参照。また現在この草稿は、Schütz（2003）に収められ公刊されている。
[62] Schütz（1932/2004），S.44/147［66頁］．
[63] Husserl（1928），S.397［51頁］．
[64] Schütz（2003），S.332.

後にハイエクは，ミーゼスのカタラクティクを，カタラクシー（catallaxy）として再導入する[65]。ミーゼス同様，やはり市場秩序を主題にする学問，市場における多数の個別経済の相互調整によりもたらされる秩序を描くそれとして使用するのであるが，そうした秩序の生成プロセスの自生性ということをハイエクは強調する。シュッツが示した行為の連鎖や集積のことを，そこで考えてみることもできる。実際，先に見た「経済学と知識」においても「多くの人々が，それぞれ知識のほんの断片だけを持ちつつ，どのようにして自生的な相互作用が，諸々の価格が諸々の費用に一致する等などの状態をもたらすのか」[66]ということも問われている。

　シュッツは，そうした経済事象よりも，もっと広く「自生的な生」という用い方をしており[67]，上述のミーゼスのニュアンスの場合に近いかもしれない。それは，けっして，ただの繰り返し変化のない生活ということではない。意志作用により投企される目的，意図そのものではない，意図せざる諸結果が継起的に生んでいく秩序性ということが含意されている。

　この点は，外在する諸事象を，主観性を最終的審級として統括することができると考える主観主義では捉えきれない問題である。同様にハイエクも1940年代にすでに，経済事象よりももっと広い範囲でも考えている。

「言語の構造をわれわれが記述する場合に，そのさまざまな単位が文字（あるいは音）のさまざまな組み合わせから成っている，その仕方を記述する必要がないのと同様で，自然をわれわれが理論的に記述する際にも，われわれが自然を知覚する時に介するさまざまな感覚性質は消え失せるものである。それらはその対象の一部としてはもはや取り扱えないし，われわれが外部刺激を自生的に知覚し分類する諸々の方法としてだけ考慮に入るものでしかない」[68]。

　感覚データを統括する主体がアプリオリにありうるのかどうか。その主体の

---

[65] Hayek（1976），p.109 f.［152頁］．ハイエクによれば，これは「交換する」ということだけではなく，「コミュニティーに入れる」「敵から味方に変わる」という意味もあるという。
[66] Hayek（1937c），p.50 f.［66頁］．
[67] Schütz（2003），S.183．
[68] Hayek（1952c），p.36［15頁］．この論文は，『エコノミカ』に1942年から44年まで3回にわたって分載されて発表され，当該箇所は1942年発表の分の中にある。そして，この論文の草稿は，シュッツをはじめミーゼスのプライベート・ゼミナールの友人たちに回覧されており，シュッツもコメントを送っているのである〔Schütz［1942］〕。

投企する未来状態と，その主体の意図した行いが完全に重なり合うのかどうか，この点はそう簡単には言うことができないであろう。それゆえに，ハイエクは，感覚データも自生的に知覚し分類されるとしているのであるし，シュッツはそれを継起的に発生していく時間性の過程だと見ていたのである。

　さて，それでは自生性について，ハイエクの考え方とシュッツのそれとにはどこに違いがあるのであろうか。これについて明らかにしていくには，次章で今一度，社会哲学者ハイエクのそもそもの関心と思想形成プロセスをたどっていかねばならない。

第4章

秩序の自生

ウィーン大学中庭にあるカール・ポパーの胸像

学問をするには友だちが必要である。前章で取り上げた報告「経済学と知識」は，ロンドンからウィーンに戻った時の報告に由来するものであったが，実はこの報告よりも前のことになるが，1934年にウィーンに立ち戻った時，ハイエクはミーゼスのプライベート・ゼミナールの友人たちとの会合で，彼の人生において決定的に重要な出来事に遭遇している。

　「1934年だったと思います。ウィーンに戻っていました。すでに論理実証主義者たちを完全に見限っていましたが，友人のハーベラーに論理実証主義についてあれこれ言ったら，ハーベラーが〈彼らのひとりである〉カール・ポパーが，とても素晴らしい批判書を出したところだと教えてくれました。私はこれについてまったく知りませんでした。ハーベラーは（中略）ポパーを論理実証主義者のひとりと見ていました。私はこの書を読み，私にとって大切なことすべてをそこに見つけ出しました。私は，哲学の専門的な教育を受けたことはありませんでしたが，仮説－演繹的方法と呼ばれるものを，私自身の目的のために発展させ，そしてポパーをつうじて私自身の立場を学問的に根拠づけることができるとわかりました。『研究の論理』[1]を一晩で読み干しました。それは英国との体験に似ていました。ポパーの考え方は，私には英国のそれに似ていて心地よいものでした」[2]。

　これがハイエクのポパーとの最初の出会いである。それも友人たちと書をつうじての出会いであった[3]。1934年に出版される『研究の論理』，その英訳版はその25年後に出るが，この英語版よりはるか以前，すなわちウィーンでのドイツ語原版の出版と同時に，この本はとりわけイギリスで高く評価されること

---

[1] Popper (1934).
[2] Kreuzer (1983), S.17 f.
[3] ポパーは，1928年「思考心理学の方法問題」"Zur Methodenfrage der Denkpsychologie"という学位論文で博士号を取得。論理実証主義のウィーン学団に関わり，1934年『研究の論理』を出版する。ポパーとウィーン学団との関係そして破局については，Popper (1979), S.108 ff. を参照。

になった。このことがきっかけとなって、ポパーは、1935年から36年にかけて二度にわたって、イギリスに滞在し、いくつかの大学において、例えばムーア、エイヤー、ライルら20世紀の著名な英国の哲学者たちを前にして、講演をする機会を得た。ポパーはこの英国滞在中に応募したニュージーランドのカンタベリー大学の哲学の講師職を得て、1937年初めヨーロッパをあとにしてクライストチャーチに向けて旅立つ[4]が、その少し前にハイエクはロンドン・スクール・オブ・エコノミクスにポパーを招待して講演を依頼している。題目は「歴史主義の貧困」であった。

1. 英国人ハイエク

　ポパーの『歴史主義の貧困』は、その冒頭にこの書の経緯が記されている。すなわち「本書の基本的主張、すなわち歴史に宿命があるという信念はまったくの迷信であり、科学的方法もしくは他のいかなる合理的方法によっても人間の歴史の行く末を予測することは不可能であるというものであるが、この主張は、1919年から20年にかけての冬に発祥している。だいたいの要点は、1935年までにできあがり「〈歴史主義〉の貧困」と題した論文の形で1936年の1月ないし2月に、ブリュッセルの私の友人アルフレート・ブラウンタール邸[5]での内輪の研究会で初めて朗読したものである」[6]とある。
　その後、ハイエクの求めに応じてロンドン・スクール・オブ・エコノミクスでこれを講じた。ポパーはこれを英語圏の重要な哲学雑誌『マインド (Mind)』に投稿したが、受け付けてもらえなかったため、ハイエクが編集主幹となっていた『エコノミカ』に1944年から45年にかけて3回に分けて掲載されることになった。
　ポパーは、ハイエクと同じようにウィーンの裕福な家庭で育ったが、ユダヤ系であるのと、一時共産党にも入り、少し遅れて大学入学後、学生時代は社会民主労働党の青少年教育の改良運動に積極的に関わっていたという点など、ハ

---

[4] Popper (1979), S.151 ff.
[5] アルフレート・ブラウンタールは、ユリウスとともにオーストリア社会民主労働党書記局の要職に就いていた。1934年のオーストリア内戦の後、ブリュッセルに亡命、その後アルフレートはアメリカ、ユリウスはイギリスに亡命した。
[6] Popper (1957), p.v.〔3頁〕; Popper (1979), S.161.

イエクとは違う青年時代を過ごしていた。『マインド』に掲載されなかった理由のひとつには、「歴史主義（Historicism）」として主題にしようとした問題が、マルクス主義のみならず、あらゆる種類の歴史万能主義批判を意図したものであったからであると考えられる。たしかに、反ファシズムであり、それは反ヒトラー、反スターリンであり、さらにあらゆる意味での全体主義批判を意図したものであることはわかる。この徹底批判の雰囲気は、ポパー自身の『研究の論理』にあった知的雰囲気、ハイエクが英国に赴任した時に英国について感じたそれとは大きな違和感のあるものであったように思われる。

ただし、ポパーはこの基本的関心を、より詳細に哲学史の著作としてもまとめる試みもしていた。『開かれた社会とその敵』[7]として知られる大著である。ポパーのこれらの書の徹底批判の雰囲気は、ハイエク同様その時代の独自性をよく表現している。つまりファシズムのために故国を追われたこと、あらゆる種類の全体主義とそれへの傾向を理論的かつ哲学的に引きずり出し、これを強く告発するという調子がきわめて厳しいということである。この厳しさは、ウィーン時代を異なった経歴で過ごしはしたが、当時社会哲学者として仕事を始めていったハイエクにも通じるものがある。

ハイエクが1944年に著した『隷従への道』は、ハイエクその人のひとつの特徴的な面を象徴するものである。たしかにハイエクが社会主義そして集産主義への厳しい批判者であったことは、ウィーンからロンドンへと至る経済学者ハイエクの著作にもすでに見ることができたが、『隷従への道』に見ることのできる強い告発調の表現と、社会哲学への展開という方向性は、この著作が持ち続ける雰囲気によって、それまでの経済学者ハイエクとはずいぶんと違った面を感じさせるものでもある[8]。

しかしながらそうとは言っても、この種の強い告発調も『リーダーズ・ダイジェスト』にその要約版が載せられ、さらには漫画版も出版されるようになることを知るなら[9]、またハイエクがこの著作をきっかけに全米を講演旅行していくことになったことを知ると、『隷従への道』という著作は、第二次世界大戦の終結とともに、一方での米ソ冷戦開始、他方での大衆社会の拡大によって、

---

[7] Popper (1950).
[8] 例えば彼の学位論文の審査者でもあったシュパンについても、ナチズムを生み出したその時代の知的指導者として批判対象となっている〔Hayek (1944), p.194. [348頁]〕。

新しい政治的コンテクストがあてがわれ、それまでとは別の意味を持つようになっていったことも理解させてくれる。

冷戦体制下の大衆操作、政治的煽動に利用されるようになったことに、この書の特色があるのも事実である。しかしながら、「今日支配的になってしまっている考え方に従えば、問題は、自由社会にだけ見出すことができるあの＜自生的＞諸力をいかにして最大限に活用するか、ということではもはやない。われわれが現実に着手しつつあることは、期待をはるかに上回る偉大な成果を生み出してきたそれらの〈自生的〉諸力に頼ることをやめ、非人格的で匿名なシステムである〈市場〉を廃止し、これに代えて熟慮の上で定めた目標へと向けて、社会に存在するさまざまな諸力を、集産主義的で〈意識的な〉やり方で管理・統制していくシステムを創ることである」[10]というハイエクの文章は、当時のある種の趨勢的雰囲気に対する彼の基本的見方であり、ウィーンでは幾分控え目であった立場表明の明確化であり、この後は一貫して保持されていくものである。

こうした姿勢は、その時代のナチズム、ファシズム、そしてスターリニズムに向いているだけではなく、終戦間際イギリスで誕生した労働党アトリー政権により始まる社会福祉政策の全体社会への実践にも向けられているし、その後の産業社会と福祉国家の関係全般にも向けられていくハイエクの反集産主義の思想である。

こうしたその時代の現実政治に対する社会哲学的告発は、同時に科学そのものについても、そのもっと深い思想史的研究とも関係している。このことは、間違いなく哲学者ポパーとの出会い抜きにはありえなかった展開である。ハイエクがポパーとの出会いの新鮮さを英国との出会いのそれと重ねていたとおり、ハイエクは、英国に渡ったのち、それまで以上にスミスを含め、スコットランド啓蒙哲学を集中的に研究することになったが、哲学者ポパーとの出会いがさ

---

[9] Hayek (1945c); Hayek (1999). 『リーダーズ・ダイジェスト』は、ウォーレス夫妻が1922年にグリニチ・ビレッジで創刊したポケットサイズの月刊雑誌。一流出版物から選び出しそれを圧縮し簡潔な形にして読めるようにするという編集方針で、世界170カ国3100万部（1984年）にも達した大衆啓蒙雑誌である。漫画版は、雑誌『ルック』(Look)に出され、ゼネラル・モーターズの啓蒙書『ソート・スターター』(Thought Starter)シリーズの中に収められている（118号）。

[10] Hayek (1944), p24 [19頁].

らにそれに拍車をかけたことも想像できる。

　その成果は，のちに『科学による反革命』[11]として出版される書に収められるふたつの論文「科学主義と社会研究」「科学の反革命」に見ることができる。これらは，ポパーの「歴史主義の貧困」と同様，ハイエク自身が編集主幹であった『エコノミカ』に掲載される。

　さらに今ひとつ「真の個人主義と偽りの個人主義」[12]は，英国で行った講演がもとになっており，のちに論文集『個人主義と経済秩序』[13]に収められるものである。これの要点は，合理主義の形態と起源ということであり，反合理主義という立場を擁護せねばならないということにある。

　ハイエクは，個人主義の真偽を問う。真のそれと偽のそれというものである。つまり個人主義には二種類あるというのである。ひとつはデカルトに由来する合理主義的個人主義，今ひとつはマンデヴィル，ヒュームから，スミス，バークを経てトクヴィル，アクトン卿といった思想家たちに見られる流れを言っている[14]。

　ハイエクは言う。「反合理主義のアプローチ，すなわち人を高度に合理的で知的なものとはせず，きわめて非合理的で可謬的な存在であるとし，その個々の誤りはただ社会過程をつうじてだけ訂正されるものと考え，きわめて不完全な素材を最良に活用することを目標にしていくアプローチ，おそらくこれがイギリス流個人主義の最も顕著な特質であろう」[15]。

　この立場が，ハイエクの終生変わらぬ哲学的立場となる。「社会についての〈理論〉に枢要なことは，人の社会生活を決定している諸力を理解しようと試みることであり，社会についての見え方から一組の政治的格率を派生させることは第二義的なものにすぎない」[16] ということである。

　こうした観点は，デカルトからコント，そしてコントからヘーゲル，フォン・シュタインへと流れていくとされる設計主義のそれとは相容れないものである。

---

[11] Hayek（1952c）.
[12] Hayek（1946a）.
[13] Hayek（1948）.
[14] ハイエクとスコットランド啓蒙哲学との関係についての詳細な研究には，Petsoulas（2001）がある。
[15] Hayek（1946a），p.8 f.［12頁］.
[16] Hayek（1946a），p.6 f.［10頁］.

実際,「科学主義と社会研究」「科学の反革命」というふたつの大きな論稿は,こうしたデカルト以降,コントの実証主義,そしてそれがドイツ観念論にどのように伝播していったかについての哲学史の業績となっている。しかも科学主義,実証主義,設計主義についての激しい調子の告発の哲学史でもある。

ところでハイエクの告発は,上の引用にあるようにふたつの見方・見え方の区別に由来している。社会の理論は,人の社会生活を決める諸力理解に集中することであり,そこから一定の政治的提言をすることなどではないというのである。こうしたパースペクティブの区別をしたにもかかわらず,一方だけを残し,他方を厳しく排除していくという論理展開をしていくことによって,ハイエクの社会理論は,独特の展開をしていくことになる。というのも,おそらくふたつのパースペクティブの一方を完全に捨象することはできないだろうと考えられるからである。ただし,ハイエクの言おうとする立場は重要である。20世紀の裁量主義の政治がもたらした多大な災禍を考えれば,その主張には正当性もあるのかもしれない。

ふたつのパースペクティブの関係について,ハイエクは次のように言う。「人それぞれが抱いている目標を達成していくために,自らの知識と技術を利用する場合,そしてその際に自らの視界を超えたところにある種々の必要にも最大限寄与しようとする場合に不可欠なことは,第一にその当人がはっきり範囲の定まった責任を持たねばならない。そして第二にその当人が達成するさまざまな結果について,その当人にとっての重要度が,その当人の行為の及ばない,ずっと離れたところで生じる諸結果,すなわちその当人には未知の諸結果がもたらされることになる他者たちにとっての重要度についても考慮せねばならない」[17]ということである。

こうしたハイエクの主張する,責任の所在を明確化した個人の存在とは,行為についての行為者による結果責任というよりも,むしろ行為の可能的条件を言うものである。自らの行いが他人の自由を侵害することがあってはならないということであるが,そういう責任を自覚して行為せよということではない。そうではなく,ハイエクの考えていることは,行為の可能的条件についてであり,かつ同時に自らの行為の制約条件ともなるものである。したがって「ある

---

[17] Hayek(1946a), p.17 [21頁].

人の行為の影響が，その人の視界の範囲をはるかに越えて広く及ぶような複雑な社会においては，個人は誰が作ったかのわからない一見非合理ともみえる，社会の諸力に服従する必要がある」[18] ということである。

　このことは，理性の主体たち，合理的な行為者たちという理性哲学と，ヴェーバーからパーソンズ，そしてハーバマスへと至る社会学の社会的行為論にある行為者の責任性，主意性，意思疎通性などの前提とは食い違うものであると言える。食い違う点とは，行為者たちが何かを設計し合理的に予見し行為していくことができるということを前提にできるか，できないかということであろう。しかしながらすでに見てきたとおり，ハイエクの主張は，個人は合理的などではありえず，知性の限界をはっきりと意識せねばならないし，それについて謙虚である必要があるということである。無名の非人格的な社会過程に対して謙虚な態度をとらねばならないということである。

　理性哲学者の場合にも，社会学の社会的行為論の場合にも等しく，アダム・スミスをホモ・エコノミクスの発明者として，あたかも妖怪であるかのように読まず嫌いに誤解する傾向が強いこともたしかである。いわゆる経済的合理主義を万能として人が行為をすることを前提にした近代社会秩序を想定したという，かなり一方的な理解である。しかしながら，ハイエクはこうしたスミス論を完璧な誤りだとするし，それが正当である。

　スミスやスコットランド啓蒙哲学者たちの人間観は，まったくその反対であったというのである。すなわち，人間とはもともと怠惰であり，不精であり，軽率であり，そして浪費家である。「人間に目的と手段を合致させ，経済的に，また注意深く行動をさせるようにするのは情況の力しかない」[19] というのである。それゆえにスミスの最大の関心は，「人が最良の時に巧い具合に得るかもしれないことにあるのではなく，人が最悪の時にできるかぎり害をなさないようにすべきことにあった。スミスや彼の同時代人たちが擁護した個人主義の最大のメリットは，それは悪人が最小の害しかもたらさない，そういうシステムであると言っても言い過ぎではない」[20] ということである。

　「彼はふつう，社会公共の利益を増進しようなどと意図しているわけではな

---

[18] Hayek（1946a），p.24 ［28頁］.
[19] Hayek（1946a），p.11 ［14頁］.
[20] Hayek（1946a），p.11 ［15頁］.

いし，また自分が社会の利益をどれだけ増進しているかも知らない。外国産業よりも国内の産業活動を維持するのは，ただ自分自身の安全を思ってのことである。そして，生産物が最大の価値をもつように産業を運営するのは，自分自身の利得のためなのである。だが，こうすることによって，彼は，他の多くの場合と同じく，この場合にも，見えざる手に導かれて，自らは意図してもいなかった目的を促進することになる。(中略) 自分の利益を追求することによって，社会の利益を増進せんと思い込んでいる場合よりも，もっと有効に社会の利益を増進することがしばしばあるのである」[21]という，よく知られた自由放任主義の命題は，この意味で理解される必要があるのである。

　こうしたイギリス哲学への好意は，メンガーの中にも感じられるが，ミーゼスのプライベート・ゼミナールにおけるハイエクの友人たちの多くとは異なっていた。すでに見たとおりミーゼス自身は，彼の合理主義への限りない信頼を，新カント主義的な価値論に依拠させていた。そしてシュッツやカウフマンの場合には，新たな理性性の恢腹を企図したフッサールの現象学や論理実証主義など，新カント主義以降の哲学の吸収に没頭していたことを思い出さねばならない。彼らの哲学的基盤と比べると，ハイエクのそれとそこからの展開は独特であったと言える。

　ただし，ハイエクが掲げる反デカルト主義，とりわけ真の個人主義と偽の個人主義として，その真偽をデカルト的に対置してみる論法は，果たしてその判断能力がどのように処理されるのか。すなわち，この真偽区別はデカルト的であるのか，反デカルト的であるのかという問いに答えることは，おそらく難しいものがあるであろう。シュッツが，フッサールから得たいくつかの発想は，こうしたハイエクのパラドクスを実は回避するものであったことがわかるが，それを述べる前に，ハイエクがこうした思想と論理を展開していくことになったそもそもの学問への関心から，晩年のシステム論的展開への道筋をたどってみる必要がある。

---

[21] Smith (1784/1952), p.217. [388頁].

2. 感覚秩序論

　1952年シカゴ大学から出版される『感覚秩序論』の冒頭には，この著作の由来が書かれている。すでに見た学生時代にウィーンで書き上げていた早熟な草稿「意識の発生論に寄せて」についてである[22]。

　「心理学者たちが踏み入ることを恐れている領域に，なぜひとりの経済学者が敢えて踏み込むのか，それを釈明しようとすれば，きわめてたくさんのことを語らねばならなくなる。(中略) 私の仕事は心理学から離れてしまったが，当時 (ウィーンでの青年時代に) 着想した基本的な考えはずっと私を捉えたままであったし，その輪郭はしだいにはっきりし，社会諸科学の方法の諸問題を扱う場合に，しばしば役に立つものであることがわかったのである。(中略) 30年以上前に学生としてこれらの考えについて描こうとした草稿は，書いたその時のまま私の手元にある。それには今まさに提起する理論の全体の原理が含まれているが，当時は公表しようとは思わなかった。その当時にも気がついていたことであるが，ある重要な問題への解答を発見したと感じたが，その問題とは何であるかを適切に説明していくことができないことに困難を覚えたのである。この草稿をしまっておこうと思ったその当時から，非常に長い時間が過ぎた。(中略) その年月を経て私が答えようとし続けてきた問題の性質を少なくとも述べる程度までは学んできたと感じている。(中略) この書の起源はそれゆえ一世代前に風靡した問題へのアプローチに遡るものである。1919年と1920年に教えられることもなくウィーンで読んだ心理学が私をこの問題に導いてくれたのであるが，たしかにそれらの主要な諸点はすべて1914年以前の心理学であった」[23]。

　問題とは何であったのか，そして社会科学の方法問題にどう役立つのか，このことについて考える必要がある。

　草稿が1914年以前の心理学，すなわち「私が知識を得た主要な著作は, H. フォン・ヘルムホルツや W. ヴント，W. ジェームズや G.E. ミューラー，そしてとくにエルンスト・マッハであった」[24] と自ら書いているように，当時にあっても

---

[22] 第1章第3節1) 参照。
[23] Hayek (1952), p.v f. [3-4頁]. (引用文中の下線は筆者によるものである)。
[24] Hayek (1952), p.vi. [4頁].

すでに一昔前の業績群であった。シカゴにおいて改めてまとめられる『感覚秩序』が出版される1950年代には、すなわち進歩はなはだしい現代心理学においては、それらはもうすでに古典であった。これらの論者たちの名前が、1920年の草稿においてももちろん出てくるが、『感覚秩序』においても彼らの名前が各所でそのまま文献挙示されているのである。

　ただし、当然のことであるが後者においては、前者で指示はされていた心理学者たちの中には、当然1920年代以降にも活躍をしていた人たちもあり、後者『感覚秩序』においては、これらの人たちのその後の業績にも目が向けられている。さらに、その時代以降の心理学者たち、そして他の自然科学者たちの名前も少なからずある。ここで注意しておきたいと思うのは、ベルタランフィ、アシュビー、ウィナーらサイバネティクス、システム論の論者たちの業績についてのハイエクの指示と言及である。おそらく「問題が何であるか」、そして社会科学の方法問題に役に立つことは、こうした人たちに着目している点から導き出されたのであろうと考えてみることができる。詳しくは、「分類の論理」として主題化してみるのがよいと思われる問題である。

1) ウィーン草稿後

　草稿はその後しばらく机の中にしまったままにされ[25]、そして再び、取り出されて、その後の理論心理学、そしてサイバネティクスの知見を加えて全面的に書き直されているのであるが、基本的な発想は同じところにあったように読むことができる。

　『感覚秩序』本文の中で、ウィーンでの草稿の文章がそのまま繰り返されているところがある。もともとのドイツ語が英語で表現されてはいるが、まったく同じことを記した文章である。

　「われわれが持っているのは、記憶によって保存されるような諸々の感覚などではない。生理学的なインパルスが感覚あるいはそれとは別の意識値をとるのは、生理学的記憶なるものをつうじてそうなるにすぎない。この生理学的諸要素の結合（＝生理学的記憶）こそがそれゆえに原初的なものであり、これをつうじてすべての生理的な諸現象が構成されるのである」[26]。

---

[25] 草稿そのものの詳細については、第1章第3節1）で見たとおりである。

この内容は，さらに『感覚秩序』の最終章「哲学的帰結」においても遡及指示されるものである。「生理学的記憶なるもの」というのは，上の引用文にある言い換えでもわかるように，生理学的な諸要素間の結合ということである。要点は，感覚そして知覚さえも，そのままそれら自体で原初的に存するというのではなく，すでにそれらが存する以前に生理学的諸要素の結合があるはずだというのである。すなわち生理学的記憶とも，また前感覚的な経験とも呼ばれるものである[27]。生理学的要素とは，神経線維（ニューロン）の内部に生じてそれを通して伝わるものである。この神経線維によって刺激の作用点と他の神経系の他の点，あるいは神経系の諸点が相互に結ばれている。刺激は，それを受容するための個別の受容器官をつうじて受容されることもあるが，そうであるよりもおそらく最も重要なことは，神経線維が働くということであろう[28]。受容器官が受容する外界刺激と，感覚との関係ということが問題となるにはなるが，外界刺激に感覚が依拠しているというのではなく，着目すべきは，その刺激の変化に反応して神経線維の内部に生じるインパルスとそれを運ぶこの線維に，感覚というものはただ依存しているにすぎないのではないかということである[29]。

　言い換えると，外界刺激を引き起こす物理的秩序と，これにたしかに関係してはいるが，ただちにこれと一対一に対応しているかどうかはわからない精神的秩序の区別があると考えることができるということであり，そしてそれがいったいどのようにあるのかということである。「われわれが精神と呼ぶのは，環境内の出来事の物理的秩序と関係するところはあっても，同じではないような一連の出来事からなる特別な秩序である」[30]。しかしながら，こうした精神

---

[26] Hayek [1920], S.8; Hayek (1952), p.53 [65頁] 2.50.
[27] Hayek (1952), p.103 f. [121-2頁] 5.6.-5.7. および Hayek (1952), p.166 [187頁] 8.5.
[28] Hayek (1952), p.8 [17頁] 1.23.
[29] ヨハネス・ミュラーによる「特異的感覚エネルギーの法則」。ヘルムホルツからの解剖学と生理学との関係，そして心的ということの主題性についての議論は，1923年のクリースの『一般感覚生理学』〔Kries (1923)〕において集大成されたと考えることができる。たしかにこの書が出た時点には，すでにハイエクは経済学に没頭していたから，心理学への彼の研究はすでに中断していたと考えられるが，ハイエクの若き日の心理学についての草稿をもとに，再びシカゴにおいて『感覚秩序』としてまとめられていくプロセスにおいて，ハイエクにとってクリースのこの1923年の著作の位置は重要である。
[30] Hayek (1952), p.16 [25頁] 1.49.

と呼ぶものは，ニューロン群からなる神経システムそのものでないとしても，どのように関係しているものなのかについて，そもそもどう考えればよいのかということが問題である。

さて，インパルスを伝達する神経線維は，求心性のそれと遠心性のそれとに区別される。前者が末梢の感覚器（受容器官）からインパルスを，そして後者が運動器官へとインパルスを導いていくとされている。そしてこれらふたつは，中枢神経システム（大脳皮質）でブリッジされている[31]。さらに感覚刺激に対応した運動反応も，そうしたブリッジを介してつねに連関されているというだけではなく，眼球を動かしたり，耳を傾けたりというように，感覚刺激を知覚することを助けるように身体の姿勢や運動を制御する仕組みも備え持っているのである[32]。

感覚と行動とに一種のフィードバックの関係があるということが含意しているのは，生体の外界への適応プロセスということであり，それが諸々のインパルスの複雑な組合わせと分類にもとづいているということである。ある外面的な刺激によって生じることになる諸々のインパルスは，他の諸々のインパルスを喚起していく。「インパルスもしくは神経線維によって導かれた興奮状態は連続するものではなくて，むしろきわめて短い間隔でショックが次々に起こるようなものである」[33]。つまり，この間欠的なシグナルが，感覚－運動からなる身体行動システムを可能にしていく諸々の分類，それも多元的な分類を構成していくのである。ハイエクが主題化している感覚秩序は，この身体運動という活動一般の結果ということであり，かつその原因でもある秩序ということである[34]。

こうした感覚秩序－神経システム－生理学的諸要素の体系という，それぞれに明瞭に区別される諸秩序が今一度連関しているということへの着目は，観念論哲学や当時の社会学的行為論が前提としてきた「意識」という概念を相対化するものである。

ハイエクは言う。「おそらく意識とは〈何であるか〉について満足な定義を

---

[31] Hayek（1952），p.56 ［68頁］3.3.
[32] Hayek（1952），p.95 ［112頁］4.48-4.55.
[33] Hayek（1952），p.56 ［68頁］3.6.
[34] Hayek（1952），p.90 ［106頁］4.38.

することは不可能であり，むしろこのことは感覚の諸性質という〈絶対的〉特性に関する〈問題〉と同種の幻想‐問題である。われわれは意識とは〈何であるか〉を問うのではなくて，ただ意識は何をなすのかを問うことによって，この困難を避ける努力をしようと思う」[35]。

　すなわち，ハイエクにしたがえば，意識的な行動とは，何をしているか，あるいは何をしていたかについて説明（account）をすることができるそれということであり，それゆえに「シンボル」をつうじて自らの精神過程を他に伝えることができるということである。シンボルとは，他人がこれを認知しその当人自身の内にあるものと似通った位置を他人の精神的秩序の中にも置いて位置を占めることができるということを言うものである[36]。そしてこうしたシンボルをつうじて，異なる人の間でのコミュニケーションの可能性が開けることは，意識性の現存をたんに示すのみならず，感覚，行動，経験を区別して，高度かつ抽象的な思考とその表現を可能にしていくことができるということを意味しているし，意識された諸出来事を密接に結びつけていくことが可能となることで，意識の統一を考えてみることもできるということである[37]。

　ただし，精神も意識もそもそもは経験の所産であり[38]，「あらゆる感覚が，〈最も純粋〉なものであっても，それゆえに個あるいは種の過去の経験に照らした，ある出来事の解釈として見なされる必要がある」[39] ものであり，解釈という分類，再解釈という再分類の過程の繰り返しということだとも言うことができる。この点で，すなわち解釈をする過程に着目すれば，それを「先験的」と言うこともできる。つまり，未だ経験には支配されない知の部分がつねにありうるということであり，言い換えれば前感覚的な経験と呼ぶことのできるレベルのことである。世界を構成する原理は，したがってこうした多様な過程を弁別・分類し，知を解釈し再解釈していくということになる。つまり「われわれの知のトートロジー的特質が進行的に成長していくというのは，それらについての言明を真にするために当該諸要素についてのわれわれの分類を再調整していく努力の必然的結果である。われわれには，われわれの感覚によってなされる分類

---

[35] Hayek（1952a）, p.133 ［153頁］.
[36] Hayek（1952a）, p.135 f.［155-6頁］6.9.
[37] Hayek（1952a）, p.136 ［157頁］6.14.
[38] Hayek（1952a）, p.166 ［187頁］8.5.
[39] Hayek（1952a）, p.166 ［187頁］8.4.

を受け入れるほかなく，したがってそのように規定される諸対象の行動を正しく予測することはできないのである」[40]。

　すでにこうした科学観は，これまでも繰り返し見てきたとおり反科学主義のそれである。さらに一般化するなら，次のようになる。「ただ諸現象の完璧な記述のみを科学の理想とすることは，現象主義者たちのアプローチに由来する実証主義者の結論であるが，それは不可能なことである。科学はむしろ絶えず新たな部類，すなわち諸要素の行動についての一般諸命題が普遍的かつ必然的に真である〈概念構成体〉を探求することにある」[41]。

2）分類の論理

　こうした反実証主義的な方向への展開とともに，ハイエクはそれに関わる論理学についても考案している。諸々のインパルスの組合わせは，神経システムという生理学的な水準でなされるものであった。たしかにこれは経験的に観察される可能性のあるデータではある。ただしこれは単純にある種の一対一の対応関係が存在する類のレベルで処理できるものではない。というのも，例えばあるひとつの運動，それが単純であったとしても，おそらく単一のインパルスがそれに対応しているというのではなく，おそらくは複数の組合わせが対応しているはずであり，さらにはそうした神経線維間の結合には，リアルな結合をしているものもあるし，また潜在的な結合である場合もあり，それらについての程度の差，濃淡の差を考えることができるということである[42]。

　「したがって諸々のインパルスの諸関係あるいは諸々のインパルスからなる諸々の集合のそれは，個々のインパルスあるいは個々のインパルス群がひとつの秩序に配列されるのと同じ方法で，また同じ種類の過程によって，ひとつのシステムとして秩序づけられるのである」[43]。

　この複数のインパルスからなる集合とさらにその集合の集まりは，生理学的な水準の問題であり，さらに言えば物理化学的な反応の水準の問題である。心的な水準，言い換えると精神的な水準の問題は，これとは区別され，それ自体

---

[40] Hayek（1952a），p.170［191-2頁］8.20.
[41] Hayek（1952a），p.174［196頁］8.31.
[42] Hayek（1952a），p.65［78頁］3.37.
[43] Hayek（1952a），p.73［88頁］3.64.

で閉じたシステムであると考えられる。つまり，分類という運動（認知・行動）のレベルの問題は，生理学的な水準での諸々の出来事と，どのように一対一に対応しているのかということについては言えないが，分類という運動を考える際の基本的道具として，そのレベルでの諸々の出来事のクラスおよびそのクラスの集合を想定してみることはできるということである。

こうした点については，すでにウィーン時代の草稿においても電話の交換機（といっても1920年代であるから，手動を主としたものであろうが）が例として挙げられていた。これが，後にもっと一般的に，ある分類プロセスを実行していく自動機械のイメージとして描かれている。「16，18，28，31，32，40mmの直径のボールをAと記された容器に入れ，17，22，30，35mmの直径のボールはBと記された容器に入れる」[44]という作動形式を備えた自動機械として描かれている。

たしかに，この種のアイデアはきわめて単純な場合であるが，もちろん「ボールを異なる容器に入れるかわりに，ボールが入るたびに異なるサイン，例えば色の違う光を示すようなことでよい。この機械が赤や緑の光を示すことで反応する（中略），あるいはいろいろなベルと結合させることで分類すると考えることもでき，受信する信号がそれぞれに複数の違ったベルに送られて，違ったクラスのそれぞれに属する」[45]というように，さらに多元化させることもできるであろう。さらには，「個々の出来事に反応するだけでなく，出来事の組合わせにも反応するよう」[46]にも多元化することができる。

こうした多元化が可能な精神的秩序，繰り返して言うなら生理学的な水準での物理化学反応の連鎖そのものではないが，しかしそれとは関係はしている分類というプロセスは，一定の結合とそれの外部環境への適応プロセスとからなっているということである[47]。

こうしたプロセスは，まさしく自動機械のアイデアであり，その時代に実用化されていく対空砲の照準，飛行機の自動操縦[48]などとして考案されていくも

---

[44] Hayek（1952a），p.49［60頁］2.36.
[45] Hayek（1952a），p.50 f.［62頁］2.40.
[46] Hayek（1952a），p.50 f.［62頁］2.41.
[47] 半永久的な結合である地図（マップ）と，その時々の環境により変化する可能性のあるモデルと呼ばれるものとからなっている〔Hayek（1952a），p.113 ff.［131頁以下］.〕。
[48] Hayek（1952），p.126［146頁］5.75.

第4章　秩序の自生　127

のであり，とりわけ第二次世界大戦を経て種々の実用化を遂げることになったものである。ハイエクの『感覚秩序』にある発想のいくつかは，この種のサイバネティクスに関連した技術学の展開と一定に関係していることもよく理解できる[49]。そしてそこから，「機械の心」という類のアナロジーを考えてみることができる発想につながっていると理解できる。

「こうした機械は意志的な行動の特徴を備えている。しかし，この機械は，まだ中枢神経システムに比べると初歩的で，働きの範囲が限られている。それは，中枢神経システムが感情に入れるもののごくわずかしか処理することができず，経験から学習する能力を欠いている。しかし，こうした理由で，機械を頭脳であるということができないとしても，意志的な性質をもつ点では，機械が頭脳と異なるのは，程度の違いにすぎず，種類の違いではない」[50]。

ただし，ハイエクの場合，この種の理論的議論をさらに進めていくことには関心がなかったようにも思われる。例えばミーゼスのプライベート・ゼミナールでの友人であり，またハイエクが初代所長を務めた景気循環研究所の後継所長であったモルゲンシュテルンが，やはり渡米後フォン・ノイマンの数学によって経済行動に適用していった有名なゲームの理論への関心やさらなる展開についてはハイエク自身の業績の中から探し出すことはできない[51]。

3）方法論への寄与

すでに見たとおりであるが，ハイエクのウィーン草稿において強い影響を与えた思想家たちを考えると，その中にマッハを挙げることができるし，ハイエク自身の次の言葉を知れば，実はマッハからの影響が決定的であったのかもしれないとさえ思える。

「私が最初に少し言いたいのは，生理学的心理学の諸問題への短いが集中的な関心です。このために1919年から1920年に私のエネルギーのかなりの部分を使いました。それは，当時私のすぐ前の世代の間で非常に流行ったエルンスト・

---

[49] Heims (1991).
[50] Hayek (1952a), p.126 [146頁].
[51] Neumann/Morgenstern (1943). カルドウェルは，UCLAの口述史コレクションの記録から，ハイエクがモルゲンシュテルンのゲームの理論について否定的な言及をしている部分をとりあげている〔Caldwell (2004), p.211 footnote 3.〕。

マッハの著作への関心により引き起こされたものでした」[52]。

マッハが，当時の心理学そして認識論に多大な影響を与えていることはよく知られていることであるが，マッハとの関係でハイエクは，マッハ自身が行ったことでもあるが，カントの位置づけも行っている。このことは，もともとの草稿の最後の数頁にも触れられているのであるが，次のようなマッハの文章から始まっている。

「私は父の書斎でカントの『プロレゴーメナ』を手にした。(中略) これほどの感銘を受けたことはない。(中略) それから2，3年たって私は《物自体》が果たしているなくもがなの役割にふと気がついた。ある晴れた夏の日に(中略) 突如として，私の自我を含めた世界は連関し合った感覚の一集団である，ただ自我においてはいっそう強く連関し合っているだけだと思えた」[53]。

「物自体」というカントの仮定は不要であり，要素が一元的に世界を構成しているということ，すなわち「物自体」というのも，実は要素の集合により成っているという，マッハの考え方である。

このマッハの要素一元論に対して，ハイエクは「マッハを読んでいるうちに，カントの〈物自体〉という概念についてマッハが書いていることと似た経験をして，マッハの感覚の組織化分析を一貫して展開していくと，彼自身の感覚諸要素という着想がどのように余分で無駄なものであるかが突然わかったのです」[54]と言う。

対象とそれを認識する主体という主客二元論に対して，マッハの論点は，それらはそれぞれある諸要素の濃淡のある集合の仕方にすぎないというものである。この点で，認識主体の意識作用というものをアプリオリに前提にする観念論を超え出ている。しかしながら，要素一元論は，その前提となっている要素それ自体は，それではどのようにありうるのかという問いに直面することになるのである。

マッハにしたがって，ハイエクは次のように言う。すなわち「外部世界のある出来事についての感覚的経験どれもが〈属性〉を持っているように思われるが（あるいは他の感覚的な諸出来事と区別する仕方があるように思われるが），

---

[52] Hayek (1994), p.62 [44頁].
[53] Mach (1885/1922), S.24 [32頁].
[54] Hayek (1952a), p.vi [4頁].

外的な諸出来事と同様の属性がそれに対応しているのではない。そうした〈属性〉に意義があるとすれば，それは，有機体が諸出来事のこの集合を諸出来事の他の諸集合と過去に結びつけたことを基礎にしてこの集合を割り当てることを学んでいたということである。このことは神経システムが，諸出来事のある集合のひとつとして特定の刺激を扱うことを学んでいた場合のことであり，これに対応している諸インパルスすべてが，諸出来事の他の集合を表象する同一インパルスとで持つ結合によって決まる」[55]。

すなわちひとつは，色，音，熱，圧，空間，時間などが，多種多様な仕方で結合し合って，これらに気分，感情，意志などが結びつくという要素論[56]は余計な仮定だということである。そして今ひとつは，それら感覚的な出来事は，生理学的な水準を考えればそれらに対応する種々のインパルスの結合ということに行き着くことになるが，この出来事そのものは，外界の出来事とは一対一に対応しているわけではない。つまり，それ自体の複雑性を内に含んでいるということである。こうした考えは，すでにウィーン時代の草稿においても，ほぼそのままの形でハイエクが捉えていた事柄である。

『感覚秩序』における展開にどのような意義があるかと言えば，それは感覚の側での分類過程とは逆方向にあるように考えてみることができる，今ひとつの運動の側でのインパルスの結合という現象の機能について言っている点であろう[57]。先に述べたように，中枢神経がブリッジのような位置を占め，一方に感覚インパルス群，もう一方に運動のインパルス群という関係が考えられていた。視覚と眼球運動，あるいは瞳孔収縮との関係，聴覚と首の運動との関係などを考えてみればわかりやすいかもしれない。すなわち，諸々のインパルスの結合とその複雑さは，分類の論理とその複雑さについて言及するものではなく，むしろ問題は，この一連の，感覚と運動の完全な「編合わせ（Verflechtung）関係」が重要なのである。

ハイエクは，感覚と運動との関係についての1940年代のヴァイツゼッカーの研究に言及しているが[58]，この結合が普通に想定されてきた以上にずっと密接

---

[55] Hayek (1952a), p.166 [188-9頁] 8.6.
[56] Mach (1885/1922), S.1 f. [4頁].
[57] Hayek (1952a), p.93 f. [110頁] 4.48.
[58] Hayek (1952a), p.93 [109頁] 4.46.

であり，実際にはあらゆる感覚インパルスは，同時的に筋肉の活動に照らされて評価され，また補正されているものであるということも，すでに十分に考慮に入れていたと考えることができる。

生理学的水準での神経システムと，筋運動，言い換えると行動システムとの関係，そしてそれらが生物有機体というシステムの自己制御系を形成していることが示唆されているのである。実際，「運動が進行する間，この連続的適応と関連して，外受容的インパルスと自己受容的インパルスの相互作用と〈フィード・バック〉原理の作動がとりわけ重要となるのである」[59]。これは，明らかにこの時代に現れ出たサイバネティストたち，ウィナー，アシュビー，そしてベルタランフィの業績を指示するものである[60]。すなわち，ハイエクが青年時代から永く暖めてきた草稿は，一般システム論，サイバネティクスとして形を持つようになっていったのである。

3．システム論への道

1940年代に展開した科学史を再構成していく方法での「科学主義」批判と，ウィーン時代の草稿をもとにして書き上げられた『感覚秩序』は，その後新たに科学論の問題として再定式される。

「数学という絶大な力により，われわれはわれわれの感覚では知覚しえないような抽象的パタンを記述し，高度に抽象的な特質を持つ諸パタンの階層および部類に共通な特性を言明することが可能となる」[61]。

ハイエクの経済学は図形表現による説明を終始多用してきたし，また『感覚

---

[59] Hayek (1952a), p.95. [112頁] 4.54. それぞれ外受容的（exteroceptive）と自己受容的（proprioceptive）。

[60] ベルタランフィは，著書『一般システム理論』により知られるようにこの分野の先駆者のひとりである。1901年ウィーン近郊で生まれ，ウィーン大学で学位を取得し生物学の教授となった。1947年チロル州アルプバッハで開催された国際学術週間にハイエクとともに，当時の著名な哲学者，科学者のひとりとして参加，「生物学の世界像（Das Weltbild der Biologie）」を講じている。これは著書『生命──有機体論の考察（*Das biologische Weltbild*）』として知られるものの概要である。その後，1948年ロンドン大学，1949年カナダ，オタワ大学を経てカナダ，アメリカで研究活動を続けていく。ところで，このアルプバッハ国際学術週間の翌年1948年の大会にはポパーが参加している〔Moser (1948); Moser (1949)〕。

[61] Hayek (1964), p.23 f. [123頁]．

秩序』においては認識モデルの位相数学的表現の可能性についての言及を見ることができる。ただし，ハイエクの場合には，ヒックスが『価値と資本』で行ったような数理モデルを彫琢して抽象的なレベルで展開していく実際を見ることはできなかった[62]。とりわけ，力学をモデルにした経済学の20世紀の理論的展開にハイエクは消極的であったことは述べてきたとおりであるが，それは，まさにそうした表現可能性がはたして万能かという反科学主義の問いに由来している。つまり，仮に複雑な諸現象を記述するために複雑なモデルを構築していくことができたとしても，そこから果たして予測も可能となるのだろうかという問いである。この姿勢は，ウィーンでの報告「経済学と知識」における問題関心にそのまま由来するものである。

　ただし，こうした哲学的関心はそのままであるが，1960年代に入って，ハイエクは「複雑現象の理論」として新たな理論展開を進めていく。

　「生命，精神，社会という諸現象が，本当に物理的世界の諸現象よりも複雑であるのかということについて，これまでその都度，問われ続けてきた。こうした問いは，現象が特有の〈種類〉であることを特徴づける複雑性の度合いと，諸々の要素の組合わせでどんな種類の現象も構築可能であるという複雑性の度合いとの混同に，主要にはよるものであると考えられる」[63]。

　この混同は，現在もまだなお存在している。社会学者の多くは，現在ではもはや力学をモデルにした理論経済学を社会学の目標だと主張する場合は少ないが[64]，社会を政策により設計しようという政策科学への思いは今もなくなったわけではないし，もっと強くなっているようにも見える。ただし，その際に扱う諸現象に現れ出ている特徴である「複雑性」について，それを諸々の要素に分解することができ，それを組立て可能であると考えるか，そうすることは不可能であると考えるかという区別は際立って重要である。

　「異なる領域にわたる諸構造に特徴的なパタンを再生するために（あるいはそうした諸構造が従う一般法則を示すために），公式やモデルが備え持たねば

---

[62] 『資本の純粋理論』では，当初は代数学的説明をしようとしていたことがその序文に記されているが，その内容については一般には知られていない〔Hayek (1941), p.viii〔6頁〕〕。
[63] Hayek (1964), p.25〔123頁〕。
[64] 構造－機能主義という次善策の採用により，後に撤回することになるが，パーソンズはこの力学をモデルとした社会学をその理想としていた時代があった〔Parsons (1945), p.224 ff.〕。この傾向は21世紀になった今もまだ存在している。

ならない別個で最少の数の変数という観点で問題を考えると，生命のないものから（「もっと高度で有機的な」）生命のある，そして社会諸現象へと進んでいくにしたがって，増大していくその複雑性たるや明々白々である」[65]。

社会現象については，その構造そのものがさまざまに異なる領域に広がり，そのパタンを構成すると考えられる諸要素を抽出することがもうすでに複雑である。個々の現象が，まさに個々に具体的なコンテクストを備えた情況に依拠するため，それらすべてを確定することは実際には不可能であろうし，そもそもその具体的コンテクストを柔軟に，ひとつのパタンとして記述することさえも，実は難しい。原因－結果の関係，さらに法則論的関係を素朴に主張していくことはきわめて難しく，仮に主張するとしても，それが可能となりうる条件がつねに問題になり，その条件を確定すること自体も難しいということである。

そうした複雑性がもたらす，それぞれの場合ごとにありうる多義性から確実に免れることは難しい。このことは法則論的な決定主義だけにとどまるものでもない。文化の多義性を想定し，文化による相対主義を掲げても，実はその主張の論拠さえもがすでに多義的になってしまっている。すなわち，文化的な諸価値がしばしば相対的であるということは，つねに言われることであるが，しかしながらそれらは，いったいどのように相対的なのかということは，やはりいつも不明瞭であり続けざるをえないのである。

しかしハイエクは，不可知論のペシミズムを強調しようというのではない。むしろ，問題は逆で，すべてを知り尽くすことができ，それらを操作することさえもできると思い込んでしまう科学の思い上がりにこそ問題があるというのである。言い換えれば，無知の知にある意義を強調しているということである。すなわち「科学のめざましい発展によりもたらされた繁栄の中で事実的な知識を制約する諸情況と，その帰結としての理論的知識の適用可能性に課された諸々の限界がむしろこれまで無視されてきたというのは，おそらく当然のことなのかもしれない。しかしながら今や，われわれはわれわれの無知をもっとまじめに受けとめる時である」[66]。

---

[65] Hayek（1964），p.26［124頁］．ハイエクは，生理学と神経学が扱う複雑性の度合いの量的側面を例示し，それを前提しなければならない社会現象のいっそうの複雑性を言おうとしている〔Hayek（1964），p.25 footnote 8［137頁］．〕．

[66] Hayek（1964），p.39［133頁］．

「複雑性」という概念を導入したということで新たな局面を開いているが, 科学主義批判の基調は, ポパーと出会い1930年代後半に開始したそれと同じである。しかしすでに「複雑性」概念の提示のうちに予定されていることでもあるが, この方向はシステムそのものの進化という問題へと展開していくことになる[67]。

分類の論理, パタン認識は, さらに「他の人たちの行為の中で諸々のルール（あるいは規則性あるいは諸パタン）を知覚していく能力」[68]と言い換えられている。そしてここに, ある種の方法論的二元論も想定されている。

「一方で, ある集団を構成する成員個々（あるいはどんな秩序であれ, それの諸要素）の行動を決定する行動諸ルールの諸体系と, 他方でこの結果として, ひとつの全体としての当該集団のために生じる諸行為の秩序やパタンとには重要な区別がある」[69]ということである。この区別は, まさしく自生的秩序と, 設計された秩序という区別である。しかも着目すべきは, ハイエクは必ずしもその秩序が人のそれかどうかについては問題にしていないという点である。むしろそれをすでに超え出ている。ミツバチの場合にも, あるいは太陽系の場合にも考えてみることができる秩序だということである。ただし, その際にもハイエクが繰り返し強調していることは,「秩序とその諸要素」「集団と個体」という区別は行うが, 秩序あるいは集団が, ただちに「組織」あるいは組織化されていると言いたいのではないということである。より重要な点は, 次の秩序観である。

「個々の行動諸ルールの体系どれもが, 諸個人の集合という当該諸行為の全般秩序を生み出していくわけではない。つまり, 個々の行動の諸ルールの特定の体系が, 諸々の行為からなるひとつの秩序を生み出すのかどうか, そしてどんな種類の秩序かは, その諸個人が行為する諸情況に左右されるものである。(中略) 生ける存在の集合においては, 個々の行動の数多の可能な諸規則もまた, たんに無秩序を生み出すだけでしかなく, その集団そのものの存在を不可能にしていくということは明らかなのである」[70]。

---

[67] Hayek (1967), pp.66-81.
[68] Hayek (1962), p.45.
[69] Hayek (1967), p.66.
[70] Hayek (1967), p.67.

エントロピーの原理，熱力学第二法則の例とともに論じられているのであるが，その当該システムそのものは，まさにその時にしかありえず，それ自体は無秩序へと不断に進行していくということである。すでに『感覚秩序』においても，自己組織系としてのシステムについての言及はあったが，ここでの展開は，現存するシステムが，現存するものとしては絶え間なく崩壊し無秩序化していくという理論へとさらに進んでいる。

そしてこうした見解から，ハイエクはシステムの維持・保存というよりも，システムの進化ということに焦点を定めていくのである。すなわち「個々の行動という異なった諸ルールを進化が選択していくのは，その行動が生み出す秩序の生存可能性による」[71] ものである。

生存可能性とは，諸々のルールがそれらそのものとして維持され続けていくというのではなく，個から個へと伝達可能なものであり，かつその際に変異していくということが含意されている。これらは，時に文化的と呼ばれる場合もあるし，遺伝的と呼ばれる場合もある事柄であり，言い換えれば，諸々のルールとは自然選択されて進化していくというのである。

もちろんここでは，そのことが動物の場合であるか，人間の場合であるかの区別は問わないでよい。個体にとって，そこに生み出されている秩序について，どのような知識を持ち合わせているかは，さしあたっては不明である。ルールを言葉で語りえるかどうかも，さしあたっての問題ではないし，関わっている秩序について，個体はさしあたって何も知らない。科学主義者が考えるような全知全能はありえない。強調しておかねばならない点は，上述の行動諸ルールそれら自体が，ある何らかの行為の発生を生む原因なのではなく，そこにおける外部の種々の刺激とともに，内部の衝動や，その他の種々の要因が加味されて，当該の何らかの行為の発生があるということである。

言い換えると，この行動の諸ルールは，ある瞬間にその時の全体により必要とされるものであって，それを今一度観察してそれの外側から指令して制御できるものではないということである[72]。こうしたハイエクの理論は，マンデヴィルの古典的な比喩をそのまま受け継ぎ，いわゆる社会生物学的議論の様相を帯びているようにも見える。

---

[71] Hayek (1967), p.68.
[72] Hayek (1967), p.69 f.

行動の諸ルールが，全体の行為秩序を構成していくという単純な要素－全体論ではなく，諸々の諸要素が特有に関係し合って創発していく特性も考慮する必要がある[73]。行動個々にある文化的に伝達されるパタンであっても，それは遺伝的変化における選択においても決定される場合が存在してもいるのである[74]。それゆえに，「個々の行動諸ルールと，それにより生じる秩序とが，自生的に変化していくことで，当該集合が，そうした変化なしには崩壊してしまうことになったであろう諸々の環境の中で生き延びることができるのである」[75]。

　変化することで，それそのものとは違うが，そう変化することでそれは持続することができるという一種のパラドクスに支えられている。この変化による差異の確認と同一性の確認は，自生的な秩序の諸ルールの水準においてなされるものであり，中央からの指令，言い方を換えると，全体秩序を観察する視点から設計していくものではないとハイエクは考えたいのであるが，しかしながらこの区別は実はそう簡単ではない。

　「個々の行為の諸ルールのうちでどれが熟慮と利益により変更されうるものなのか，そしてどれが，立法が関係する類の熟慮による集合的な諸決定によって漸進的に進化していく可能性があるのか，それともそうしたことなしにも漸進的に進化していく可能性があるのかという重要な問題は体系的にはほとんど考慮されたことがない」[76]。

　例えば脳という中枢器官からの命令によりもたらされる秩序と，ある構造の諸要素相互間から得られる諸々の行為の規則性により見えてくる秩序との違いということもできるし，ハイエクは，マイケル・ポランニーにしたがって「単心的（monocentric）」と「多心的（polycentric）」[77]という区別にも触れているのであるが，脳についても言わんとしていることは，それ自体は多心的な構造であり，それを構成している諸要素相互へのそれの関係によってその活動が決まっているということである。つまり，ひとつの体系がなっている場合にも，そのどの部分においても，それ全体を代表するような部分があって，その特別

---

[73] Hayek（1967），p.70 f.
[74] Hayek（1967），p.71.
[75] Hayek（1967），p.71.
[76] Hayek（1967），p.72.
[77] Hayek（1967），p.73.

の部位が，それに広がる全体に対して指令を与えていくというような形態にはなっていないということである[78]。

　言い換えると，自然的一致という言い方で考えられることであり，それは人為的な一致とは区別されるということである。ハイエクは，例えば星座，太陽系，有機体もそうであり，これらとの類比で社会秩序をも見なければならないと考えているのである。諸々のパタンという規則性がありうるはずであり，ある構造を前述した意味で存続維持させていくために自己組織していく諸力に着目せねばならないということである。したがって，「社会の秩序とは，諸々の個人が社会の中で発展させてきた行動のそうした諸々の規則性の帰結だということである」[79]。

　こういう表現は同語反復的であるが，実は本質的なことである。どういうことかというと，「諸々の社会が，複雑ではあるがヨリ単純な諸構造と区別されるのは，その複雑だがヨリ単純な諸構造の場合，それが存続するチャンスが，それよりも包括的な構造の部分の存在に左右される（あるいは少なくともそれによって向上していく）ものであるという事実によってである」[80]。これに対して，社会はそれぞれそれを包括するものも，それもまた社会であるという関係から成っている。社会哲学者ハイエクは，この時点ですでに当時としては先進的な社会学者ハイエクになっているようであり，社会システム論そのものを展開していると言うこともできるほどである。

　ところでこうしたパラドクスを許容して，その脱パラドクス化をすることを問題にするシステム論という考え方は，事実性と規範性という対立にも固有の見解を生む。すなわち，「規範的諸規則がしばしば役立つとすれば，それはある事実として存しているひとつの秩序にひとつの行為を適応させるということ」[81]であり，文化的に伝達されるという意味での規則の習得と，遺伝的に伝達されるという意味での生得的なそれとをつうじて，われわれはわれわれ自身を事実性に適応させていくということだという見解を生むことになる。この点で，「諸々の規範とは，したがってわれわれが依拠はするが，しかしながらわ

---

[78] Hayek (1967), p.74.
[79] Hayek (1967), p.77.
[80] Hayek (1967), p.76.
[81] Hayek (1967), p.78.

れわれはほんの部分的にしか知らず，それら諸々の規範を観察してみて初めてあてにすることができる，事実的なひとつの規則性への適応ということなのである」[82]し，したがって規範的諸規則は，そもそも諸々の禁止から成っている必要があるということである[83]。言い換えると，「〜すべきである」という具合に，ある個別内容について実質的な方向性を明示することではなく，「〜してはならない」という否定性により，事実性に備わっている複雑性が暗示されるようになっている必要があるということである。すなわち「正義に適う行動ルールは，一般的には正義にもとる行動の禁止ということである」[84]。

したがって，法理論においては，ハイエクは自らの最初の学位の指導教授であったケルゼンの純粋法学および法実証主義にはきわめて厳しい批判を加えていくことになる[85]。つまりハイエクは，法が制定という行為よりも前に，いつもすでに存在しているという一種の自然法論に依拠しようとするからである。言い換えれば，裁判官であれ，法制定者であれ，理性の主体として秩序を設計することができるということが，実はすでに知の驕りだということになるのである。思想史的には，理性主義つまり主知的な合理主義から見ると，暗い反啓蒙主義のひとりとして挙げられてきたマンデヴィルに，ハイエクは自生的秩序の形成，諸利害の自然的一致という考えの最初の発見者であることを見ている。すなわちヒューム，スミスが完成する前にマンデヴィルが明瞭に捉えていたというように思想史を解釈している。

「彼の主要な主張は，まさに次のようである。社会の複雑な秩序において，人間行為の結果は，自分たちが意図していたものとはたいへん違っているということ，そして個々人は，利己的であれ利他的であれ自分たち自身の諸目標を追及しながら，自分たちが予想もしていなかったし，おそらくは知りもしなかった他人たちにとって有益な諸結果を生んできたということ。そして最後に，社会の全体秩序，そしてわれわれが文化と呼ぶすべても，個々の努力の結果であり，これはそうしたいかなる目的も念頭になく，故意に作り出されたものではなく，好結果であるとわかったものが生き残ることで育った諸制度，諸実践，

---

[82] Hayek (1967), p.80.
[83] Hayek (1967), p.81.
[84] Hayek (1976), p.35 [II-53頁].
[85] 第5章第3節2) で詳述する。

諸ルールによって，そうした諸目的に適うように導かれたものである」[86]。

制度を設計し，これにより諸利害が一致させられるとすると，これは人為的な一致ということを言おうとするものである。そうではなく，マンデヴィルをつうじてハイエクが得たものは，制度，ルール，文化これらはすべて，個々人それぞれは利己的であり，またある時には利他的であり，それぞれの目的はそれぞれに持っているのではあるが，そうしたそれぞれの目的に結び付けて，そういう制度，実践，ルール，文化そのものが作り上げられているのではないということである。そうではなく，人為的に対して自然的という言葉を用いることの含意は，そうした個々の諸目的はたしかにあったであろうが，それゆえに私利私欲がつねにあるが，それらがその意図とはまったく別なところで，まさに自然的に制度，ルール，文化が生み出されてきたということである[87]。

ただし，諸利害の一致と言っても，それはけっして，それが人の意図や行為により設計され作り出された諸制度から独立しているという意味で「自然的」だというのではないし，またそれが慎重に設計され制御されて生まれたという意味で「人為的」だということではない。そういうことではなく，諸制度はそもそも自生的に成長していくものであり，その結果であるということである[88]。

4. 自生性と生活世界

ハイエクは英国人として，スミス，ヒュームからマンデヴィルへと遡る思想の中に，こうした自らの哲学的基盤を見出していくのであるが，そのもとで展開していった議論は，明らかにシステム論のそれである。そこには，個々人それぞれが抱くそれぞれの目的のレベルと，それとはまったく異なる社会のレベルという，レベルの相違の問題がある。意図せざる結果として産出してきた制度，ルール，文化は，いわば最初のレベルからの転移であり，さらに言えば見えざる転移ということになるし，ふたつのレベルは異なるが切り離すことはできないし，一方から他方を制御することはできない関係にもなっている。

---

[86] Hayek (1966a), p.253 [106-7頁]. このマンデヴィルについての論文は，繰り返し各所に入れられているが，ここでの原著ページは邦訳の底本のそれである〔Hayek (1978)〕.
[87] Hayek (1966a), p.260 [116-7頁].
[88] Hayek (1978), p.260.

ハイエクの基本論法は，そうであるにもかかわらず，あたかも一方から他方を制御できるように思い込んで，設計をしていくことにすべての誤りがあるということである。

ハイエクの科学論の視点からすると，「科学」はこの不可視性をつねに想定に入れていなければならないということである。すなわち，科学万能主義が拠って立つところがあるとすれば，その依拠する基盤についてそれ以上問うことなく無条件に前提にしてしまえる自己了解という驕りに他ならないということになるのである。ハイエクは，このことを厳しく問題にしているのである。これはポパーの場合にも同様である。

ただし，批判されるべき対象となる科学万能主義も，そして意識的に秩序を設計，制御していくことができるという発想も，人間の歴史には実際にはつねにそしてすでに存在し続けていることも「事実」となっている。このことそのものについては，たんに批判するということにとどまらざるをえないのか。「合理主義の真偽」という問いで求められている，真なるそれは，暗示でしかありえないのか。ハイエクの生きた20世紀，すでにこの真偽は分かちがたく，すでに絡み合ってしまっていったことはたしかである。

「人にはますます理解できないものとなった社会秩序を生み出した大きな変化とは，（中略）対面社会あるいは少なくとも知った見覚えのあるメンバーたちから成る諸集団の社会から，もはや共通の具体的諸目的によってではなく，抽象的な同じ諸ルールを遵守することでしか，まとまりが保たれない開かれた抽象社会への移行であった。人におそらくもっとも理解しがたいと思えたのは，開かれた自由社会の共通諸価値は，達成されるべき具体的諸目標などではなく，ひとつの等しく抽象的な秩序を不断に維持するのを保証する，共通の抽象的な行動ルールだけしかないということである」[89]。

21世紀に入り世界社会化が徹底し，国民国家の枠組みが用をなさなくなり始め，「自由主義経済秩序」の枠の普遍化がイデオロギーのみだけではなく，現実にも多くの部門で採用されることになった現在においては，こうした匿名性の徹底，具体性の喪失という断面を，嫌というほど見せつけられるようになったのもたしかである。そういう匿名化と抽象化の進行への戸惑いが，すでにい

---

[89] Hayek（1979a），p.164［Ⅲ-227頁］．

つも持続し続けるのも事実である。というのも，具体性への要求は抽象的な開放社会の割合が多くなっても，存在し続け，意識的に秩序を設計し，これを操作しようという発想と欲望はいつまでもあり続けるようにも見えるからである。

さて，ハイエクは，合理性の真偽を問題としたし，それに基づいて秩序の二類型の対比をしたが，類似の問題を友人シュッツは，ハイエクが気のつかなかったパースペクティブの区別ということから，世界の類型論を展開していた[90]。しかしながら，すでに触れたとおり，「われわれみんな，シュッツをつうじてマクス・ヴェーバーやフッサールの現象学のことを知るようになった。カウフマンの特異な博覧的才能がそこではシュッツを助けたが，私は現象学を一度として理解しなかった」[91]というハイエクのその後の思い出で述べられている言い訳からもわかることであるし，そして何よりもシュッツが1959年に急逝することもあり，自生的秩序がどの範囲において理論的に可能かどうかについて，現象学的社会学の知見から問い直すという検討はなされぬままとなってしまったのである。マンデヴィル，ヒューム，そしてスミスの時代から，ハイエクが直視し続けた20世紀を経てもまだなお，一方での抽象化への移行とともに，同時に他方で具体性への欲求は残り続けているということである。

しかし，とりわけきわめて複雑な現代世界社会を考えれば，ハイエクの言う「抽象的」という概念は，再び精緻に整理をしていく必要があろう。すなわち「われわれが，外的な対象の知覚される諸性質についてのわれわれの知識を，その物理的あるいは客観的な諸性質と対比させることができるという意味では，それゆえあらゆる感覚的な知覚は＜抽象的＞である。つまり，いつもそれはある状況の諸特徴や諸局面を選択するものだからである。ここでわれわれが直面するのは，現象的な世界とは異なる物理的な世界が存在するという仮定が，物理的な世界にはわれわれが直接には知覚することのできない諸性質が存在し，

---

[90] Schütz (1932/2004). このシュッツの『社会的世界の意味構成』〔Schütz (1932/2004)〕は，ザルツブルク大学に保管されているハイエクの蔵書の中にシュッツからの献本として存在している。しかも興味深いことに，彼らの共通の友人，とりわけシュッツが現象学への関心を拡げることに大いに寄与したカウフマンが書いた，このシュッツの書への書評も挟みこまれたまま存在するのであるが，ハイエクがこの書を細かく読んだ形跡は残念ながら感じられないし，シュッツの遺稿である『生活世界の諸構造』〔Schütz / Luckmann (1981/84)〕についてもハイエクによる言及はない。

[91] Hayek (1963b), p.31 f.

そしてわれわれが知らない何かさえも存在するという仮定と,絡み合っているということである」[92]という複雑性の構造論についての指摘に基づいて,現象学のパースペクティブ論とシステム論を関連させて,社会理論を再編していく純粋理論的可能性が存在していると考えられるのである[93]。

---

[92] Hayek (1952a), p.143 [165頁] 6.39.
[93] シュッツが,フッサールから得たもの,とりわけ『デカルト的省察』『ヨーロッパ諸学の危機と超越論的現象学』をつうじて得た,他者の問題,科学主義の問題,そしてそれと一定に関係しているシュッツ自身による社会的世界論の展開と,ハイエクの科学主義批判については,近代哲学史の把握の仕方についてより詳しい検討をせねばならない。すでに述べたが,シュッツはハイエクの『科学による反革命』の主要部分をそれが『エコノミカ』に公刊される頃には知っていたし,ハイエクとの意見交換も存在するが,「私がわかる限りあなたの文書は完全にすべて正しく,あなたの論述は決定的です。科学における反革命がそんなに早くに始まっていたことはまったく知りませんでした。かつて私は19世紀後半のヨーロッパにおける社会諸科学史の文献を渉猟したことがありましたが,社会進化への社会科学の本当の影響を明らかにするには,さらに過去に遡らなければならないということが今わかりました」〔Schütz [1942], 720〕とある。このシュッツ自身の見解は公刊される機会を失い,そのままとなってしまったし,シュッツ自身,ハイエクの『感覚秩序』について言及することなく急逝しているので,そこに示されている「意識的と無意識的」(5.60),「私の生成」(6.18),「注意」(6.25) について,シュッツの現象学を前提に理論的な議論していく必要が大いにあり,社会学の側から自生的秩序を論じる場合の重要なテーマがここにある。

第5章

進化する自由主義

フライブルクのヴァルター・オイケン研究所

ナチスの台頭，第二次世界大戦の勃発により，故国を去ることを余儀なくされた多く人々がその時の思いを綴らざるをえなかった。ウィーンを去ることになったシュテファン・ツヴァイクの『昨日の世界』[1]に著されている絶望は，崩壊していく旧きヨーロッパへの深い嘆きである。

　ミーゼスのプライベート・ゼミナールのメンバーたちのほぼ全員が，ウィーンを去らざるをえなかった。ミーゼス自身がそうであったし，シュッツ，マハルプ，ハーベラー，モルゲンシュテルンらもそうであった[2]。ウィーン商工会議所を定年退職した後，ミーゼスはジュネーブで教鞭を執っていたが，ニューヨーク大学の招聘に応じてヨーロッパを離れることになる。この時，すなわち1940年9月亡命地スイスで書き上げ，妻マルギットに死後公表することを託した文章をまとめている。彼の没後，1978年，ハイエクの前書きが添えられ出版される[3]。

　ミーゼスの文章は，ツヴァイクのものとも共通した思いを感じさせるところがある。ミーゼスと仲間たちについて，そして当時のオーストリアの政治経済の事情を事細かに知る彼による証言が整理してまとめられており，なぜオーストリアが崩壊せねばならなくなったのか，その原因と責任を厳しく追及する内容となっている。一方でオットー・バウアー[4]やオットー・ノイラート[5]ら，ミーゼスとウィーン大学において同窓生であった，第一次世界大戦後，オーストリ

---

[1] Zweig (1944).
[2] シュッツとグールヴィッチとの当時の往復書簡も，パリを経てアメリカ，そして新しい地での生活など，当時の困難が，研究の交換の中に鏤められて書き綴られている〔Schütz / Gurwitsch (1985)〕。
[3] Mises (1978).
[4] 第一次世界大戦終結時にオーストリア社会民主労働党の党首となり，戦間期の党指導の中心人物。
[5] 論理実証主義のウィーン学団の命名者であり，哲学者であるとともに，社会科学方法論の多方面に多くの独創的な業績を残した。また社会民主労働党員でもあった。次に触れるハイエクの『隷従への道』に書評を残している〔Neurath (1945)〕。

アの社会民主主義を指導した人たちの政治に対する激しい批判とともに、もう一方でのシュパンを代表としたキリスト教保守主義者たちとそのイデオロギーが動かした政治と行動に対する厳しい批判とが書かれている。ただし、その合間にはもちろん彼のプライベート・ゼミナールに集まった優秀な若者たちについての話も鏤められてもいる。歴史主義、国家による干渉主義、社会民主主義、権威主義がオーストリアを破綻に導き、最終的に西欧文明を破局に導くことになったという激烈な批判が書き綴られているのである。

1．「戦後ヨーロッパ」の設計図

　ミーゼスや他のウィーンの仲間たちの場合とは違って、ハイエクはすでに1931年にロンドン・スクール・オブ・エコノミクスの招聘を受けて故郷ウィーンからロンドンに居所と活動場所を移していたし、また彼自身はユダヤ系ということで故国を離れたわけではなかったが、彼の最も有名な著作とされる『隷従への道』[6] には、ミーゼスの書と同じ種類の激烈さが存在している。

　ミーゼスが書き始めた頃と同じ1940年9月にハイエクも書き始めたのであるが、ミーゼスの場合の死後公刊とは違って、第二次世界大戦が終わるほぼ一年前1944年3月10日英国でその初版2000部が出版される。

　そしてミーゼスのプライベート・ゼミナールのメンバーであったマハルプが、自らの亡命地アメリカにおいてそれのアメリカでの出版の便宜をはかった。当時、ワシントンでアメリカ政府の公務にあったマハルプは、ウィーン以来の共通の友人であるアメリカ人経済学者ナイトをつうじて、シカゴ大学で出版される道を開いたのである[7]。

　アメリカでの事情に合うように多少の変更を加え、1944年9月18日、初刷2000部が出版された。このシカゴ大学版『隷従への道』は、『ニューヨーク・タイムズ』、『タイムズ』が書評で取り上げたこともあり、2刷5000部、3刷5000部と増刷されるが、10月初めには早くも在庫切れになる勢いで売れていった。翌1945年4月には『リーダーズ・ダイジェスト』がその要約版を出版する。これは実に60万部も頒布されている。さらにカートーン（漫画）版まで現れるの

---

[6] Hayek（1944/94）．

[7] Friedman（1994），p.xvii．

である[8]。思想のこのアメリカ的大衆化の勢いによって，ハイエク自身，アメリカへの講演旅行で多忙をきわめることになり，またラジオをつうじて「啓蒙活動」にも参加することになっていった。

　ナチの台頭，第二次世界大戦の勃発，このヨーロッパ文明の崩壊とその原因，そしてその首謀者たちの告発というスタイルは，『隷従への道』の場合においても，ミーゼスの「遺書」の場合においても，ともに共通して感じさせられる雰囲気であるが，ミーゼスの文章から感じ取れる深い絶望感は，ハイエクの書にはないようにも読める。そしてさらに『リーダーズ・ダイジェスト』版，漫画版の誕生は，社会主義批判では共通しているふたりであるが，当時のふたりの思いの違いに関連しているようにも見えるし，始まった冷戦のもとで『隷従への道』がアメリカで出版され読まれていったということとも関係しているように考えられる。何よりも，ハイエクの場合には，その内容が，きわめて強く大衆化，陳腐化されていったということが言える。つまり，『隷従への道』それ自体は，強い告発調の厳しい雰囲気を感じさせるものであるが，ヨーロッパの破局に至るまでの歴史的コンテクストを踏まえ理論的知識に支えられたアクチュアルな告発が織り込まれたものであることはたしかである。しかしながら，その要約版，漫画版は，「独裁者＝国家社会主義者＝社会主義者」という単純図式化に終始したものになってしまっている。

　アメリカの大衆社会ということも言えるが，そうした社会を対象にして，1945年10月というと，すでにヨーロッパのみならず太平洋での戦線も集結し，今ひとつの全体主義，ソビエトのそれが問題となっていた時であった。そのためのきわめて簡便な「啓蒙書」とされてしまったように見える。

　ただし，もちろんソビエト連邦の存在は，すでに第二次世界大戦中から，戦争の遂行とともに戦後ヨーロッパ再建に際して最大の問題であることは強く認識されていた。とりわけ中部ヨーロッパの戦後が，どのようになるのかについて，その主導権争いはすでに大戦終結前から始まっていたことではある。アメリカが戦後，ソビエト連邦と対峙せねばならないという心配が現実のものとなった頃に，まさに『隷従への道』が出版されたのであった[9]。

　『隷従への道』は，そうした大戦の終結と冷戦の開始という時期，戦後ヨー

---

[8] Hayek (1945c); Hayek (1999). 第4章第1節注9（115頁）参照。

ロッパの再編の議論の内容をも先取りしようとしているところもある。戦後，ドイツをどのように取り扱うか，オーストリアの独立はどのように考えるのか，これらは戦後ヨーロッパの最重要問題のひとつであった。

　さて，ハイエクは多くのオーストリア人同様に登山を愛した。とりわけチロル，オーバーグルグルのホテル「エーデル・ヴァイス」は生涯をつうじて定宿であった。オーバーグルグルから峠を越えると南チロルに入る。ただし，この南チロルは，第一次世界大戦後のサンジェルマン条約によりオーストリアがイタリアに割譲した地域であり，現在もイタリア領である。ただし，もともとドイツ語を公用語としてきた地域であり，現在に至るまでオーストリアとイタリアとの係争地となっている。第二次世界大戦中からハイエクは，ロンドンにおいて，この南チロルのイタリアからの返還の可能性を模索する議論に参加していた。とくに開戦前の在ロンドン最後のオーストリア公使ゲオルゲ・フランケンシュタイン，オーストリア＝ハンガリー帝国最後の皇帝カールの息子のひとりであるロベルト・フォン・ハプスブルクがこうした運動に強く関わっていたが，オーストリア人ハイエクもこれにメンバーとして関わっていた[10]。

　ドイツ敗戦後の中部ヨーロッパをどのように設計するのか。そして，何よりソ連の影響力をどのように抑えていくのかが主要な問題であった。イギリス首相チャーチルは，オーストリアがナチス・ドイツの最初の犠牲国であるということを認めそれを強調していたし，オーストリアの独立を軸にして中部ヨーロッパの安定を当初は模索していた。例えばハイエクの書き記した中には，現在のイタリア領トリエステを第一次世界大戦後のダンツィヒのような自由市としてオーストリアとチェコスロバキアの海への道を確保する場とし，両国の経済的独立を担保しようという計画案も見ることができる[11]。しかしながら，戦

---

[9] 1947年3月11日のレプケからハイエクの手紙によると，ドイツ，オーストリアのソビエト軍占領地域では，『隷従への道』が発禁となっていることが書かれている〔Röpke (1976), S.95.〕。『隷従への道』のドイツ語版は，レプケ夫人が翻訳を行いレプケ自身が前書きを添えて出版される。レプケはジュネーブで教鞭を執っていた。ハイエク，ミーゼスとは戦前から関係があった。また，第二次世界大戦中，スイスにいるレプケをつうじてハイエクは，ドイツ国内でゲシュタポの監視下にあったオイケンらフライブルク大学の経済学者をさまざまな面から支援してきた〔Hennecke (2000), S.151 ff.〕。また，戦後になってレプケは，チロルに住むハイエクの実弟の経済支援もしていたと言われる〔Hennecke (2000), S.203.〕。
[10] Hennecke (2000), S.196. Hayek (1943b).
[11] Hayek (1945b), p.235.

後の情勢はそのような計画を実行に移す機会を与えることなく，厳しく長い東西対立の冷戦体制が現実化していったのである[12]。

　そうした国際政治情勢とも密接に関係しつつ，他方でアカデミックな水準での学者ハイエクの活動もきわめて活発になっていった。これは漫画化され本来の内容を失って陳腐化されていった『隷従への道』の思想内容，そしてそれの読まれ方から浮き彫りにされる，あの戦後社会のイデオロギー展開とは別の水準にあるものとして見ていく必要がある。その中でも，とくに「モンペルラン協会」の設立とそこでのハイエクの指導的な位置については，戦後の自由主義の理論的支柱の基礎を形成していったという点で注意を向けねばならないであろう。ここにも，たしかに『隷従への道』に見られる，あの強い告発調の雰囲気がやはり存在するものの，それはアメリカで煽動主義的に蔓延していった，一種の知の大衆化という現象とは異なる。

　ハイエクが呼びかけたこの協会は，1947年4月スイスのモンペルランで設立総会を開催した。当初，英国人ハイエクは，まさにイギリスでの自由主義哲学の影響を強く受け，その思い入れもあり「アクトン＝トクヴィル協会」とすることを望んでいた。しかしながら参加者たちの賛成を得ることができなかったので，最終的に最初の開催地にちなんで「モンペルラン協会」と呼ばれることになったのである。この第1回大会において，採択された設立趣旨書は次のようであった[13]。

　「文明の中心にある諸価値が危険にさらされている。地上あまねく人間の尊厳と自由に不可欠の諸条件がすでに見失われていっており，現在の政治傾向の展開からも絶え間なく脅威を受けている。恣意的な権力の拡大により個人と自

---

[12] ここでは第二次世界大戦中から冷戦期に至る中部ヨーロッパの再編とオーストリアの独立との関係について詳細を書くことはできない。すでに多くの研究が存在する。例えば，Stourzh (1998) を参照して欲しい。

[13] もともと自由主義の再生という主題は，第二次世界大戦直前に「ウォルター・リップマン・コロキアム」において討議されていた。この会は，リップマンの『善き社会』に触発されたフランスの哲学者ルイ・ルジエールが，1938年パリで開いた国際会議であるが，8カ国26人の参加者があった。レイモン・アロン，マイケル・ポランニー，ミーゼス，レプケ，ハイエクらも参加者の中にいた。*Compte-Rendu des Séances du Colloque Walter Lippmann, 26 - 30 Août 1938* が，その時の議事録である〔Hartwell (1995), p.20.〕。戦後の自由主義の再生とともにヨーロッパの問題と関わらせて，ハイエクとレプケが中心になって同様の国際会議を企画した。

発的な集団の位置はますます不明確になっている。西洋の人間が最も大切に保ち続けてきた思想と表現の自由さえも，少数派という立場にあるということで寛容の特権を要求しつつも，自分たちの考え以外のすべてを抑圧し消し去ることのできる権力的地歩を確保するにすぎない主義の蔓延に脅かされている。

こうした展開が促進されてきたのは，絶対的な道徳基準をことごとく否定する歴史観の成長によるものであり，また法の支配の妥当性を疑問視する理論の成長によるものであると考えられる，私有財産と競争市場への信頼を後退させることでも促されてきたと考えられる。権力の分散，およびそうした制度と積極的に関係せずには，自由が有効に保持される社会を考えることは難しい。イデオロギー運動なるものが，そもそも知性による論拠と妥当な諸理念を再規定していくことで満たされねばならないと考える以上，その基礎を予備的に探査しつつ，とりわけ以下の諸点に関してさらに研究していかねばならないと考える。

1．必須の道徳的経済的原点を回復するために，現在の危機の本質を分析し説明する。
2．全体主義的秩序と自由主義的秩序とをより明瞭に区別するために，国家の諸機能を再定義する。
3．法の支配を再建し，その展開を諸個人や諸集団が他人の自由および諸々の私的諸権利を侵害しない仕方で保証する諸方法が，略奪する権力の基盤となることは許されてはならない。
4．企業心および市場機能に反することのない諸手段によっての最低賃金水準確立の可能性。
5．自由に敵対する主義を育成する歴史の誤用と戦う諸方法。
6．平和と自由の防衛に通じ，調和した国際経済諸関係の確立を可能にする国際秩序創造という問題。

プロパガンダを掲げたいのではない。狭小と窮屈な正説を掲げたいのではない。われわれにはどんな党派との連携もない。目的は，思いの丈を進んで出し合い，共に抱く確かな理想と広い構想で刺激し合い，自由社会の維持と進歩に寄与することである」[14]。

---

[14] Hartwell（1995），p.41 f.

以上に書かれてあるとおり，この協会は自らの活動をアカデミックな水準に強く限定しようとしたことはたしかであった。しかしながら，この会がめざした自由主義再生，とくにその理論的な再生は，現実政治との関係では少し時間が必要であった。というのも，東西冷戦の対立は，自由主義の再生という企図が，ただちに強い反共主義へと導かれていく文脈でもあり，とりわけこのことだけが増幅されていく傾向もあって，ときにアカデミックであろうとすることで，それがかえってラディカルな政治主張としてしか見えなくなってしまうこともあったからである[15]。

　ハイエクは，創設から12年間この協会の会長を務め，その間に大会をヨーロッパで10回，アメリカで1回開催している。この協会が，現在に至るまで香港や東京も含む世界各地で大会を重ね，とりわけ20世紀後半の自由主義派の重要なシンクタンクでありオピニオンリーダーの役割を演じてきたことはたしかなことである[16]。

　こうしたな自由主義派のアカデミックな動きに対して，第二次世界大戦後復興期のヨーロッパにおいて，現実政治という観点で当時の状況を見渡すなら，もっと実際的でかつもっと明確な指導権の基盤を確立していったのは，むしろ戦前の挫折をしっかりと見据えて再建をしていった社会民主主義者たちのほうだったと言うことができるように思う。その中心となったのは，スウェーデンに亡命をしていたドイツのヴィリー・ブラントとオーストリアのブルーノ・クライスキー，そしてスウェーデンのオロフ・パルメであり，彼らはみな後にそ

---

[15] ミーゼス，マハルプら，シュッツの友人たちの多くも，この会に創設時から参加している。モンペルラン協会の参加者名簿には，シュッツの名前はないが，ハイエクからシュッツへの手紙の中には，「またモンペルラン協会の会議に参加する予定はありますか？」(Hayek [1950b]) という意味深長な問いかけを見ることもできる。この事実について，著者はシュッツご息女のエヴェリン・ラングさんから，このモンペルラン協会が時にきわめて強い政治的色彩を帯びて見えたことが，シュッツが距離をとった理由だと聞くことができた（2004年4月）。

[16] ただし，協会の運営などに問題がなかったわけではない。創設以来1960年までハイエク会長のもとで，ユノルトはヨーロッパでの事務局長として敏腕を発揮してきたが，財政的な支援をしてくれる企業の多くがアメリカにあり，ハイエクがシカゴに移ることになったことなど，中心がヨーロッパからアメリカに移るとともに，協会とフランス語圏スイス人であったユノルトとの関係が難しくなっていった〔Hartwell (1995), p.100 ff.〕。とりわけ，ユノルトがまとめた『いかにしてモンペルラン協会はその精神を失ったか』という会報は，協会全体に大きな物議を呼び起こすことになった〔Mont Pèlerin Society (1962)〕。

れぞれの母国において首相となる。

　彼らの世代の社会民主主義者たちは，同時代の自由主義者たちが戦前の自由主義とその帰結について自己反省を加えていたのと同様に，自分たちの戦前の社会主義運動・労働運動の失敗について強い自己反省をした上で，ヨーロッパの平和をめざす現実政治について発言をしていることを強く感じさせる。つまり，戦前の「ブルジョアか労働者か」という二者択一は，もはやこの社会民主主義者たちの出発の前提にはなかった。さらに彼らは，戦前には敵対していたブルジョア派の経済自由主義の姿勢にも，戦後になって新しい変化の兆しが出ていることについて，よく観察をしてその変化を感じ取ってもいた。

　「今日，問題となるのは，計画されるべきかどうかではなく，どのくらい，そしてどういう目的のためにそれがなされるのかということである。新自由主義の陣営においてさえ，賞賛されてきた自由経済がそれ自らによって，望みどおりに諸力を均衡させることはないということが認められている。したがってその陣営においても一定の操縦と制御が受け入れられているのである」[17]。

　こうした，後に西ベルリン市長，西ドイツ首相となるブラントの戦後間もない頃の言説は，ヨーロッパ社会の再建と冷戦下の東からの脅威という難しい事態のもとで，自由主義か社会民主主義かの二者択一の議論に翻弄されるよりも，ある一定の妥協にもとづいて，それぞれが復興と再建への道を歩むことになったために，自由主義派と社会民主主義派それぞれの政策がしばしば重なり合って区別しにくいものにもなっていっていた実情を理解させてくれる。とりわけヨーロッパにおいては社会民主主義の方向と，新しい自由主義のそれとの相違について，見方によってはその区別をつけにくいものとさえなっていったと言えるのである。

2．新自由主義者たち

　ハイエクは，第二次世界大戦中は，ナチス・ドイツに併合された犠牲国だったとはいえオーストリア人であったため，つまりイギリスにおいては外国人であったため，イギリス政府の公職に関わる機会が少なかった[18]。アメリカに亡

---

[17] Brandt (1949), S.32.
[18] 第2章第3節注48参照。

命したマハルプやシュッツが、アメリカ政府の仕事に関わることになったのに対して、ハイエクは一貫してアカデミックな位置に居続けることができた。

漫画版『隷従への道』が出版されていることでもわかるように、マス・メディアが生み出した、反共主義のイデオローグであるかのように作り上げられていったハイエク像と、その異様に歪められた彼の思想や理論が、現実政治にある範囲で影響を与えたであろうということは想像できなくはないが[19]、この時代に特定政府の政策に直接には関与することはなかったという点では、ハイエクはつねにアカデミックな学者であり続けたと言えるかもしれない。

英国での経験はきわめて大きなものがあったが、1945年アトリー労働党政権が誕生するのを象徴的な出来事として、その慣れ親しんだイギリスとの関係も難しくなっていく。そうした兆候をすでに『隷従への道』の中にもはっきりと読み取ることができるが、ハイエク自身の個人的な事情もあり、そしてその結果、彼をそもそもロンドンに招聘をしたロビンスとの関係が微妙になったこともあって、ハイエクは英国を離れることになる[20]。もちろん戦後の冷戦体制のもとで『隷従への道』の思想を大いに受け入れてくれたアメリカに行くことは、彼の運命であったようにも見ることもできる。

1950年7月ハイエクはシカゴ大学に招聘される。しかも経済学ではなく道徳科学[21]の講座を担当することになる。モンペルラン協会設立での彼の鮮明な立場を考えれば、自由主義の再生という課題を、経済学を超えたアカデミックな水準で解決するために必要な一貫した行動であったと見ることができる。モンペルラン協会に参加したメンバーたちの中に、フリードマンや、ウィーン時代以来の知己であり、『隷従への道』のアメリカでの出版に助力したナイトら、シカゴ大学の経済学者たちがいたことも、この招聘には関係している。

アメリカン・サイエンスとなっていく理論経済学の第一線から彼の位置は明

---

[19] ただし、『隷従への道』をめぐるアメリカでのラジオ討論などで、ニューディール政策、社会保険制度、最低賃金について、ハイエクが当時の一方の側からの世論形成に寄与したことも間違いない〔Hayek (1994), p.108 ff. [125頁以下]; Hennecke (2000), S.192 f.〕。

[20] イギリスでの労働党政権の誕生、戦後のイデオロギー状況でのロビンスとの意見の違い、そしてハイエクの離婚、再婚という個人的な問題もあったとされている〔Hennecke (2000), S.225-232; Caldwell (2004), p.133 f.〕。

[21] 道徳科学（moral science）は、ミルに由来する言葉であるが、これはドイツ語では、精神科学（Geisteswissenschaft）である。

らかに後退していっていた。『資本の純粋理論』に至るまでの彼の経済学の理論的境地は，20世紀後半の理論経済学の展開ということで考えると，その後ようやく1960年代になってヒックスのネオ・オーストリア主義宣言によって[22]，その理論的意義を更新してもらうまでには少し時間の経過を待たねばならなかった。ハイエクの関心は，すでに経済学そのものよりもそれを生み出した自由主義そのものの再生に向いていたので，精神科学的および社会哲学的研究を展開していくという点では，シカゴにおいて提供された環境はたいへん良いものであったことは想像できる[23]。

さて，新しい活動場所シカゴでの重要な業績は『自由の条件』[24]である。その中にある次のような文章は，ハイエクが英国を去ることになった理由をよく示している。

「イギリスの労働者たちは遠からず気づくであろう。自分たちが恩恵を得てきたのは，自分たちが自分たちよりも裕福な多くの人々を含む共同体の成員であったことによるものであったこと，そして自分たちが他の国々の労働者たちよりも進んでいたのは，自分のところの金持ちたちが同様に他国の金持ちより進んでいた結果であったということに気づくであろう」[25]。

自分たちの今の豊かさは自分たちのところの金持ちのおかげであるという論法は，平等主義という意味での民主主義の理念を掲げる社会民主主義者や労働党とは相容れないであろう。しかし，上の言い方は，ハイエクの正直な見解であろうし，一面的には事実そうであるとも言えるが，ハイエクの拠って立とうとするこの種の自由主義擁護は古典的な自由主義そのままであるようにも読める。つまり，いわゆる弱肉強食型，適者生存型のそれに通じるものとして見える。

実際，ハイエクのこうした立場を古自由主義（Paläoliberalismus）と呼んで批判を向ける論者も現れ出る[26]。しかも同じ自由主義を標榜する仲間の中からである。アレキサンダー・リュストウである。

---

[22] Hicks (1973). 第2章第3節でも触れた。
[23] ハイエクがシカゴ大学から再びヨーロッパに戻る頃に書かれた彼の履歴書を見ると，1962年当時の彼のそこでの年俸は17000ドル（およそ612万円）であった〔"Ein Brief an Franz Hoyer am 20. Jänner 1962", in: Hayek [1961/62].〕。
[24] Hayek (1960).
[25] Hayek (1960), p.48〔I-73頁〕。
[26] Rüstow (1961), S.63.

第一次世界大戦での英雄,戦間期には有能な行政官僚,そしてナチによる追放,長いトルコへの亡命など,リュストウの経歴は特異である[27]。古自由主義が弱肉強食の競争を生むものの,次の段階ではカルテル,トラスト,コンツェルンを生み出し,経済と政治を融合させ,経済そのものを腐敗させていくこと,そしてそれが最終的にナチズムのような専制独裁を許すことになっていくという点については,第二次世界大戦後の復興期に現れてくる新自由主義者に共通した考え方であり,こうした古い自由主義からの訣別をするという強いイデオロギー的信念で新自由主義者は共通の前提を持とうとしていたということができる。とりわけドイツでのそうした新自由主義の主唱者たちは,オーストリア人ミーゼス,そしてハイエクの中に,古自由主義性を見出し,これを強く非難しようとするのである。しかしながら,すでにこれまでに見てきたように,しばしば同じに並べられるがミーゼスとハイエクは,例えば合理性についての考え方はまったく正反対であったという彼らの間にある相違を思い起こせば[28],ミーゼスとハイエクを同じに論じることには無理がある。また,ハイエクとともにリュストウの友人でもあったスイス在住のレプケとリュストウとの書簡の往復を見ていくと,1947年のモンペルランにおける最初の会議において,すでにミーゼスが他のメンバーたちとは,自由主義の立場について異なり孤立していたことも書かれている[29]。

　新自由主義者の主張は,経済そのものだけでは解けない問題を,その外側の諸環境,すなわち政治,法律,文化の機能も含めて論じ直すということで共通している[30]。リュストウは,ヴィタール・ポリティーク（Vitalpolitik）という構想を提示して,人々の生活の質向上を政策に掲げた文化理論を経済政策に結び

---

[27] リュストウは,1885年ヴィスバーデン生まれ。職業軍人（のちにプロイセン軍将軍）の父親によりドイツ各地のギムナジウムを経て,ゲッティンゲン,ミュンヘン,ベルリンで数学,物理学,哲学,古典文献学,法律学,国民経済学などを学び,エアランゲン大学でラッセルのパラドクスに関する論文で学位を取得し,ミュンヘン大学で教授資格を得た。第一次世界大戦に志願,鉄十字勲章を受章。戦後1933年まで,経済省の専門官僚として仕事をした。この間,レプケや,フライブルク学派と関係を持つようになったが,反ナチ運動のためドイツを追われイスタンブールに亡命した。晩年1949客員教授として,翌1950年にアルフレート・ヴェーバーの後任としてハイデルベルク大学の正教授職に迎えられた〔Maier-Rigaud / Maier-Rigaud (2001), S.307-12.〕。

[28] 第3章参照。

[29] Röpke (1976), S.96.

つけることを考えたのであるが，この着想は，戦後西ドイツの復興における経済政策の実践者たちの理論的支柱となったオイケンとフライブルク大学の経済学者たちの活動とも強く結びついていた。

　戦後西ドイツの経済復興のプロセス，そしてその目標は，ハイエクが労働党政権下の英国を後にして新たに移り住んだアメリカの戦後とは根本的に異なっている。それは，社会福祉国家を基本理念として，国と社会の基本構造をこれにより構成していこうとした点で大きく異なっていた。すなわち，この点については，先に触れた戦後ヨーロッパの社会民主主義者の理念が，アデナウアーのキリスト教民主・社会同盟の保守政権のもとでも，イギリスの労働党政権の誕生の場合同様に戦後西ドイツ社会全般にわたってひとつの合意となっていたということである。ただし，そうした社会国家建設という理念的枠組み安定のためには，経済復興は不可欠であり，そのための経済発展のメカニズムを築いたのは，社会民主主義者たちではなく，オイケンを中心としたフライブルク大学の経済学者たちであった。

　オイケンも，モンペルラン協会の設立時からのメンバーであったし，もともと戦前からウィーン，キールの経済学者たちとも研究交流があった。オイケンを中心に「ORDO」というラテン語を掲げ自分たちの立場を代表する一群の経済学者たちが考えたことは，経済の秩序（Ordnung）確立ということであるが，これは経済破綻に至った戦前を自己反省しつつ，自由主義再生を実践するということであった。アデナウアー政権のもとで，ルートヴィヒ・エアハルト経済相，ミューラー＝アルマク次官による戦後西ドイツ経済復興の実際的な礎が整備されるが，その際オイケンたちは，西ドイツ経済のシンクタンクの機能を担うことになっていった。

　秩序ある自由主義という点で，かつての古自由主義の刷新であり，そういう意味で新自由主義だということではある。しかしながら，こうした特徴を見ると，新自由主義の方向は，社会民主主義者の掲げた「（自由よりも）より多く

---

30) この点は，カール・ポランニーによる古典的自由主義批判見解とも通じる〔Polanyi (1944/57)〕。ポランニー自身，ウィーンにおいては経済雑誌 Der Österreichische Volkswirt の編集にも関わり自由主義派ではあったが，ハイエクとは異なり，戦間期のウィーンにおける社会民主主義の政策的貢献に明確な理解を示していた。なお，マイケル・ポランニーは弟であり，モンペルラン協会の設立当初からのメンバーのひとりであった〔Hartwell (1995), p.46.〕。

の民主主義」という方向と区別をしていくのが難しくなるところがある。というのも，どちらの課題ともに，競争の制御ということにあるからである。

ただし，表面的には一種の「秩序ある経済」という紋切り型にまとめることで終わる経済復興のイデオロギーとなってしまうものであるが，経済を一定の意味を与えつつ制御していくことへの理論的考察，そしてそうするために必要となる理論的装置は，ハイエクのその後の研究にも重要な糸口を与えることとなった。

　というのも，オイケンは，素朴に「秩序ある経済」や，経済秩序とその他の秩序ということを言ったのではなく，理論性を持った説明に依っていた。「ORDO」が言わんとするのは，秩序はつねに複数の諸秩序 (Ordnungen) からなっているということであり，その理論的意味内容は数多な諸システムからなるシステムという論理である。こうした論理は，戦後の社会設計が社会福祉国家の実現を理想としたことと，どのように関係するのか。経済活動における個人の自由が保障されなければならないということと，そうした諸秩序との関係とは何により保障されるのかということである。例えばそれは，社会福祉国家を理念とした憲法秩序により保障されると考えてよいのであろうか。あるいは，リュストウが考えたように，法の次元とは別の文化概念で考えられる秩序が創出されることになるのであろうか。これら諸秩序の諸秩序との関係とはどういうことなのであろうか。

　オイケンは，すでに第二次世界大戦前に経済諸秩序と法諸秩序の関係について主題にしている。経済諸秩序が，私的所有，契約の自由，競争を基本制度として前提にしなければならないとしても，そしてこれらそれぞれがまたひとつの秩序ではあるが，これら諸秩序自体の間で問題が発生し，経済諸秩序の矛盾が顕れていたことを明確に指摘していた。すなわち，すでに契約の自由ということが，カルテル結成を可能とし，それが競争を制約させていった現実が存在していたし，石炭や鉄鋼などの重要産業では競争は，そもそもいつもすでに除去され統制下にあるものであった。また，貨幣発行も中央銀行が独占し，信用の創出はつねに制約されてきた[31]。問題は，これら経済秩序の基本制度である諸秩序の内部で発生する矛盾を，法制度がどのように解決しうるかということ

---

[31] Eucken (1940/69), S.53.

である。とりわけ，第二次世界大戦後，明確に社会国家を理念とした憲法秩序のもとに生まれる法秩序に，どのように経済秩序が関係しうるかということが問題となったのである。

英国をあとにアメリカに渡ったハイエクとは異なり，戦後ただちに西ドイツ復興の経済政策に関わらざるをえなかったオイケンは，実際の経済と，理論的なそれとの違いを十分に理解せねばならなかったし，その上で経済諸秩序を自由主義的であり続けるように，いかに法の諸秩序の枠を考えつつ経済を操縦するのかということに苦心をせねばならなかった。憲法秩序が呈示する共通善は，どのようにしてありうるか，これが問題となる。例えば，生活の質向上を掲げ，それに適合する経済政策を行うことは，何により正当化されるのか，リュストウは「ヴィタール」という概念提示をして，文化的水準の質の向上により経済への政策的介入を是としたが，そうした抽象性は，政策，法，そして文化が，そもそも何かということを実は問い答えねばならない構想呈示のレベルでしかなかった。

そもそも「ヴィタール」という理念が求める内容は，社会民主主義者たちが考えた労使協調，社会的パートナーシップという考えと重なり合うところもある。敵対ではなく，生活をつうじて社会的秩序の安定を見出そうという点では，繰り返し言うが両者は共通しているし，経済秩序の外側から，経済秩序を制御していくという発想でも共通しているのである。

3．自由主義の再定義

ヴィタール・ポリティークは文化政策である。これは現実政治の文脈では，社会民主主義者たちの方向と区別をすることも難しくなっていく。シカゴの自由主義者となったハイエクは，この点についてレプケ，そしてとりわけリュストウの理論とは異なった方向で，すなわち市場メカニズムそのものの原理論から理論的に展開していく道を選択することになる。

まず確認しておかなければならないのは，経済と市場との区別である。

「経済というのは，所与の一組の諸手段が，相対的な重要性に応じて競合する諸目的の中で，まとまったプランに従って配分される，複雑な諸活動からなるものである」[32]。

これに対して市場は，そのような統一された諸目的からなる諸秩序に貢献するかどうかということではない。市場は，言ってみれば経済という諸秩序の外側にあると考えるのがよいであろう。ハイエクの関心は，市場をつうじて個別経済が相互調整していく「カタラクシー」というメカニズムを主題化することにある[32]。経済と，道徳・法の区別・分離を前提にして，後者から前者をコントロールする制御論というのではなく，市場と経済の関係メカニズム「カタラクシー」そのものに，すでにルールの問題は存在しているということである。そして法の場合にもカタラクシーの場合同様に固有の基本ルールが働いているはずだと考えようというのである。この点が，リュストウ，レプケ，オイケンらの新自由主義の諸展開と，ハイエクのそれとの違いである。

1) 競争の問題

　オイケンも，競争が競争であるための枠組みがあることに着目していたが，ハイエクは競争そのものについて，もっと理論的な意味を問うことから始めている。その枠組みを，市場と経済の外側からどのように可能とするのかについて考えるのではなく，競争そのものの機能に着目して，そこから内在的な論理を獲得しようというのである。というのも，競争により得られる事柄が事前にはわからないにもかかわらず，その結果をその外側から設計することができると考えてしまうことが本来矛盾だからである。

　「競争は科学における実験のように，まず何よりも発見手続きである。発見されるべき諸事実がすでに知られている仮定から出発する理論はどれもこの手続きを正当に処理することができない。いずれはすべてが考慮に入れられるであろうという既知あるいは〈所与の〉諸事実という事前決定された範囲などはない」[34]。

---

[32] Hayek (1976), p.107 [151頁]．手段の目的に対する，こうした関係は，すでに1923年にまとめられた博士論文の主題であった「帰属」という概念に備わったものであることは，詳述したとおりであり [第1章第3節2) (42頁) 参照]，とりわけこの概念の提唱者ヴィーザーが晩年，社会学に傾倒していったことに対して，ハイエクが批判的な見解を出しつつ，「経済的にレリバントである」ということについて説明していたことを思い起こして欲しい (同49頁注100の引用を参照)．

[33] カタラクティクスはミーゼスが好んで用いた言葉であるが，ハイエクはカタラクシーと表現し直した (第3章第3節参照)．

[34] Hayek (1979a), p.68 [99頁]．

競争は，その当事者たちだけが，あるプロセスをつうじてその意味を見出すものなのである。そしてこれこそが唯一，人々が知識を習得していくプロセスなのである。伝授と伝達は模倣をつうじてなされるものである。競争によって，われわれは他の人々が所有しているかもしれない，そしてわれわれが利用できる知識や技能を学ぶことができる。そもそもわれわれが今ここに持っている知識や技能の多くも，そうした競争をつうじて習得してきたはずであり，それは基本的には模倣に支えられてもいる。

しかしながら興味深いことに，「競争の論拠が，これに参加する人々の合理的行動をしていくプロセスに依拠するものだと主張する人々には，このことが理解されない」[35]。合理的行動は，しばしば経済学，経済理論の前提のように言われてきたが，実はそうではない。この点は，すでにミーゼスとハイエクとの意見の相違点として詳しく見てきたとおりである[36]。問題は，むしろ競争をつうじて，われわれは自分たちを維持していくために，まさしく合理的に行為することになるということなのである。市場プロセスにいる人々，つまりそこへの参加者たちが合理的だから参加するということではない。その反対であって，つねに相対的にヨリ少数ではあり，そして相対的に「ヨリ合理的な諸個人」が現れ出てくることによって，他の残りの人たちがこれを模倣していかざるをえなくなり，その結果，その様式が普及していくということなのである。

競争であるから合理的である。あるいは経済的行動であるから合理的である，ということではなく，結果として合理的にならざるをえなくなるということなのである。弱肉強食という競争について語られるイメージによって，競争がそもそも備えていた機能の要点が見えなくなっていることについては注意しなければならない。

さらには，「完全競争」という類の仮定をする経済理論が少なからず存在するが，そうした仮定はまさに仮定であり，こうした仮定とも競争の本質は大いに食い違っていることにも注意しなければならない。ハイエクは完全競争について次のように言う。

「1．相当多数の比較的規模の小さな売り手と買い手が同質の商品を需要供給するとともに，この売り手買い手の誰もが，自分たちの行いが価格

---

[35] Hayek (1979a), p.75 [III-109頁].
[36] 第3章参照。

にそれとわかる影響を与えることはないと考えている。
2．市場参入が自由であり，諸価格および諸資材の移動にこれ以外の諸制約がない。
3．当該市場への参加者すべての側で関係する諸要素について完全な知識がある」[37]。

　こうした前提で売り買いが行われることが果たしてありうるであろうか。もしこうした状態があるとしたら，むしろおそらく競争が発生することはないし，競争の発見的機能という本質的な意味は実はないということにもなる。

　この種の「完全競争」を想定し，そうした経済の純粋理論的な水準と，現実経済のそれとを区別することはするものの，そもそもの「完全性」という前提それ自体の妥当性を問わないとすると，すでにわかるとおり，こうした水準の区別自体がそもそもは余計なことであり，しばしば現実について分析や言及を加える際には，政治経済の上に厄介な副次的結果を招くことになっていくであろう。

　「〈完全〉競争のもとでは，価格は長期的費用に等しいはずだという考え方があるが，資本に対して公正な収益を保障する〈秩序ある競争（orderly competition）〉の要求，あるいは過剰設備の破壊の要求といった，反社会的な実践の承認にしばしばつながるものである。理論における完全競争に対する情熱と，実践における独占の支持とが，実際上驚くほどしばしば同居しているのである」[38]。

　競争によって顕れる合理性というものがあるとしても，それはけっして設計されるようなものではない。すべての行為者が合理的であるという仮定が，もともと意味をなすものではないということである。そうではなく，合理的な行動を生み出させるのが競争であり，そうした競争を容認する伝統，慣習，雰囲気を保持していかねばならないということである。これは後述するが，伝統主義や権威主義とは区別する必要もある。むしろ伝統を護持しようという多数派を形成する伝統主義者がいるとしても，競争に備わっている新しい手法による実験を妨げるという点での伝統的な慣習や習慣を，他のあらゆる人たちに強制する力には反する伝統，習慣，雰囲気もありうるということを考えねばならな

---

[37] Hayek（1948), P.95［130頁］.
[38] Hayek（1946b), p.102［139頁］.

い。要点は，多数派の権力が人々個々の領域を侵害しないようにするための，一般ルールの履行こそが必要であり，法の制定とは，実はこの一般ルールのもとに限定されなければならないということである。言い換えれば，競争はつねに少数者が多数者に多数者の好まぬことをするよう余儀なくさせるプロセスだということではあるが，このプロセスが保持されなければならないという意味での伝統，慣習，雰囲気が存在している必要があるということに他ならないのである。

したがって，「競争が，ある種の政府の活動によって，これらの活動がない時よりも，より一層有効かつ有益に働くものにさせ得るということこそ，我々が考察しなければならない第一の一般命題なのである」[39]。

これは，「より多くの民主主義を」という社会民主主義のキャッチフレーズとは明らかに異なるものであるとハイエクは考えている。すなわち「平等主義的社会は前進できるだろうが，その進歩は本質的に寄生的でその費用を負担した者から借りたものである」[40] という論法である。

ただし，ここでさらに注意をしておかねばならないのは，この競争に備わった機能と，民主主義の原理的なメカニズムに存する討議の中に見ることができる「競争」の機能との関係についてである。先に引用した「競争は科学における実験のように，まず何よりも発見手続きである」ということを思い出してみるなら，反証の可能性をつねに担保しながら真理を追究していく科学的発見のプロセスを思い起こすことができるであろう。そして，たしかにこうした論理をハイエクはポパーから学び共有していることはよく理解できるのであるが[41]，この反証可能性により支えられた論証のプロセスを，またある水準でのひとつの合理性として捉えていってしまうと，ハイエクが期待しているのは，実は反対の局面に突き抜けてしまうことにもなるということである。

というのも，たしかに討議というプロセスを支える論証過程においても，より善き論拠を提示していくという「競争」という側面を考えてみることはできるにはできるであろう[42]。しかしながら，「より善き」論拠の提示という討議

---

[39] Hayek (1947a), p.110 [151頁].
[40] Hayek (1960), p.47 [I-73頁].
[41] Popper (1934). ポパーとの出会いは，第4章第1節で述べた。
[42] こうした理論は，パース，ポパーの影響を受けつつ，そこから別の次元を展開していったハーバマス，アペルに代表される討議倫理の理論である。

プロセスが，単純な相互作用状況から集合的状況，すなわちそこにおいての協同的発見という共同目的として設定されるものであるとまで考えてしまうなら，主題化せねばならない内容は本質的に変化していくことになろう。すなわち「討論は大切であるが，人びとが学び覚える主要なプロセスではない」[43]というハイエクの指摘である。「競争」と「発見」ということが存在しているにはいるが，それらを機能させる共同性という外枠を想定してしまうか，そうしないかという点には決定的な相違が存在しているのである。

「あらゆる人の努力は多数者の意見により指導されるべきであるとか，あるいは社会が多数者の水準に従うほうがよりよいものとなるという考え方は，実は文明を発達させてきた原理とは正反対のものである。(中略) 多数意見の形成過程は，過度に理知的に考える場合をのぞき，まったく，あるいはまずたいていの場合，討論の問題などではない」[44]。

こうしたハイエクの討議そのものへの消極的立場は，共通善，社会正義など民主主義者が基調とする制度の理念を第二義的なものとして退けるものである。このことは，市場の秩序が，一定の共通目的などにあるのではなく，ただ相互性にのみ依拠するという考えにあるということである。せいぜいのところ，さまざまな目的が成員たちの相互利益のために折り合うところに依拠しているということである。したがって，自由社会のための共同福祉や公共財という概念は，それゆえ周知の個別諸結果の集計などとして定義することなどは不可能であり，ひとまとまりの全体という形にまとめてしまって，個別の具体的な諸目的によって方向づけていくことは，どのようにしてもできないということである[45]。「社会のための何か」が仮にでもありうるとしたら，それは，ある成功

---

[43] Hayek (1960), p.111 [I-162頁].

[44] Hayek (1960), p.110 [I-160頁]. ハイエクによるこの種の議論は終始一貫している。「委員会とかその他の伝達を容易にする工夫は個人をして可能な限り知らしめるのに役立つ優れた手段ではあるが，しかしそれらは個人的意識能力を伸張させることはない。こうしたやり方で意識的に整序できる知識は，依然として個人的意識が実際に吸収し消化しうるものに限られる。委員会の仕事の経験がある人なら誰でも知っているように，その委員会の多産性の有無は，委員の中の一番優れた意識〔の持主〕がマスターできることに限られているのである。もし討議の結論が最終的に，ある個人的意識によって一貫した全体にまとめられないとしたら，その結論はある単一の意識の助けなしに生み出された結論に比較して劣ったものとなり易いのである」〔Hayek (1952c), p.154 f. [130-1頁]〕。

[45] Hayek (1967), p.163.

例に，暗示的に従っていく模倣，そしてそれに続く流行が，あたかも一種の共同性を醸し出しているように見えているにすぎないということなのである。

ところでこうした見方は，競争という市場において行われる相互作用にだけ言えることなのであろうか。ハイエクの基本的な見方は，次のようである。

「文明の基本用具である言語，道徳，法そして貨幣はどれも，設計の結果ではなく自生的成長の結果である。そして最後のふたつについては組織化された権力がそれらを支配することで徹底的に腐敗させられていった」[46]。

この基本認識から，社会哲学者ハイエクは，競争の機能を，さらに法，そしてその最晩年には，貨幣においても展開をしていくことになるのである[47]。

2）「法」の概念

競争についてのハイエクの考えは，いわゆる近代市民社会の生成メカニズム一般にまで遡及するものである。

「競争は本質的に意見形成のプロセスである。情報を普及させながら競争が創り出すのは，われわれがひとつの市場として考える際に前提とする経済システムの統一性と一貫性である。何が最良で何が最安かについて人々が抱く見解は競争が創り出すし，人々が実際に知っているように諸々の可能性や諸々の機会を知るのもやはり競争のおかげなのである」[48]。

競争という相互作用に依拠しようというハイエクの自由主義モデルは，近代市民社会の基礎を討議能力という理性の変形や派生に依拠する，言語論的に刷新された合理主義が想定する理性的な合理的主体の能力をあてにすることなどできないということを前提にしている。言い換えれば，新しい知識や，それがもたらす恩恵は，あるところから徐々に普及していくものであって，多くの人々の願望というものも，それ自体の中から自然に発生してくるのではなく，初めのうち少数者たちだけにしか手に入れることのできないものから始まる。そうした新しい可能性が，あたかも最初から等しく全体社会の共有物であって，その全体社会の任意の構成員が無差別に共有できるものと考える合理主義こそ，そもそもの誤りだということである。それらが仮に一定の時間を経て全体の共

---

[46] Hayek（1979a），p.163 ［III -226頁］.
[47] 第7章参照。
[48] Hayek（1946b），p.106 ［144頁］.

有物となったとしても，それは緩慢な普及過程をつうじて少数者の成果が多数者に利用されるようになっていくことで，そうなったのだというのである[49]。こうした道具的知識の累積的成長（cumulative growth）[50]こそが文明の進歩の原動力だとハイエクは考えたのである。

　すなわち，知識と才能とが有効に結合していくのは，共同の討議によってであるとか，あるいは協同の努力で問題解決を求める人々によって達成されるというのではなく，自分たちよりも成功した人々の成果を模倣していく諸個人が増えていく結果だというのである。またそうした諸個人がそうした結果物に対して与えた価格や，そうした行いによって表される道徳的評価や審美的評価の値のように，記号やシンボルを介して，それらは模倣され，普及し結果を生むのだということである。つまり，他人の経験の結果を順次用いていくことで生まれ出てくるということであり，これも自生的なものだと考え[51]，かつそうした水準にありうる一般的ルールの存在を想定するのである。

　「人間は普通，文で陳述できるよりずっと前から，この意味で抽象的ルールに従って行動している。人間は意識的抽象化の力を獲得した時でさえ，おそらくその意識した思いや行いは，まだ非常にたくさんの，定式化することができないまま従う，抽象的ルールによって指導されているのである」[52]。

　こうした定式化しえないルールに従っているという状態から，自由を定義していくことにもなる。すなわち，「自由とは，われわれの運命をわれわれが制御できない諸力に，ある程度まで委ねてしまうことを意味している」[53]。したがって「われわれが諸々の法律に従う場合も，われわれへのそれらの適用に関わりなく貯め置かれている一般的抽象的な諸ルールという意味では，われわれは他人の意志に従属しているのではなく，それゆえ自由なのである」[54]。そして，こうした自由を保障するために，法は改めてその機能を確認しておくこともできるのである。すなわち，「法というルールの狙いは，境界を設けることによって，異なる個人の行動が互いに干渉し合うのをできるだけ阻止すること

---

[49] Hayek (1960), p.42 [I-65頁].
[50] Hayek (1960), p.27 [I-45頁].
[51] Hayek (1960), p.28 f. [I-47頁].
[52] Hayek (1960), p.149 [II-26頁].
[53] Hayek (1976), p.30 [46頁].
[54] Hayek (1960), p.153 [II-31 f. 頁].

にあるにすぎない」[55] のである。

　法についてのこうした一般論をもとにして，ハイエクは20世紀の行政国家そして第二次世界大戦後の社会福祉国家のイデオロギーにも存する法実証主義を批判していくことになる。ハイエクによれば，私人相互の関係，そしてそうした人間と国家との間の関係を規定していく，ほんのごく一部分にしか「実質的な」法は実在していないという。すなわち，それは今日では法総体のきわめてわずかな部分でしかなくなってしまっていて，それ以外の大部分は，むしろ国家がその公務員に対して発する命令や指示でしかなく，またその内実は公務員たちが政府の機関と，彼らの処理に任される手段とを用いるための指示に関わるものにすぎなくなっているというのである。しかも，これらの機関および手段の利用指示に関わる部分と，市民が従わなくてはならない規則を制定する部分とに存していた区別も今や不明瞭になり，さらにそれらはすべていわゆる立法機関の任務として決められなければならないようになってしまったというのである[56]。

　そもそもは，抽象的な行動ルールが保障するのは，ある特定の事物やサービスを得ることができるという期待そのものでしかない。それ以上のこと，例えばそれらの市場での価値，すなわちそれらが他の事物とどういう割合で交換できるか，その条件についてそこからは何もわからない。そうした不確実さを処理して確実性を増大させていくことこそ，法の目的であるということもできるが，法にできるのは今やせいぜい一定の，ある範囲の不確実性の源泉を排除することができるにすぎない。それゆえ，法によってすべての不確実性を排除することができると考えてしまうと，かえって有害な結果を招くことになる。

　これらをもとにして言うと，法にできることは，人の財産を侵害することを禁止することで，この期待を保護することができるということであって，他者に特定の行為をとらせることで，ある種の期待を満たすことはできないということになる[57]。すなわち，期待の一致があるとすれば，それはあるいくつかの期待が絶えず覆されることがありうるということによって，逆説的にそれが生まれてくるということであり，この一種の復原力に依拠せねばならないという

---

[55] Hayek (1973), p.108 [141頁].
[56] Hayek (1960), p.207 [II-106頁].
[57] Hayek (1976), p.124 [172 f. 頁].

ことなのである[58]。

　さて，ハイエクはウィーン時代にすでにふたつの博士号を取得していた。そのふたつ目の博士号を取得することになった博士論文は，制度上シュパンとケルゼンの指導のもとに書かれたものとなっている[59]。この点で言えば，ハイエクはケルゼンの門下生のひとりとさえ言えるのであるが，ハイエクはその晩年，ケルゼンの基本的考え方であった法実証主義に対して，徹底的に批判的であった。

　ケルゼンが，オーストリア共和国憲法の起草に中心的な役割を演じ，オーストリア第一共和制の終身憲法裁判官であったことを思えば，ケルゼンが主張した純粋法学や法実証主義という立場も，その時代性を考える必要は絶対にあり，そういう歴史的文脈を考慮するなら，そこにはある前衛的位置があったとさえ言うこともできる[60]。民族，文化，伝統，道徳など，ある具体的な内容と不可分に表される可能性のある事象に対して，法の形式性あるいは純粋性を打ちたてようとしたことについては，第一次世界大戦前後の中部ヨーロッパにおける諸々の民族主義と諸国家との関係を思い起こせば理解できないことではないのかもしれない。

　しかしながら，そうした事情を考えてもなお，ケルゼンの法理論にはある特殊な問題設定があることも事実である。法の形式性や純粋性は，民族，文化，伝統，道徳など，いわゆる実質性を備えた事柄への批判的立場確保の理論的要請であり，純粋法学あるいは法実証主義に，ケルゼンがその時代における反イデオロギー的立場を確立しようとした着想そのものは，容易に理解することができる。

　ただし，そうしたある個別的な歴史性を考慮しないようにしても，そもそもそれではその法はどのようにして，それ自体はイデオロギーではないということを証明することができるのか，そして法実証主義そのものが，そもそもどのようにして，いかなる文化的内容も含まずに存立できるのかという問いに応えることができるのかという問題も発生してくることになろう。実質的な内容を

---

[58] Hayek (1976), p.124 f. [173頁]．
[59] 第1章第3節2) 参照。Hennecke (2000), S.64 f. には学位証明文書の写真が載っており，シュパンとケルゼンの署名がある。
[60] これについては，Mori (1995), 69頁以下，93頁以下，145頁以下などを参照して欲しい。

主張する。ある個別のナショナリズムをイデオロギーとして批判するとしても、そのイデオロギー批判それ自体も実はあるイデオロギーでしかないのではないかということを不問にすることは論理的にも難しいはずである。

しかしながら、ケルゼンはこの点については無垢という意味でも「純粋」であり続けた。結果として法と道徳との区別も彼の場合には、不明瞭になる。つまり、法がそもそも道徳であるべきであり、善的であるべきであるということになってしまうのである。「道徳的カテゴリーとして、法は正義と同義である。これがまったき正当な社会秩序、つまりすべての人を満足させることによって、その目標を十全に達成する秩序を示すものである」[61]。

こうした法秩序が社会秩序そのものであるという考え方は、秩序というものを設計される何かとして見てしまっていることになり、結局は、それが強制される何かとしてあることになっていくことにもなる。こうした想定は、すでにヴェーバーにもあるものであるが、その後の多くの法学者や社会学者たちもこの想定を共有してきたように思う。ハイエクがケルゼンについて指摘する決定的な問題点は、「彼は〈秩序〉という用語を事実的な事象にではなく、ある個別の調整を約定する〈規範〉に対して使用している」[62] ということである。結果として、秩序にはつねに「規範」がなくてはならないという論法が生まれていくことになるのである[63]。

ハイエクが強調している点は、根本的な秩序観の問題である。すなわち「権力によって強制された何らかの秩序か、個々人が普遍的な正義に適う行動ルールの結果として形成された秩序か」[64] という根本的な違いである。ケルゼンにおいては、正義に適うことは適法的あるいは合法的ということの言い換えにすぎないということになる。これに対してハイエクに従えば、正義に適うとは、

---

[61] Kelsen (1934), S.13. [28頁以下].
[62] Hayek (1976), p.49 [71-2頁]. これには注がついている。「無論これは長く法的な使い方であり、マクス・ヴェーバーにより社会科学者の間に広められたが、〈法秩序と経済秩序〉との関係への彼の影響力のある議論はわれわれの目的にとってはまったく使い道がないどころか、むしろ広範な混乱を特徴づけるものである」とある。
[63] ケルゼンが社会学という学問に対してはつねに懐疑的であったにもかかわらず〔Mori (1995), 328頁以降〕、秩序には規範が不可避であるという考え方を社会学者の多くが共有することになったのは、ヴェーバーからパーソンズに継承される社会学理論が第二次世界大戦後、広く受容されたゆえである。
[64] Hayek (1976), p.47 [70頁].

行動の抽象的ルールに適うということであり，それが可能にするのは一般的な機会を決定するということだけであり，制定された法が特定の結果を決定することにあるのではないと言うことである。この両者の違いは決定的な違いである[65]。

たしかに，道徳的と法的との区別が不明瞭になる点では，ケルゼンとハイエクには一見類似したように見えるところもある。しかしながらハイエクは，法は本来的に原初的な人の関係そのものを含意するものとして考えている。これに対して，ケルゼンは諸々の法にそれらの規範性を与える根本規範というものを想定していることは間違いないし，その内容は反事実的に仮想されるものとなっているが，それらがいつもすでに具体的な歴史的内容を帯びる可能性を捨て去ることができないままとなっているのも間違いない。すなわち，諸々の法に規範性を与える根本を，諸々の法にある規範性の原型として捉えるという論法のために，法がつねに何者かにより設計され制定されるということを最終的には可能にする前提になっているのである[66]。

「制定される法」は，ハイエクが言おうとしている行動の普遍的ルールとはまったく異なる。そうした制定される法とは，革命により生まれる新しい法秩序や，それにより構成される団体設立の正統性主張に始まり，ある憲法秩序の内部にあるとしても，一般利用という観点で政府により供給される道路のような公共設備などのさまざまな公共サービスであり，それに基づいて私人である各個人による生産や利用を，時に種々に規制し配置し，時に偏って優遇していくということに他ならない。明らかにそこで必要とされるルールは，私的領域の境界を設定する正義行動のルールというよりも，むしろ特定の結果をめざす組織化のルールなのである[67]。

ハイエクがウィーンにおいてケルゼンの講義を受けていた時代には[68]，ケル

---

[65] Hayek (1976), p.126 [175頁].
[66] Kelsen (1934), S.66 ff. [107頁以下]. この根本規範をどのように考えるかについては，ハイエクのみならず，やはりケルゼンにより博士号を与えられたシュッツ，そしてシュッツとハイエクの僚友であった法学者カウフマン，フェーゲリン，さらに当時ウィーンのケルゼンのもとで学んでいた尾高朝雄らが，それぞれ自説を展開している〔Mori (1995), 338頁以下〕.
[67] Hayek (1979a), p.47 f. [73頁].
[68] Hennecke (2000), S.49.

ゼンは自由主義陣営の側から社会民主主義，そしてボルシェヴィズムを厳しく批判する論陣を張っていた。ケルゼンは，社会主義革命により登場してくる政府といっても，実はそれは，それ以前にあった，すなわちそれが打ち倒す君主制においてあったのと同様に，具体的利益配分の調整に関わる，言うなれば封建制の再編のようにしか現れ出ないであろうということを，よく見抜いていた[69]。

　第一世界大戦終了直後に書かれたケルゼンの民主主義論でも，すでにそれについての指摘とそれの限界を見ることもできる。たしかに社会主義への反対の立場は強調されているが，次のような文章はすでにケルゼンが考えていた「自由主義」論にはすでに困難な問題が含まれていることも，今になってみれば容易に理解できる。

　「幾人かの論者たちからも一貫して引き出されてきた結果であるが，国民はその総体においてだけ，つまり国家においてだけ自由なのであり，個々の国民が自由だというのではなく，その国家の人格として自由だということが求められているのである。このことは，自由な国家の市民だけが自由であるということでもある。国民の主権，あるいは自由な国家，自由国家の主権が基本要求として，個人の自由に代わる」[70]。

　社会主義革命理論が，現実に存在する国家をブルジョア国家として，それを止揚し無政府化を求めてきたにもかかわらず，ロシア革命後に現れた一党独裁型の国家主義について，社会主義者たちはどのように説明するのかということについて，ケルゼンはレーニンを厳しく批判していた[71]。そうしたロシア革命批判に基づいて，選挙権など政治的権利の平等という意味での政治的民主主義にとどまらず，富の配分の平等をも強く求めていた当時のオーストリアの社会民主主義者に対しても，人々の自由がいかに確保されるかということ，そのことこそが何よりも必要なことであることをケルゼンは強く主張し続けたのであるが，上述の文章にあるように，国民国家という枠組みにおいて確保される市民の自由という20世紀のひとつの支配的な考え方の基本にケルゼンが立ってい

---

[69] Mori（1995），74頁．
[70] Kelsen（1920），S.58; Kelsen（1929），S.12 f.［42-3頁］．このケルゼンの同名の論文と小著には文章と内容に一部異同があるが，ここではさらに触れない〔Hayek（1976），p.53［78頁］; Mori（1995），75頁以下〕．
[71] Mori（1995），97頁以下．

たことも実は明白なのである。

　いわゆる「多数決－少数決」の原理として敢えて少数派の自由を尊重することも，ケルゼンは強調したのであるが[72]，ひとつの国民国家という共同性枠組みを前提にした上で，その内部にいる市民の自由ということがケルゼンの主張する要点であった。憲法秩序が，この枠組みを法により形式的に設定するのであり，その内部で市民の自由が保障されるという論法であった[73]。

　こうした考え方は，暴力革命や一党独裁を是認する勢力や，あるいは無階級社会の実現やレーテ民主制の実現を掲げる勢力に対しては，現存している政府や体制を維持せねばならないことを主張しつつ，一定の批判力を確保し続けることができたかもしれないし，すなわち第一次世界大戦直後の中部ヨーロッパにおいては，その歴史的な意味を持っていたことはたしかである。しかし，ケルゼン自身が当時の思想状況において，自由主義派ではありながら，最も社会民主主義者たちに近いところにいたことからも想像されることであるが，第二次世界大戦後に確立する豊かな社会，とくにヨーロッパにおける社会国家が普及し成熟していく段階に達する時代になって，ハイエクが厳しく指弾する問題が惹起したのもまた事実である。つまり，国民国家という制定された共同性の枠組み内で，人々の生活を社会技術的に整備していくという考え方がその根本を構成していくようになったということである。しかし実はそれは最終的には自由への干渉ということでもあったのである。それゆえにハイエクは，「ケルゼンのような社会主義者」[74]というきわめて厳しい呼び方もするのである。こうした結果に至るのは，社会秩序を形式的に設定された法秩序，すなわち実質的には制定された法秩序とイコールに考えてしまうところにあるのである。

　これに対して，ハイエクが『法と立法と自由』において示そうとしたことは，「〈社会的〉あるいは〈分配の〉正義と呼ばれるものは，自生的秩序の内部では実際のところ意味をなさず，ある特定組織の内部でしか意味を持たない」[75]ということである。ハイエクが強調したいことは，法的秩序とも道徳的秩序とも異なる，事実的な秩序として存在している自生的秩序を見落としてはならない

---

[72] Kelsen（1929），S.53 ff.［82頁以下］．
[73] Mori（1995），69頁以下．
[74] Hayek（1976），p.58［81頁］．
[75] Hayek（1976），p.33［51頁］．

ということなのである。

　法を産出することができるということ，そしてそれのみが秩序を構成するということであれば，「この点で法実証主義はたんに社会主義のイデオロギーにすぎないし，その多様な形態すべてを代表するために，その最も影響力があり最も尊重される形態である構成主義（constructivism）という名を使おうとも，立法権力全知全能のイデオロギーでしかない」[76)] ということになる。

　人間生活は，ある規則に従って各々が行動することにより可能となる。これらの規則は，知性の成長とともに無意識的な習慣から発展していき，明確に成文化された条文となるとともに，その一方で成文化されうることなく，より抽象的で一般的にとどまる傾向もある。この二律背反的な関係は，おそらくはひとつの構造的カップリングのそれであるが，われわれは制定法の制度に馴らされすぎているために，抽象的規則による個々人の領域の確定が，どれくらい複雑であるかということを捉えきることができなくなってもいるのである。

　そうした状態は，すべてが意識的に設計されたものではないし，すべてをそうすることは不可能である。ハイエクに従えば，社会生活の基礎となっている言語や貨幣は，習慣やしきたりの多くと同様に，そのほとんどすべては，ある特定の人間たちによって作り出されたものではないことになっている[77)]。

　したがって，仮に平等性を言うにしても，それは「法のもとにおける平等の要求の本質が，人びとには差異があるという事実にもかかわらず，等しく扱われるべきであるということにある」[78)] ということであって，「法の前の平等と物質的平等とは異なっているばかりでなく，互いに対立もしている。そしてどちらか一方を達成することはできるが，同時に両方を達成することはできない」[79)] ということに帰結する。ゆえに，そもそも「われわれが期待するようになった急速な経済的前進は，主としてこの不平等の結果であり，不平等なしには不可能であると思われる」[80)] ということにもなるのである。

[76)] Hayek (1976), p.53 [77頁].
[77)] Hayek (1960), p.148 [II-24 f. 頁].
[78)] Hayek (1960), p.86 [I-126頁].
[79)] Hayek (1960), p.87 [I-128頁].
[80)] Hayek (1960), p.42 [I-62頁].

4．保守主義との訣別

　20世紀の民主主義の展開を所与の方向と理解するなら，すなわち原理的には討議によって社会秩序の基礎があると想定し，そこに参加する主体のコミュニケーション理性に信頼を置くことを基本形とし所与の前提とするなら，ハイエクの位置は，それ以前にあった，ある種の啓蒙以前の状態にあるようであり，この意味での保守主義のそれとして見ることができるかもしれない。言い換えれば，理性よりも伝統，そして変化と展開，それらはそもそも「模倣」にあるという考え方が，伝統主義であり保守主義であると言うのが適当だと言えるかもしれない。

　すでに前章で見たように，人間の精神をハイエクは，環境に適応していくひとつの複雑系として考えていた。すなわち「人間の心それ自身，環境適応の努力の結果として，たえず変化するひとつの体系である」[81]ということであった。

　しかしながら先に見たように，「われわれが諸々の法律に従う場合も，われわれへのそれらの適用にかかわりなく貯め置かれている一般的抽象的な諸ルールという意味では，われわれは他人の意志に従属しているのではなく，それゆえ自由なのである」[82]という時の「自由」が，「保守することの自由」という意味で考えてみることもできる。しかし，やはり先の引用にあるように，「自由とは，われわれの運命をわれわれが制御できない諸力にある程度まで委ねてしまうことを意味する」[83]ということに着目しておく必要もあろう。すなわち，見知り聞き知った経験の集積である伝統ただそのものに固執するということではないということである。見知り聞き知ることも，そもそも全知全能のそれではなく，制御できない諸力に左右されるものでしかない。この点で，ハイエクの位置は，保守することへの自由主義からは脱却しているはずである。

　「将来を見るにあたって，保守主義者には自生的な調整力に対する信頼が欠けている。自由主義者には，この信頼があって適応がどのように成し遂げられるのかを知らなくとも，不安なしに変化を受け入れるのである」[84]。

---

[81] Hayek（1960），p.23［I -40頁］．
[82] Hayek（1960），p.153［II-31 f. 頁］．
[83] Hayek（1976），p.30［46頁］．

別の言い方をさがすと,「保守主義は抽象的な理論も一般的原則もともに信用しないため,自由の政策の根拠となる自生的な力を理解しないし,政策の原則を定式化する基盤を持っていない」[85] ということになろう。したがって,「理論を信ぜず,経験によって証明されたもの以外のものについては想像力を欠いているために,保守主義は思想の闘争に必要な武器を放棄している」[86] ということになるのである。

---

[84] Hayek (1960), p.400 [III-195頁].
[85] Hayek (1960), p.400 f. [III-196頁].
[86] Hayek (1960), p.404 [III-200頁].

第6章

望郷と憂鬱

ザルツブルク大学にあるハイエク蔵書

1938年ヒトラーによる独墺合邦によりナチス・ドイツの一部となったが，オーストリアは第二次世界大戦の戦勝国である。しかしながら正式に独立することができたのは1955年の国家条約締結によってである。1945年戦争終結後からその時までは，アメリカ，イギリス，フランス，ソビエトの四カ国により分割占領をされていた。またドイツにおける首都ベルリンの場合と同じように，首都ウィーンは，映画『第三の男』などでもよく知られているように，これら四カ国により分割占領されていた。こういう事情もあって，オーストリアの「戦後」は，この1955年の国家条約締結以降始まることになる。

　オーストリア人ハイエクは，1931年にロンドン・スクール・オブ・エコノミクスからの招聘を受けて渡英していたが，すでに見てきたとおり，オーストリアがドイツに併合されるまで繰り返しウィーンでの学会活動にも参加していた。そしてまた，第二次世界大戦中もイギリスにおいて南チロル問題で独自の活動を遂行していたこともすでに前章で述べたとおりである。ハイエクは，故郷オーストリアとウィーンへの変わらぬ思いがつねにあったのである。

1. 米国のオーストリア知識人

　オーストリアの「戦後」が始まった時，ハイエクはアメリカで仕事をしていた。1950年ロンドン・スクール・オブ・エコノミクスを離れ[1]，4月から6月まで

---

[1] 第5章注20において，ハイエクの渡米について，当時の思想状況におけるある種の必然性とともに，今ひとつハイエクの個人的な問題についても触れた。すなわち離婚と再婚という問題である。これがスキャンダルでもありロンドンを去る理由のひとつとなったという〔Hennecke (2000), S.230.〕。このことについては，ロンドン・スクール・オブ・エコノミクスを去ってアーカンソー州立大学に移った1950年4月11日付の「アメリカにいる私のオーストリアの友人たちへ」という手紙で，ハイエク自身も友人たちに，すなわちミーゼス，ハーベラー，フュルト，モルゲンシュテルン，マハルプ，シュッツ宛に書いている〔Hayek [1950a].〕。

はアーカンソー州立大学で経済学の客員教授に就き，7月シカゴ大学に赴任，道徳科学の講座を担当するようになっていた。『隷従への道』がアメリカで好評を持って受け入れられ，大著『自由の条件』を仕上げていく学究生活の最中にあった。ただし，彼は英国人にはなりえたが，完全なアメリカ人になることができなかったのかもしれない。1960年に刊行される『自由の条件』の前書きには，こんなことが書かれている。

「おそらく読者のみなさんも知っていることだが，私は合衆国で著作活動をしており，この国の住人となってほぼ10年になるが，アメリカ人として書いているとは言えまい。私の心は生まれ故郷オーストリアで過ごした青年時代と，一市民となりそして今もそうである20年にわたる英国での壮年時代とによって形成されたものである。私についてのこうした事実を知っていただくことは，読者にとっていくらかの助けになるように思う。というのも，本書は大部分，こうした背景から生まれたものだからである」[2]。

経済学の専門領域においては，すでにハイエクの業績はアメリカにおいても1930年代には知られていたし，その後『隷従への道』をつうじて一般にもよく知られるようになっていた。そしてアメリカに渡りシカゴ大学で教鞭を執るようになったことで，故郷にはもう戻ることのなかった，きわめて多くのオーストリアの学者のひとりとなる可能性もハイエクにはあった。ミーゼスの場合にも，また友人であるマハルプ，ハーベラー，モルゲンシュテルン，そしてシュッツも，彼らが青年時代活躍したウィーンに戻ることはなかった。彼らはそのままアメリカに住み，そこで生涯にわたって研究活動をすることになったのである。

このことは，オーストリアの戦後復興が，そうした夥しい数の頭脳流出を呼び戻すことと密接に関係せねばならなかったことを示すものである。「戦後」の復興が始まって間もなく，1958年にオーストリア国際交流協会[3]の事務局長であったストゥルツと，ハイエクとの連名により，オーストリア教育省，オーストリア外務省，オーストリア学術会議，ウィーン大学などオーストリアにある各大学，在米オーストリア大使館，ロックフェラー財団など各所に送られた文書が今も残っている。これには，「合衆国在住のオーストリアからの学者・

---

[2] Hayek (1960), p.vi [III-6頁].
[3] Österreichische Gesellschaft für Außenpolitik und Internationale Beziehungen.

科学者」という330人を超えるリストが添えられており，この数字の事実を周知することが目的であったようにも読める。人文学（哲学，言語，文学，美術，音楽，東洋学），社会・行動科学，数学・物理・生物学，医学，工学・建築の各ジャンルに分けられており，世界的に著名な学者・科学者も数多く含まれている。ただし，ここでの「オーストリア」は第一次世界大戦以前の広い範囲のそれという意味で用いられている[4]。

手紙には1957年の夏から秋に，このリストの元になる暫定版が回覧されていたことも書かれており，この作業がその時にはすでに始まっていたことがわかる。スタンフォード大学にあるフーバー研究所所蔵の『ハイエク・ペーパーズ』には，さらにこれより古いものと思われるが，日付のないリストと「オーストリア問題」という文書も存在している。リストの方は，1900年から1950年までの，とりわけウィーン大学の科学者および学者たちを分類整理するものである。すなわち，この期間の第1世代，第2世代，そして当時アメリカで活躍していた第3世代がそれぞれ整理されているのである（表1）。

これには，こんな文書が添えられている。「次のリストは，非常に多様な領域においてウィーン大学が卓越していたことをもっぱら示さんとするものである。挙げた諸分野で国際的に著名な科学者および学者の名前を3列配置してあるが，その第1列は今世紀初めに活躍した，たいへん高い頻度で後に続く伝統を切り開いた人々である。第2列にはおもにふたつの大戦間に活動をした人々の名前を挙げてある。これらに対して第3列に挙げた名前の人たちは現役で相対的に若い世代である。この最後の列にある人々のほとんどが，現在のところオーストリアの外で仕事をしていることを付け加えておく（なお，アステリクスはノーベル賞受賞者である）」[5]。

「オーストリア問題」という方の文書にも興味深いことが書かれている。当時の問題背景とその解決策がまとめられているのであるが，問題背景として，1）1934年以降のオーストリア・ファシズム，および1938年以降のナチによるパージがあったこと，2）当時の連立与党[6]には強い反主知主義的な偏向が

---

[4] Hayek [1958], p.1-25. リストがA4用紙で25枚，これに同じく上で触れたA4用紙2枚の手紙がついている。

[5] "Viennese Scientists and Scholars 1900-1950", in Hayek [1958].

[6] 1934年から38年までのオーストリア・ファシズム期のキリスト教社会党と防郷団による連立（第1章第2節3）（32頁）。

第6章 望郷と憂鬱

表1　ウィーン出身の科学者および学者　1900－1950

	第1世代	第2世代	第3世代
数学		W. Wirtinger F. Mertens H. Hahn	K. Gödel (Princeton) E. Hlawka K. Menger (Chicago)
物理学	J. Stefan L. Boltzmann E. Mach F. Exner	E. Schrödinger * V. Hess * Lise Meitner	W. Pauli * (Zürich) P. Frank (Harvard) V. F. Weisskopf (M.I.T.) O. R. Frisch (London)
化学	K. Auer-Wellspach A. Lieben R. Wegscheider	F. Pregl * R. Zsigmondy *	R. Kuhn (Heidelberg) H. F. Mark (New York) F. A. Paneth (Mainz)
植物学・動物学	G. Haberlandt R. v. Wettstein J. v. Wiesner	E. Tschermak F. v. Wettstein	P. A. Weiss (New York) L. v. Bertalanffy (Los Ang.)
地学・鉱物学・古生物学	F. Hochstaedter E. Suess E. Brueckner	F. Becke O. Abel	
哲学・論理学	A. Meinong T. Gomperz	M. Schlick L. Wittgenstein	R. Carnap (Berkeley) K. R. Popper (London)
心理学・精神医学	S. Freud T. Meynert C. v. Ehrenfels	A. Wagner-Jauregg * A. Adler W. Steckl K. Bühler	H. Werner (Clark Univ.) R. Allers (Washington) P. F. Lazarsfeld (New York)
動物行動学			K. Frisch (Munich) K. Lorenz (Germany)
経済学	C. Menger E. v. Böhm-Bawerk F. v. Wieser	L. v. Mises J. Schumpeter	G. v. Haberler (Harvard) O. Morgenstern (Princeton) F. Machlup (Johns Hopkins)
人類学		W. Schmidt E. Thurnwaldt O. Menghin	W. Koppers R. Heine Geldern F. Fürer-Heimendorf
政治学		J. Redlich	E. Voegelin (Louisiana)
法学	H. Lammasch	H. Kelsen	A. Verdross
言語学	W. Scherer	P. Kretschmer F. Mauthner	L. Spitzer (Johns Hopkins) J. Pokorny (Zürich)
スラブ学		N. Trubetzkoi C. Patsch	V. Jagic
古典学		A. Wilhelm H. v. Arnim W. Kubitschek K. v. Ettmayer	
歴史学	K. Ficker T. Sickert K. T. Inama-	O. Redlich H. Srbik A. Dopsch	O. Brunner (Hamburg) F. Engel-Janosi (Washington)
美術史	E. Wickhoff A. Riegel	M. Dworak M. Strygowski	J. Wilde (London) H. Sedlmayer (Munich) E. Gombrich (London)
東洋学		R. Geyer M. Bittner B. Geiger	G. v. Grunebaum (Chicago)

あって音楽や演劇などのパフォーミング・アーツ以外を軽視したこと，3）第一次世界大戦以降，経済的に豊かなドイツに頭脳流出し続けてきたこと，という3点がまとめられている。こうした状況のもと行動科学，文化科学への才能や関心をどのように育成しえるか。創造的な人材を臨時に輸入してくることが不可欠であり，A）新しい様式の教育・研究センターの創造，B）外部からの人材を招聘するための財政措置を現存制度に施すこと，などが挙げられている。さらに具体的には「高等研究センター（advanced study center）」の設立と，新しいカリキュラムの設計が提言されている[7]。

この構想は，ウィーン高等学術研究所[8]として実現し，現在のオーストリアの代表的な学者・科学者を育成してきた。ちなみに，このセンターの経済学部門の設計者は，当時プリンストン大学にいたモルゲンシュテルン，また社会学部門の設計者は，当時コロンビア大学にいたラザースフェルトがあたることになった。彼らは，ともにウィーンからアメリカに渡った代表的な社会科学者たちであり[9]，モルゲンシュテルンは，ハイエクがイギリスに渡った後の景気循環研究所長であったし，ミーゼスのプライベート・ゼミナールの仲間のひとりであったことはすでに述べてきたとおりである。

2．幻のウィーン大学招聘

ハイエクがストウルツと作成したリストの中には，もちろんハイエク自身の名前も入っている。また高等学術研究所では1965年夏学期のゼミナールのひとつをハイエクが担当している。しかしながら，実はこういう事実よりも前にハイエク自身が，ウィーン大学からもっと積極的な招聘を受けていた事実があったのである。

1962年1月4日にオーストリア教育省からシカゴ大学のハイエクに宛てた手紙には次のようにある。

「ウィーン大学法律・国家学部教授会が貴殿を社会哲学講座正教授職に推薦し

---

[7] "The Austrian Problem", in Hayek [1958]. Institut für Höhere Studien (IHS), Wien (Institute for Advanced Studies, Vienna) として実現し現在に至っている。

[8] Institut für Höhere Studien und wissenschaftliche Forschung Wien

[9] モルゲンシュテルンについては，Mori (1995), 15-6頁，129頁以下，ラザースフェルトについても同書37-8頁，173頁、201頁などを参照。

たことをお伝え致します。ちなみに，言うところの講座は本来，専門分野〈国民経済学〉のために設置されたものでありました。しかしながら，法律・国家学部教授会は，1961年11月23日の会議において，この講座を専門分野〈社会哲学〉に名称変更することを決定しました。その際，当該学部に政治学の講座が必要であることと，誉れ高い教授であられる貴殿が1945年以来経済哲学の論稿を多数発表されていることを考慮しました。つきましては，大学正教授の資格のもと，どのような条件で提示致しました講座をお引き受けいただけるかについてお知らせをお待ちしております」[10]。

この招聘に対して，ハイエクは1962年1月20日にオーストリア教育省の担当者に返事を送っている。

「ウィーン大学教授会からの光栄なる提案の知らせ，ならびに私がウィーン大学で社会哲学正教授の職を引き受ける用意があるかどうかについて問い合せをいただき誠に有難く思っております。こうした形で私の生まれ故郷に戻ることができますことは，私にとって何よりも魅力のあることであり，私はそれが実現されることを心より期待しております。親切にも，どのような条件で私が講座を引き受けることができるかどうか問い合せをいただきました。私は条件という形でまとめるよりも，どちらかというと私への入札が競りに掛かっているという問題として順々にクリアしていきたいと思っています。永くオーストリアを離れていたために大学制度の規則や習慣について，昔とは異なり不案内となっているために，私から以下のいくつかの質問をさせていただくことについてご寛恕ください」[11]。

文面からハイエクがこの招聘に積極的に応じるつもりであったことはよくわかる。授業内容についても「私の関心の領域は数年来，国民経済学という狭い領域を広く超え出てしまっていますので，社会哲学という名称で最も巧くカバーされる」とも答えており，何よりも給与面についてもハイエク自身もこう述べている。「貴職が給与として私に支給できる最高のものが支給されるのだろうと期待しております。それがたしかに現在の私の給料の3分の1より少し

---

[10] Ein Brief vom Bundesministerium für Unterricht an Friedrich v. Hayek, 4. Jänner 1962, in: Hayek [1961/62].
[11] Ein Brief von Friedrich v. Hayek ans Bundesministerium für Unterricht, 20. Jänner 1962, in: Hayek [1961/62]. 以下，次の注までの引用文章は同じ手紙からのもの。

多い程度なのですが，とりわけ以下に掲げる2点（項目3，4）について述べることが解決されるのであれば，私にとり満足いく職場だろうと考えています」と付け加えつつ，ハイエク自身も招聘受諾に前向きであった。ただし，2点ということで挙げられている問題は，博覧強記の社会科学者ハイエクには必須の問題でもあった。住居と転居費用というふたつの問題のことであるが，これは同じ問題のふたつの面でもあった。すなわち，膨大な蔵書をどうするかという問題である。「できればお願いしたいのは，大きなアパートメント，あるいはできれば家を郊外で探せないかということです。ウィーンの一戸建て価格が他の大都市の水準よりそれほど高いのでなければ家を買うことができればと思います」。おそらくは第13区あたりの高級住宅街が想定されていたのであろうと思う。教育省からの返事でも，住居に関する費用補助について述べられており，おそらくクリアすることができる問題であったと考えられる。

しかしながら問題は，彼の蔵書であった。「転居費用。これは家財のためというよりも，私の途轍もなく巨大な蔵書のためであり，私のウィーンでの学究生活に少なからず寄与してくれるものなのです。蔵書は国民経済学の領域を超え出て，系統的に蒐書した結果のものであり，とりわけ18世紀についても，またすべての中部ヨーロッパの図書館においては学問的文献の大きな欠落が避けられなかった両大戦の間のものについても完全なものです。国民経済学とその近接領域について，私の蔵書は今日，個人所有の蔵書で同じくらい完全さを備えたものはそうはないでしょう。このコレクションなしには，私の研究能力は大きく損なわれることになります。運送費用はいずれにせよ相当なものとなるでしょう。およそ3年前にバイエルン州の教育省が，私の友人であるエリク・フェーゲリンの私のよりは幾分小さめの蔵書と家財をルイジアナからミュンヘンに運送する際に5500ドルほど掛かったと聞いています」[12]。

4月13日のハイエク宛の手紙で，オーストリア教育省担当者はこの問題を何とかしようとしていることが読み取れる。「貴殿の給与水準について教育省は無論のこと正教授最高俸に年功手当を付けて支給できるように財務省の了承を取り付けたいと考えております。（中略）貴殿の相当な転居費用に関してですが，同様に財務省との協議が必要ですが，教育省としては転居費用を許容最高額で実現するよう努力致します。ただし私がこの関連で付言すれば，財務省がこれまでの例から実際の転居費用の50パーセントを超えて許容することはな

いと考えます」[13] と返事をしている。

　ところで，ハイエクが最初の返書の中で「競りにかかっている」と言ったように，実はもう一方でハイエクその人を求めているところがあったのである。西ドイツ，フライブルク大学である。この手紙と入れ違いになってしまうが，4月12日にハイエクがオーストリア教育省担当者宛てに送っている手紙には，「この間，フライブルクの教授会（およびバーデン・ビュッテンベルク州文化省）は，1月20日付の私の手紙の追伸で述べた言い値に対して付け根を非常に更新し，最終回答を求めてきています。（中略）したがって私は数日のうちにフライブルクに行く選択を決定する以外なくなり，ウィーンからの招聘受け入れが残念ながら不可能になるだろうと思っています」[14]。

　当事者でないわれわれには，やや唐突にしか読むことができないのだが，最終的にハイエクはフライブルク大学に行くことになってしまうのである。4月13日付のオーストリア教育省からハイエク宛の手紙を読んでいくと，実はオーストリア教育省はウィーン大学を介してであるが，先方の所管であるバーデン・ビュッテンベルク州文化省から，ハイエクがフライブルク大学の講座就任を受諾するという知らせを受けたことが書かれている。行き違いというよりも，急ぎ1月20日の諸問題について回答をしてきたと読むことができる。ちょうど冬学期が終わり，夏学期が始まるまでの休暇期間であったことも，ウィーンからの回答に時間がかかった理由としてオーストリア教育省側からの手紙に書かれているが，フライブルク大学の方が熱心であったとも言えるのかもしれない。ただし，この行き違いはオーストリア側には残念以上のものであった。4月23日，ハイエクはオーストリア教育省の担当者とともに，教育大臣自身宛にも手紙を送っている。

---

[12] 手紙では他に，彼が突然死んだ場合の配偶者年金について，仕事場や助手についても書かれている。2月19日以降オーストリア教育省からハイエク宛に数通の手紙を見ることができるが，上述の住居費用についての補助，配偶者年金についても，また「学部は非常に狭隘な状況ではありますが，ハイエク教授のためにウィーン市役所広場側に窓があり，しかも経済学図書館に近い部屋を用意しております」〔Ein Brief vom Bundesministerium für Unterricht an Friedrich v. Hayek, 13. April 1962, in: Hayek [1961/62].〕と好意的であった。
[13] Ein Brief vom Bundesministerium für Unterricht an Friedrich v. Hayek, 13. April 1962, in: Hayek [1961/62].
[14] Ein Brief von Friedrich v. Hayek ans Bundesministerium für Unterricht, 12. April 1962, in: Hayek [1961/62].

「今年 1 月 4 日付の教育省からの書簡は，どのような条件で私がウィーン大学の講座を受け入れることができるかという照会だけでありました。1月20日付返書の追伸で私は同日にフライブルク大学の講座申し出のあったことを触れています。ただしその申し出は，とりあえずは不十分なのでお断りしました。

ウィーンからの返事はそれまでのところなく，担当責任者のＨ博士の私宛 3月13日付書簡で，学部の態度決定まで待たなければならないので，しばらくお待ちくださいという手紙までありませんでした。その間にフライブルクは提案をたいへん良い条件にしてきたので，ウィーンからの申し出の内容が確実とならないうちに，断ることができなくなってしまいました。たしかにフライブルクとの交渉をもう少し引き延ばすこともできたかもしれませんが，文化省が明確に最終回答を出すように迫ってきました。今回の担当責任者のＨ博士が 4月13日に伝えてきたように，肝心の費用負担条件に関して今もなお財務省の承諾如何にあるということなので，フライブルクの申し出に応じる以外に，私としては選択の余地がなくなってしまいました」[15]。

ということで，ウィーン大学教授ハイエクは実現しなくなってしまったのである。ウィーンとの交渉の過程では，ウィーン大学経済学研究室が窓口になって，住居費用については，オーストリア産業連盟（Industriellenverband）の基金をあてにすることができることも書かれていたが[16]，ヴァルター・オイケン急逝後，西ドイツ政府とドイツ産業界が肝いりで設立したヴァルター・オイケン研究所を受け入れ場所にして，オイケンに代わる大物を招きたかったフライブルク大学が競売に勝ったのである。

しかしながら，実はハイエクとオーストリアとの互いの想いがこれで消えてしまったわけでもなかったのである。ハイエク自らもその企画に関係したウィーン高等学術研究所は，オーストリア政府，ウィーン市，そしてフォード財団の援助を受けて，1963年 1月31日に創設され，その年の10月 1日から活動を開始することになった。その年の10月から 1ヶ月，あるいは11月から，また

---

[15] Ein Brief von Friedrich v. Hayek ans Bundesministerium für Unterricht, 23. April 1962, in: Hayek [1961/62].
[16] Ein Brief von A. Mahr an Friedrich v. Hayek, 19. Februar 1962, in: Hayek [1961/62].

第6章　望郷と憂鬱　185

は翌1964年1月，3月，5月，6月のいずれからか1ヶ月ゼミナールを担当してもらえないだろうかという手紙を，4月3日に同研究所はハイエク宛に送っている。とりあえず1ヶ月の招請であるが，事情が許せばさらに2ヶ月以上でもよいということと，フライブルクからの一等旅費ほか相応の待遇が書かれている。さらにこれとは別に1964－65年度，あるいは1965－66年度，あるいは1966年の冬学期にも講義を担当してもらいたいということも依頼している[17]。

ハイエクの4月12日の返事には，すでに予定が詰まっていて無理であるが，1964年から65年，とくに1964年10月あるいは1965年3月であれば都合がよいのだがということが書かれている[18]。

そうしてハイエクは，1964－65年度の夏学期のゼミナールのひとつを担当することになった。この年度の冬学期の担当者を見ると，経済学ではマハルプ（プリンストン大学），エーリヒ・ストライスラー（フライブルク大学），政治学ではハインツ・ユーラウ（カリフォルニア大学バークレー），形式科学ではハーバート・ファイグル（ミネソタ大学）などの名前を見ることができるし，ハイエクが担当した夏学期には，経済学ではワシリー・レオンチェフ（ハーヴァード大学），政治学ではカール・フリードリヒ（ハーヴァード大学），ヘンリー・キッシンジャー（ハーヴァード大学），形式科学ではカール・メンガー（息子）（イリノイ工科大学），ポール・ノイラート（ニューヨーク大学），社会学ではジェームズ・コールマン（ジョンズ・ホプキンズ大学），ルネ・ケーニヒ（ケルン大学）などの名前を見ることができる。

たいへん面白いのは，ハイエクの名前を，この「社会学」の部門のところに見ることができるということである。助手およびポスト・ドクター大学院生を対象にしたコースであり，社会学はそのそもそもの性質から，かなり広い範囲から人材を集めていたことが想像できる[19]。

ウィーンとハイエクとの互いの想いは，この後も1967年にはオーストリア国

---

[17] Ein Brief von Prof. Dr. S. Sagoroff an Friedrich v. Hayek, 3. April 1963, in: *Hayek Papers*; Box 26/Folder 22.　さらにこの手紙には，ラザースフェルトとモルゲンシュテルンによる高等学術研究所設立の趣旨説明が添えられている。
[18] Ein Brief von Friedrich v. Hayek an Prof. Dr. S. Sagoroff, 12. April 1963, in: *Hayek Papers*; Box 26/Folder 22.
[19] "Institute for Advanced Studies Vienna: Report on Development 1963-1964", in: *Hayek Papers*; Box 26/Folder 22.

立銀行総裁ラインハルト・カミッツが健康上の理由で退職した際にも，その後任についてハイエクの名前が，ミーゼスのプライベート・ゼミナール以来の友人マハルプと並んで挙がっており[20]，オーストリア側からのハイエクへのラブコールは並々ならぬものがあったのである。

3．ザルツブルクへ

　幻に終わってしまったが，すでにウィーン大学招聘の時点で担当講座が社会哲学の講座であったことや，ウィーン高等学術研究所でのゼミナールが社会学の中に入れられていたことなどからもわかるように，ハイエクの専門領域が，経済学のそれをすでに完全に超え出ていたことがわかる。前章で詳しく見たとおり，渡米後の研究の主要な関心は，経済と法，経済と政治という関係であった。

　こうした経済学という領域を超え出た研究を展開していく過程で，ハイエクはそれまでの経済学者たちだけとの関係とは異なり，法学者たちとの関係も深くなっていった。そうした事情から，ハイエクは幻のウィーン大学招聘事件後，それほど時を経ずして，またまた故国オーストリアに招聘されることになるのである。今度はザルツブルク大学の法律・国家学部がハイエクを客員教授として招聘してきたのである。

　「おおむね予定ではフライブルクでずっと生活していくつもりですが，来年の秋から冬にかけて客員教授でアメリカに，そしてそれ以外にも何度か海外に仕事に行くことになっています。これらのことは別としても，新たに転居することを考えると重大な障害があります。つまり私の大きな蔵書の問題です。私もザルツブルクが好きですし，よく存じていますが，近い将来に私の居所として選ぶことができればそれはよいですが，そうなるとは思えません」[21]。

　やはり大きな蔵書が問題だったのである。しかしながら，ザルツブルク大学法律・国家学部は，オーストリア政府をつうじて今度は175万シリングでこれを買い取り，ハイエクとともにザルツブルクに移設するという方法で解決させる

---

[20] Hennecke (2000), S.305 f.
[21] Ein Brief von Friedrich v. Hayek an Prof. Dr. Theo Mayer Maly, 31. Oktober 1967, in: *Hayek Papers*; Box 54/Folder 27

のである[22]。そして，まさにこの蔵書とともに，ハイエクはフライブルクを去り故国ザルツブルクに来ることになったのである。そして1970年1月27日彼の講座就任の講義は「構成主義の誤謬と社会像の正当な批判のための基礎」[23] というものであった。

　南チロル，オーバーグルグルのホテル「エーデル・ヴァイス」を定宿に登山愛好家でもありオーストリア・アルプスを愛したハイエクにとっては，晩年をザルツブルクで過ごすことは何よりの想いがあっただろうと想像する。しかしながら，1968年から翌69年にかけて心筋梗塞を患い，それまでの精力的な活動に種々の影響が出ていた[24]。1973年から1974年の冬学期は研究休暇を申請し認められている[25]。この期間に，とりわけハイエクは，当時『法と立法と自由』全3巻を完成させたかったのだと考えられるが，なかなか予定どおりには進まなかった。

　そうは言いながらも，もちろん1974年ノーベル経済学賞の受賞は，当時のハイエクにとっても間違いなく最も明るく，輝かしい出来事であった。1920年代からの数々の業績を考えれば，これは当然の受賞であったと言える。しかしながら，不幸なことにその後数年経ってザルツブルクにおいて難しい問題が発生するのである。

　というのも，ハイエクは1977年，またまた故国オーストリアを去ることになるのである。この年の1月22日付のウィーンの新聞『プレッセ』には，「ノーベル賞受賞者，どうしてそんなに急いでオーストリアを出て行くのか」という見出しが付けられて，ハイエク自身が寄せた穏やかならぬ投書が掲載されている。記者が付けたこの多少センセーショナルな見出しはともかくとして，投書

---

[22] この件についての詳細は，Hennecke (2000), S.306.
[23] 原題は，"Irrtümer der Konstruktivismus und die Grundlagen legitimer Kritik gesellschaftlicher Gebilde" であった。「構成主義」については，第5章第3節2) (??頁) 参照。
[24] このあたりのことについては，Hennecke (2000), S.304. に書かれている。当時，ザルツブルク大学法律・国家学部でハイエクと同じ建物で仕事をしていたアルフレート・プファービガン教授（現ウィーン大学教授）への筆者のインタビューにおいても，当時のハイエクの健康状態について同様のことを聞くことができた。
[25] Ein Brief von Friedrich v. Hayek an Prof. Dr. Herbert Mehsler (Dekan der Rechts- u. Staatswissenschaftlichen Fakultät), 11. August 1973; Ein Brief von Prof. Dr. Herbert Mehsler an Friedrich v. Hayek, 21 August 1973; Ein Brief vom Bundesministerium für Wissenschaft und Forschung an Friedrich v. Hayek, 1. Oktober 1973, in: *Hayek Papers*; Box 54/Folder 27.

の以下の文章はハイエク自身のものである。

「何年も経たぬうちに，なぜまたもやオーストリアを去ることになったのかと，私はしばしば質問を受けます。(中略) ここでの学者生活がどんなにひどいものであったかを語れば，おそらくはわかってもらえるだろうと思います。来て数ヶ月も経たないうちに，ここにこのままいるのがよいのかどうか疑念を抱き始めたことから打ち明けねばならないでしょう。古くさい省令通知のことが思い出されます。通知の内容と調子は，次のとおりそのまま引用すれば，読み取っていただけることと思います。〈大学教員の海外渡航は，授業期間外であっても，また8日以内であっても，所轄の連邦当局に告知しなければならない。ただしこれらに関しては所轄の連邦当局から休暇許可を得る必要はない〉(海外渡航すると，その後ほどなく別の通知が回ってきて，そこには担当者が何週間もかけて作成したに違いないたくさんの表が織り込まれていて，私がマラウィへの公用旅行では440シリングの宿泊手当を求めたとか，象牙海岸へは441シリングかかったとかが記されていて，何とも嫌気がさしてきます)。

それから，ザルツブルク大学にはDr. rer. pol.〔法学博士（政治学）〕[26]を授与する権限がなく，それゆえこの大学においては国民経済学を本気で学ぼうとする学生が皆無であること，さらに私の教育活動もフライブルク大学においては名誉教授として終身それが可能であるのに，〔オーストリアの〕現行法によれば75歳までと期限が定められているということを知るに至った時，ザルツブルクに来たのは私の犯した誤りであったと悟るようになりました。

しばらく私をここに引き留めたのは，私が何十年にもわたって蒐集してきた国民経済学から社会科学の世界的文献にまでわたるコレクションを含む蔵書を，ここの法学部が買い取ってくれたからでありました。しかしながら，この7年間，目の当たりにせねばならなかったのは，この蔵書コレクションが，いつもそのままで，まったくもって実際に使われることがなかったということであります。というのも，御当局は事項索引作成の費用を喜んで工面

---

[26] ハイエクは，ウィーン大学において1921年11月25日にDr. jur.〔法学博士（法律学）〕を，1923年3月3日にDr. rer. pol.〔法学博士（政治学）〕を取得しているが，ザルツブルク大学では当時後者の学位取得ができなかった。つまり，法律学でしか学位取得ができなかったということである。

してくれるでなく，ついには蔵書を管理し，これまで利用者たちに蔵書について最低限の情報を教示することのできた助手のポストさえも削減してしまったからです。その結果，私は自分の蔵書への思いも完全に失せてしまったのでありました。

　他にも厄介の諸事があって，私は〔フライブルクで働いていたので〕ドイツの年金受給を受けているのですが，それのために毎年新たに受給申請をし直さなければならないのです（というのも，この年金は当然のことながらドイツの銀行口座にしか支払われないことになっているからです）。また近頃では，国外から送られてくるかなり多くの学術書の到着ごとに，こちらの税関に呼び出されるのです。あまりにひどすぎるではありませんか。学術に関わる仕事は他のところでは，もっともっと楽にできるのです。

　　　　　　　　　　　　　F. A. ハイエク　ザルツブルク」

この激烈な投書の後，間もなくハイエクは再び故国オーストリアを去るのであるが，投書の内容については，オーストリア国会でも取り上げられることになった。

　大学を監督する政府の説明は，客員教授として招聘をし，しかも75歳定年ということは事前にザルツブルク大学に了解をしてもらっていたこと，またノーベル賞受賞後，オーストリア政府はハイエク氏には「オーストリア学芸栄誉賞」[27]を大統領より送り，礼を失したことはないというものであった。ただし，オーストリア連邦政府の教育省からザルツブルク大学法律・国家学部長宛に送られている文書はふたつあり，後のものは前のものを訂正するものとなってい

---

[27]　ハイエクは，1975年1月15日「オーストリア学芸栄誉賞（Das Österreichische Ehrenzeichen für Wissenschaft und Kunst）」をオーストリア大統領から授けられている。当時のオーストリア教育省からザルツブルクのハイエク宛の書簡往復を追うと，科学研究相フィルンベルク女史がこの授賞式後，ホテル「ザッハー」での食事会にハイエク自身と家族を招待していることもわかる〔Ein Brief vom Bundesministerium für Unterricht an Prof. Dr. Hayek, 17. Dezember 1974; Ein Brief vom Prof. Dr. Hayek ans Bundesministerium für Unterricht, 28. Dezember 1974, in: *Hayek Papers*; Box 2/Folder 10.〕。なお，フーバー研究所のハイエク・ペーパーズのこのフォルダーには，フィルンベルク科学研究相が授賞式にハイエクの経歴を紹介した文章，およびこの賞のそもそもの由来についての文書も残っている。この賞は，ハプスブルク時代にまで遡る賞であり，ロレンツ・フォン・シュタイン，カール・メンガー，オーストリアの歴代ノーベル賞受賞者らに授与されたことが書かれている。

ることがわかる。すなわち，1969年9月3日のそれでは，「フライブルク・イム・ブライスガウ大学正教授フリードリヒ・ハイエク博士を1969年－70年度冬学期から国民経済学客員教授として不定期の期間招聘するとのザルツブルク大学法律・国家学部教授会の決定」が関連法規により許諾されたことが書かれているのであるが，定年については明確に記述がないのである。しかしながら11月10日のそれには，75歳定年ということが訂正して付け加えてあるのである[28]。

また国会において政府が示した内容には，ハイエクの蔵書の購入費用も示されている。先に述べた175万シリング（円換算3500万円）であり，これは1969年当時を考えるまでもなく，きわめて高額であるが，ザルツブルク大学に現存する蔵書を見ると，そこには稀覯本も多数含まれており当然と言えば当然であったのかもしれない。

ハイエクが継承していったオーストリア学派の経済学の祖であるカール・メンガーも，家族にその蔵書をコレクションとして売ることで生活の糧にせよと遺言し，三井物産が買い取り当時の東京商科大学（現一橋大学）に寄付したことは，今も有名な話である。学者とその蔵書の関係は，複写機の氾濫，さらにはインターネットと電子出版の学術誌やさらには学術書が主流にさえなってきた現代を思うと，かつての重みが消えてしまったことは事実である。新聞を介しての意見表明，学者間の精緻な点まで突き詰め合った往復書簡などは，インターネットと電子メールが普及した現在を思えばその存在感はきわめて薄くなってしまったが，ハイエクは医者であり植物学者でもあった父親の膨大な標本の中で，また母方のユラーシェック家の立派な蔵書のもとで育ったし，その生涯にわたって途切れることなく生み出され続けていった業績それぞれは，まさにこの膨大な蔵書資料に裏打ちされているものであることを思えば，蔵書についてひときわ注意を払うことも頷くことができる。こうした形の学問の方法がこれからも続くのかどうか，私は心配しているが，蔵書に埋もれて仕事をし尽くすハイエクには，もうすでに当時，たしかにまだ1970年代であったが，オーストリアの大学にあってしてもひとつの時代が過ぎ去りつつあったということ

---

[28] Ein Brief vom Bundesministerium für Unterricht an das Dekanat der Rechts- und Staatswissenschaftlichen Fakultät der Universität in Salzburg, 3. September 1969; Ein Brief vom Bundesministerium für Unterricht an das Dekanat der Rechts- und Staatswissenschaftlichen Fakultät der Universität in Salzburg, 10. November 1969, in: *Hayek Papers*; Box 54/Folder 27.

を示しているのかもしれない。そして不幸な偶然が重なったこともあって，ザルツブルク大学での7年間はハイエクにとってあまりにも過ごしにくい帰郷となってしまったのである。

ウィーン招聘を頓挫させた大きな蔵書問題を解決して，愛する故国オーストリアに戻ってきたにもかかわらず，そして『法と立法と自由』全3巻を書き上げる予定であったのだが，大切な蔵書を手放してまでフライブルクに戻ることになったことは，あまりに可哀想であり気の毒な結果であったと言わねばならない。

4．忘れえぬ17歳

ザルツブルクに来ることなくフライブルクにそのままいれば，蔵書を手放すことはなかったのである。そのことを思えば，故郷オーストリアに戻ったことは悔やんでも悔やみきれないことであったろうが，一度はオーストリアに戻ろうと思ったことは，まさにそれほどにハイエクにとって故郷は重要であったということでもある。そのことは，オーストリアへの思いが，実はその後も続いていくことからもわかる。

ハイエクは，「投書魔」と言えば少し語弊があるが，若い頃より相当数の投書を『タイムズ』や『ニューヨーク・タイムズ』などにも書いている。新聞がまさに読者によって支えられる公共メディアであることを承知の上で，批判的公開性を実践していたということでもある。

1977年フライブルクに戻り，ザルツブルクでの出来事がまだ癒えぬ1979年1月22日付の，前述の投書の場合と同じくウィーンの新聞『プレッセ』になされたそれは，ザルツブルクでの一件に直接は関係していないようにも見えるが，ハイエクが当時のオーストリア政府与党社会党に対して抱いていた疑念と複雑に絡み合っていることをはっきりと感じさせるものである。

というのも，1969年ハイエクがザルツブルクに赴任する時には，オーストリアは1966年の総選挙で絶対多数を占めていたオーストリア国民党の政権下にあった。したがって先に見た教育省からザルツブルク大学宛の最初の手紙は，国民党の大臣所管の役所からのものであり，そしてまさにそこは，のちに国民党党首になるアロイス・モックが所轄の教育大臣であった[29]。歴史的に振り返

れば，国民党は昔，キリスト教社会党と呼ばれていた政党である。社会党は，1934年以前はオーストリア社会民主労働党であり，さらにつけ加えれば，自由党は昔，大ドイツ党と名乗っていた。1920年代，ミーゼスを筆頭に自由主義経済学者たちは，キリスト教社会党も含めて，どの政党についても，またどの政権についてもその介入主義的政策ゆえに，つねにそれらに批判的であったが，どちらかと言えば保守政党であるキリスト教社会党との関係が強かったと言えるところがある。社会民主労働党が強く産業の国有化・社会化を進めることを目標に掲げていたこともあり，社会民主労働党と自由主義経済学者たちの関係は悪かった[30]。

　保守派の政治家モックはハイエクのオーストリアへの赴任には大いに好意的であっただろう。ところが，1970年4月の選挙で社会党が第一党となり，翌1971年10月の選挙では過半数を獲得する。60年代後半の西ドイツでのブラント政権の誕生と同様に，1968年世代の政治への積極的参加による政権交代によってクライスキー率いるオーストリア社会党政権が誕生するのである。前章で触れた戦後ヨーロッパの社会民主主義の設計者たちが主役に躍り出る時代の幕開けである。クライスキーは，ブラントとともにナチス時代スウェーデンに亡命をしていたこともあり，とりわけ「ミュルダール・レポート」にしたがって，オーストリアがスウェーデン型社会福祉国家に向けて制度改革を行うことに熱心であった。

　ハイエクの立場からすれば，まさしく不倶戴天の敵である社会福祉政策という社会正義の幻想の実践ということになる。しかしながら，クライスキーが率いるオーストリア社会党が実際に最初に着手した家族，婚姻などの法制度の変更は，それまでのカトリックの色彩の残る伝統的道徳を打ち破る「リベラル」な改革であったということもできる。そしてまたこれらについては，とりわけ若い世代からの支持を大いに得ることにもなった[31]。

　ちなみに，ミュルダールはハイエクとともに1974年のノーベル経済学賞を受賞している。この二人が受賞することに寄与したマハルプは，受賞後間もなく，

---

[29] 二通目の手紙が出された時もモックが教育大臣であった。ただし，手紙の署名はモックではなく代理人のそれになっている。
[30] このあたりのことについては，第1章第2節でも触れたが，さらに詳しくは，Mori (1995) を参照して欲しい。

ある雑誌にこの二人について書いている。「1974年10月ノーベル経済学賞の授与があるとしても，グンナー・ミュルダールとフリードリヒ・A・ハイエクとに，同じ週，同じ日，つまり同時になされると考えた人などはいなかった。何と悪い冗談であろうか。実際には貨幣理論の歴史を研究してきた者は皆，ミュルダールとハイエクを同時に頭に入れてきた。これはまさに不可避なことではある。というのも，彼らはともに，クヌート・ヴィクセルの知的継承者たちだからである。(中略) ミュルダールは自由市場を誘惑と錯覚であると呪い倒すことに人生を費やしてきた。ハイエクは，自由市場を操作していく企てのすべてを悪魔の所業として呪詛することに費やしてきた」[32]と，マハルプは述懐している。

さて，ハイエクがザルツブルクで教えていた7年間のうちで，彼に直接関わるおそらく最も大きな出来事は，1975年4月のクライスキー内閣，とりわけフィルンベルク科学研究相のもとでなされた大学設置法の改正である。この改正の趣旨は，大学の意思決定に，それまでの講座制による正教授（Ordinarius）のみならず，助手と学生も大学の構成員として参画できるようにしようとしたことにある[33]。この改革は，それまで永くドイツ語圏の大学において強い権限を持っていた正教授の権力を相対化するということである。学生運動を主導した1968年世代の支持という追い風を受けて，社会党とりわけフィルンベルクが断行し

---

[31] クライスキーは，かつての亡命先スウェーデンとの関係が深く，夫婦そろって経済学者ミュルダール夫妻からの影響とともに，定期的にストックホルム学派の経済学講義を聴きにその地を訪れている。また彼自身，経済学を包括的に学んでいくことが趣味でさえあったと自伝に書いており，その中にはシュパン，シュムペーターに加えて，ミーゼス，マイヤー，ハーベラー，モルゲンシュテルンらオーストリア学派の名前も登場してくるし，ロンドン・スクール・オブ・エコノミクスとの関係ではダーレンドルフについても触れているが，面白いことにハイエクの名前はポパーのそれとともに出て来ないのである〔Kreisky (2000), I.S.167 f./III.S.134 ff.〕。こんな話もある。「認識論者，社会哲学者，論争家カール・ポパー卿は保守派の集まりでは評判がよいが，革新派の周辺では受けが悪い。ブルーノ・クライスキーは言った。〈私はアウグスト・フォン・ハイエクの友だちは好きではない〉」〔Reichensperger (2002)〕。

[32] Machlup (1975), p.63 f.

[33] フーバー研究所のハイエク・ペーパーズの中には，ハイエクの遺稿とともにオーストリア大学設置法1972年の草案コピーが残っている。フィルンベルクが「機会平等」という理念を掲げて断行した，この1975年に施行される大学改革は，その後のオーストリアの大学制度を決定づけ，1993年に一部改正されるが基本的には2002年の新しい大学設置法の制定まで続く。

た大きな改革であった。

　ハイエクが，ザルツブルクを去るにあたって書いた投書に挙げられていた事柄のいくつかは，この大学制度の大きな変更と一定の関係をしていたことはたしかである[34]。

　さて，こうした背景のもと，ハイエクはザルツブルクからフライブルクに戻った後の1979年1月22日付のウィーンの新聞『プレッセ』に，フィルンベルク大臣について投書をしたのである。

「テロ行為を賞賛したフィルンベルクさん

　今年7月7日，かの科学研究相フィルンベルクさんがフリードリヒ・アドラー生誕百年を記念して墓前で講演した（明らかに自筆の訂正が入れられた）文章のゼロックス・コピーが，ここドイツでも回覧されています。この講演，オーストリアではまだ十分には知られないままであり，正しい評価がなされていないように思えます。

　貴職の『栄誉顕彰』，それは当時のオーストリア社会民主（労働）党幹部会書記長そして後にインターナショナルの幹部会書記長の『犠牲的行為』へのものでありました。といっても処刑台の露となったという犠牲ではなく，ホテル〈マイスル・ウント・シャードゥン〉において静かに昼食をとっていたオーストリア首相を冷血にも射殺するという，かの『断固たる革命的な活劇行為でもって世間を目覚めさせる』ための犠牲でありました。そうして『犠牲を厭わぬあの精神…。われわれは分別ある大人のフリードリヒ・アドラー（37歳だったとは到底思えないが！）を最も気高き担い手として見知っていた』と，繰り返し賞賛をされています。さらに『政治的に生きることへの覚醒，

---

[34] ただしハイエクがドイツ語圏の大学制度そのものを保守的に維持したかったとは言えない。むしろ，シカゴ大学からフライブルク大学に移って間もなく，それまでの英米の大学での経験から，ドイツの大学について印象と改良の方向性について積極的な提言をしている。とくに修業年限の問題，すなわち英米の大学，とりわけイギリスでは3年間でまとまった集中的な教育が行われているのに対して，ドイツでの修業年限が平均的に長くなっていく傾向，学部教育と大学院教育の分離により実際的な教育と専門的な教育を分離していくことの可能性，私立大学の存在による大学間の競争の意義などについて述べている〔Hayek (1966b)〕。

（何と！）法的状態への転換が，彼の功績だった』と言うのです。なかんずく（共産主義者に近い）党左翼と穏健派との分離を防いだのは，ひとえに彼のおかげだったと言うのです（！）が，このことは今日われわれが知るテロリズムとどこが違うと言えるのでしょうか？

　私（ハイエク）は社会主義の諸理念に惹かれていた17歳の若者でしたが，当時のあの犯行が呼び起こした震撼と忌避とを体験した者には，あれは違ったふうに見えたように思えます。まさに注意深く問い質したいと思います。高等教育制度に責任ある政府の一員が，そうしたテロ行為を公的に賞賛するとするなら，アカデミズムを志す青年たちへの影響はいかばかりでしょうか。

　こうした見解を公的に発言できる人が高等教育の大臣として居続けられることなど，他の西側諸国では信じることができません。移送されていくテロリストたちに内相が握手をし，アラファト氏と首相が友好の接吻を交わすというのは，もはやたんなる不手際などではなく，それ以外の何かとして考えていかねばならないように思います。

教授　F. A. ハイエク
フライブルク・イム・ブライスガウ」

　投書という短い文章の中に，きわめてたくさんのことがちりばめられていて，第一次世界大戦の頃にまでさかのぼる過去の歴史的出来事を思い起こしながら，1970年代当時の事情に重ね合わせて読んでいく必要がある。

　a）最初の話は，フリードリヒ・アドラーの生誕百年記念式典が1979年7月8日に，映画『第三の男』で知られているウィーン中央墓地で行われ，この式典で科学研究相フィルンベルクの行った「顕彰」が問題だというのである。問題だとされたフリードリヒ・アドラーについて述べると，この人物は，オーストリア社会民主労働党の初代党首ヴィクトール・アドラーの次男である。1879年7月9日に生まれ，1960年チューリッヒで没している。父ヴィクトールの希望もあり政治とは違う領域で学んだ。チューリッヒで物理学と数学を学び，1907年から1911年までチューリッヒ大学私講師でもあった。しかしながら父の願い

に反して，同時に社会民主主義運動にも関わった。とりわけ彼によるマッハの理論と社会主義との結合は，よく知られているようにレーニンが『唯物論と経験批判論 ―ある反動哲学についての論評』において強い批判を加えることとなった理論問題である。1911年にオーストリア社会民主労働党書記長としてウィーンに戻り党を指導したが，社会民主労働党が戦争に加担したために職を辞し理論誌『闘争』を創刊する。しかしながら，戦争による閉塞した社会政治状況を打開することができず，1916年10月21日，ウィーン中心部にあるホテル「マイスル・ウント・シャードゥン」のレストランで昼食中の首相カール・ストュルク伯爵を射殺する。特設裁判所で死刑判決を受けたが，のちに重禁固に減刑，最終的には1918年11月の戦争終結前に特赦されることになる。

戦中からすでに，「カール・マルクス協会」と称する左派グループを形成し，戦後オーストリア共産党を創設，また1919年から憲法制定議会議員，国会議員を歴任し，1923年には第二インターナショナルの書記長も務める。社会民主主義左派の指導者であり，かつロシア共産党には敵対する立場をとり続けたという点で，当時のオーストリアの社会民主主義者たちにとっては最も重要な人物のひとりだった。

ハイエクが問題とした生誕百年記念についてオーストリア社会党の機関誌『アルバイター・ツァイトゥング』にある記事「フリードリヒ・アドラー追悼　彼が世界を変える手助けをした」では，この時のことが次のように報じられている。

「多数の参列者を前に，フィルンベルクが，オーストリア社会民主党幹部会の名で，フリードリヒ・アドラーの墓前に花輪を捧げた。(中略)フィルンベルクは，フリードリヒ・アドラーの生涯の一片，とりわけ第一次世界大戦期，そして元首相ストュルク伯爵暗殺を取り上げた。第一次世界大戦の勃発という難局に遭遇し，社会主義インターナショナルがこの問題を押さえることができず，オーストリアの社会主義者の大部分がこの戦争を受け入れたことが彼には想像を絶する不可解であった。このことにより彼は死を覚悟した革命的行動により歴史の道筋に影響を与える以外方法を見出せなかったと，フィルンベルクは説いた。特設法定での彼の弁明の中で，彼は自らの動機を開陳し，支配者の被告から支配者への原告となった。彼の行為と弁論は無為ではなかった。党が覚醒し新たな力を得て統一したのは彼の功績であった。彼への追悼文のひとつにあ

るように，かの暗殺により，彼は世界を変えることに真摯に手を貸したのである」[35]。

　この問題は，現在に至るまで社会主義と暴力の問題として永く議論されてきた重要なテーマである。当時のオーストリアの社会民主主義者は，上に引用した機関誌の文章にある解釈に立っていたが，ハイエクには，これこそまさしくテロリズムそのものでしかないではないかというのである。

b）投稿の文章後段にあるアラファトの件であるが，これは投稿当時のオーストリア首相クライスキー自らユダヤ系であったこともあるであろうし，また中立国オーストリアの外交経験豊かな政治家であったことにもよるが，社会主義インターナショナルの有力な一員としても，パレスチナ和平問題解決に積極的に関与したことに深く関係している。

　クライスキー自身，中東問題に関わったことについて次のような理由を挙げている。（1）米ソ対立の最中，イスラエルをアメリカが支援することにより，アラブ諸国がソビエト勢力圏に取り込まれることを防ぐために，（2）戦後ヨーロッパの民主主義国家が，第二次世界大戦中のドイツでのユダヤ人の運命への感情からイスラエルに同情的にならざるをえなくなり，アラブ諸国と疎遠になってしまわないようにするために，（3）西ヨーロッパの工業諸国のエネルギー基盤が，中東の石油に頼らざるをえない以上，安定した中東を希求するために，（4）自らもかつて政治亡命をせねばならなかった理由はたんにユダヤ系であったということではなく民族主義が吹き荒れたことにあったと見て，世界における共生の可能性を確立するために，などの理由を挙げている[36]。

　クライスキーは，1974年3月から1976年3月までの間に，社会主義インターナショナルの使節団長として，エジプト，シリア，イスラエル，モロッコ，アルジェリア，チュニジア，リビア，クウェート，イラク，ヨルダン，サウジアラビア，アラブ首長国連邦を精力的に訪問し，事実関係調査に専心した。また1974年にはソビエト連邦，アメリカ合衆国を訪問し，国連をつうじてもイスラエルとPLOとの関係改善にたゆまぬ努力を続け，1978年7月8日には，当時社会主義インターナショナル会長であった前西ドイツ首相ブラントとともに，ウィーンにエジプト大統領サダド，イスラエル労働党党首ペレスを招いて，中

---

[35] *Arbeiter Zeitung*, Sonntag, 8. Juli 1979.（http://www.arbeiter-zeitung.at/）
[36] Kreisky（2000），III - S.189 ff.

東対立の平和的解決の提案をし，さらに1979年 7 月 7 日と 8 日には同じくもう一方の当事者であるアラファトをウィーンに招き会談をした。その年10月にはアメリカ大統領カーターと会談，国連総会において PLO とイスラエルとの直接交渉を求める演説を行っている。クライスキーは，1990年に亡くなるまでほぼ彼の後半生をこの問題解決に没頭したと言っても言い過ぎではないほど精力的な活動を続けた。

1990年 7 月 7 日クライスキーの葬儀の参列者の中には，ブラントのみならず，アラファトの名もあった。そういう間柄での「友好のしるしとしての接吻」であった。

c)「テロリストとの握手」というのは，1975年12月21日ウィーンに本部のある世界石油輸出機構（OPEC）総会が，テロリストの襲撃を受け，警備員ら 2 人が死亡，サウジアラビアのヤマニ石油相らが人質となり，アルジェリアで解放されるという事件が起こった。その首謀者カルロスらが人質たちを連れてオーストリアから出国する際に，当時クライスキー政権において内務大臣をしていたオットー・レッシュが，シュヴェヒャート空港で人質とともに飛行機に乗り込むカルロスと握手をしてしまったという出来事のことである。

この事件自体，映画「アサインメント」として知られるものであるが，映画の登場人物カルロスは実在するとされ，やはり映画「ジャッカル」として知られているジャッカルその人だとされている。前者の映画では握手をする場面こそないが，当時の状況をかなり克明に再現しようとしている。握手というハプニングが起きてしまった際には，マス・メディアはこぞってその内相の姿勢を問題にしたのであった。

d)「17歳の若者」とは，ハイエク自身のことであるが，ホテル「マイスル・ウント・シャードゥン」のレストランにおいて昼食中の首相カール・ストゥルク伯爵が射殺される事件は1916年10月に起こっている。ハイエクは1917年 5 月に陸軍砲兵に入って，7 ヵ月後イタリア戦線へと送られることから，かの事件発生当時はギムナジウムの生徒だったということになる。1916年暮から経済学への関心に目覚めたこと，1917年秋にギムナジウム修了資格（Matura）を取得するために軍隊を一時帰休，ギムナジウムの神学の時間に社会主義のパンフレットを読んでいたことで問題になったことが自伝に述べられていることを考えると[37]，17歳のハイエクもこの時代，社会主義について少なからず関心を抱

いていたということであろう。

　後の親友ポパーと，ハイエクはともに，1930年以降ほぼ同様の政治観，すなわち全体主義への厳しい批判者のそれを持ち続けていくが，三歳年少のポパーは，ハイエクとは少し異なり，青年期にオーストリア共産党に入党し，その後も社会民主労働党の社会教育事業に積極的に関わっていた経歴がある[38]。ただし，ギムナジウムを途中で辞めてまで参加した共産党を脱党することになった理由は，やはり暴力であり，またその科学性専横への疑問であった。ポパーの自伝には，フリードリヒ・アドラーによる射殺事件についての言及はないが，ファシズムを前にしてのオーストリア社会民主労働党衰亡の原因のひとつである1927年のウィーン司法院放火事件と警察による発砲との関連でフリードリヒ・アドラーに触れている[39]。

　「少なくとも1929年以降，社会民主労働党が敗北していった，さらなる理由として考えられるのは，『開かれた社会とその敵』[40]のいくつかの注に書き込んだことであるが，彼らが本質的にはマルクス主義と連関していたからであり，より正確に言えば（エンゲルスにより定式化された）脅しとしてではあるが，暴力を用いる政治とつながっていたからである。そうした暴力の脅威が，1927年7月警察に口実を与えることになった。ウィーンではこの時，非暴力的に示威行進し非武装の社会民主労働党の労働者たちや，まわりにいた人たちが非常に多く射殺されたのである。後に結婚することになる妻と私はこの事件の目撃者であるが，われわれは目にしたことを本当のことだとは思えなかった。社会民主労働党指導者たちの政策が，仮に彼らが考えることのできた最良の思いでやったのだとしても，無責任であったし自殺行為であったのは明らかだと思う。この血の惨劇の数日後，私はヴィクトール・アドラーの息子で，アインシュタインの友人，デュエムの翻訳者であり，ウィーンの社会民主主義者の卓越した指導者であるフリッツ・アドラーと会ったが，彼は当時，社会民主労働党指導部の政策について私と同様の意見であった」[41]。

　この文章からは，若い頃のポパーが直接，社会民主労働党の青年教育活動に

---

[37] Hayek（1994），p.47［17-18頁］.
[38] Popper（1979），S.40 f.
[39] 第1章第2節3）注45（33頁）参照。
[40] Popper（1950）.
[41] Popper（1979），S.150.

も積極的に関わっていたことがうかがえる。まさにこの点が，ハイエクの場合とは違った立場で社会民主労働党をより細かく見ていたと考えることができるところである[42]。ただし，フリードリヒ・アドラーについては，上述のとおりアドラー自身とポパーが当時似た意見であったと述べられてはいるが，ハイエクが問題にした首相射殺事件についての言及は，先述のとおりポパーの自伝には書かれていない。

　ハイエクによる社会民主主義に対する強い疑念の始まりが，このフリードリヒ・アドラーの射殺事件にあったことはハイエク自身の言葉からよくわかるし，アドラーによる「射殺」という極限的行動と，その後の彼の政治行動につながっていく正当性の連関についても，ハイエクは強く否定的である。ただし，ハイエクの親友ポパーは，アドラーとも親しかったこともあり，この点では，ハイエクとポパーとには，ある微妙な見方の違いがあったであろうと推測できる。

　すなわち，ハイエクの故郷への想いはたいへん強いものではあったが，同時に社会民主主義への強い疑念は残り続けたということ，このことはこれまでの各章で述べてきたことからも理解していくことができる点であり，晩年のハイエクに，まさに新聞をつうじて独特の行動をさせることになったと言えるように思えるのである。

---

[42] 当時の状況等については Mori（1995），139頁以降を参照されたい。また，当時のオーストリア社会民主労働党の党首オットー・バウアーの指導力問題などについて，また1927年の社会民主労働党リンツ綱領で採択された暴力条項については種々の研究がある。これも Mori（1995），192頁以下を参照されたい。

第7章

貨幣発行自由主義の論法

ユーロの紙幣と硬貨

ザルツブルクからフライブルクに戻った時、すでに75歳を超えていたが、ハイエクの活動へのエネルギーは衰えなかった。第二次世界大戦後の国際経済秩序であったブレトンウッズ体制の崩壊が明白となり、新しい国際経済秩序の制度を模索していく時代が始まっていた。ハイエクは再び経済学者として独自の提案を行う。1976年に発表する「貨幣発行自由化論」は、ハイエク特有の挑発性を含んでおり、また奇想天外な提案でもあったが、20世紀の世界社会およそ100年にわたる選択の是非を理論的に問う仕事であり、彼の生涯にわたる課題への筋の通った回答でもあった。

1. 76歳渾身の提案

　提案の根幹は次のようなものである。
　「近い将来のための具体的提案であり、かつもっと遠大な計画の実験機会となるのは、望むらくはヨーロッパの中立諸国（そして可能であれば後には北米諸国）も含め、共同市場を構成する諸国が正式条約により相互に結び合い、それらの領土全般にわたって（金貨を含む）互いの通貨で自由取引をしていく仕方について、またそれら国々の領土内で合法的に設立された機関・団体によるものであれば、銀行業務について同様に自由な業務遂行をしていく仕方について、何らの障害を設けないということである」[1]。
　この提案がただちに実現する可能性は、当時はほとんど考えることもできなかった。そして当時、変更を迫られていた国際通貨制度もこの方向に進んで行く気配などなかった。現実にはスミソニアン体制というブレトンウッズ体制の基本枠の部分的な変更を経て、現在使用されている変動相場制へと移行していくことになった。実務的な国際政治経済の領域においても、このハイエクの提

---

[1] Hayek (1976/78), p.132 ［1頁］.

案についての議論はほとんど完全に無視されたままとなったと言えるであろう。西ヨーロッパ諸国においては，むしろ現在のヨーロッパ統一通貨であるユーロに至る通貨制度についての議論が始まっていた[2]。

「私にはこれ（私の提案）こそ，新しいヨーロッパ通貨を導入するというユートピア的枠組みより好ましくかつ，もっと実践的であるように思えるのである。新しいヨーロッパ通貨といっても，それは結局のところ貨幣にあるいっさいの悪の根源をもっと深いところに定着させる結果を持つにすぎないと思う。（中略）西ヨーロッパの経済的統合を諸国間の貨幣の流れを完全に自由化することで完成させようということには強い共感を覚えるが，何らかの超国家的当局により運営される，ある新しいヨーロッパ通貨の創生によってそれを行うことについては重大な疑念を抱くのである」[3]。

現在，ユーロはUSドルと並んで世界のふたつの主要通貨となっている。この現実を考えれば，ハイエクの言う「ユートピア性」は，むしろハイエク自身の提案の方に向けられることにもなりかねないが，ハイエクの言おうとしていることは，そうしたユーロも基本的には通貨ナショナリズムの延長上にあるものでしかないということである。われわれ日本人は，しばしばこれらユーロとUSドルに対する円の位置をいかに有利にすることができるかについて躍起になってその浮沈を気にしがちであるが，これも要するに通貨ナショナリズムの一種である。

ハイエクの提案に秘められているアカデミックな誠実性は，われわれにいくつかのことを教えてくれる。ハイエクの提案には，具体的に次の諸状況の実施

---

[2] ヨーロッパではすでに1970年に為替を協調管理する動きが生まれ，1971年欧州経済委員会（EEC）の6カ国の設立メンバーが，「欧州為替スネーク」（相互の為替レートを2.25%の範囲内で管理すること），「トンネル内のスネーク」（USドルと4.45%の範囲で管理すること）と呼ばれる制度化に合意，その後，種々の変化はあったが1970年代をとおしてこれが維持され，他のヨーロッパ諸国が加盟・離脱をしつつ，新しい制度模索がなされた。1979年に欧州通貨機構（EMS）が生まれ，欧州通貨制度（ERM）と欧州通貨単位（ECU）が創設され，1999年1月1日に発足する欧州通貨統合へと発展していった。1992年イギリスとイタリアが為替投機にさらされERMから脱退（後にイタリアは復帰）した。知られているとおり，ECUはユーロ（EUR）となり，11のEU諸国（オーストリア，ベルギー，フィンランド，フランス，ドイツ，アイルランド，イタリア，ルクセンブルグ，オランダ，ポルトガル，スペイン）の為替レートはユーロに対して固定。ユーロ紙幣と硬貨が2002年1月1日から法定通貨となった。
[3] Hayek (1976/78), p.133 [3頁]。

が想定されている。

（a）世界のさまざまな地域において，それぞれの個別の通貨単位を用いて，かつ競争して貨幣を自由に発行していくことと，同様に小切手口座をそれぞれ個別の額面で自由に開設できるようにもすること[4]。当然これらの中には，それぞれの銀行の銀行券および小切手の発行のみならず，小額の鋳貨製造も含めるものとする[5]。

（b）発行される紙幣の価値は，それに対応する商品等価物に依拠させること。つまり，現存している国民国家の各領域を超え出た広範な地域にわたって，人々がそれぞれの貨幣の価値を一定に保っていくために，好ましい価値基準として，諸々の商品の卸売価格のセットを基準とすること[6]。ただしこの場合，その貨幣発行者が，その当該の貨幣基準とするための，諸商品のセットの構成を指定し，また必要に応じてその構成内容を変化させていくこと[7]。

（c）発券銀行それぞれの間での競争は，為替市場およびマス・メディア各機関などによる当該銀行それぞれへの綿密な調査とその公表によって公開され，その変化に注意が向けられるはずであるということ[8]。

さて，これら3つの点それぞれについてさらに詳しく考えてみたい。

（a）について　銀行は一般的に，受信（預金），与信（貸付），決済（為替）の主要業務を行うが，実は歴史的には銀行券の発行という発券業務もこれらに加えて重要なひとつであった。ハイエクの論稿「貨幣発行自由化論」，原題をそのまま訳すなら「通貨の脱ネーション化」という意味であるが，このことは，通貨発行を国家が独占すること，またそのように考えることを正統としてきた貨幣法定説，その典型である「国定貨幣説」[9]に少なからず問題があるということであり，ハイエクの考えでは，通貨発行を国家の独占から解き放ち自由化して正常な状態に戻すということに意義があるということである。

---

[4] Hayek (1976/78), p.152 [44頁]．
[5] Hayek (1976/78), p.158 footnote 49 [59頁注1]．
[6] Hayek (1976/78), p.179 [95頁]．
[7] Hayek (1976/78), p.153 [46頁]．
[8] Hayek (1976/78), p.159 [56-7頁]．
[9] Knapp (1905/21)．

しかしながら，そうは言っても現存している制度を突如として廃止することは不可能であろうし，その種の貨幣廃止論は一種の貨幣社会批判論以上のものとは成り難いであろう。

　ハイエクは次のように言う。「もし私がスイスのある大手株式銀行のひとつに関わっているとしたら（中略）〈デュカ〉という明確に登記した登録名の単位で，無利子の証書あるいは紙幣を発行し，当座小切手預金開設の準備を公表しようと思う。想定される法的義務は，この紙幣および要求払い預金を，所有者の選択により 1 デュカにつき 5 スイス・フラン，5 ドイツ・マルク，2 US ドルのいずれかで償還しなければならないということだけであろう。無論，この償還価値について，単位あたりの価値が極端に下落しないように努力したい。というのも，私は（精確に規定される）購買力をできるかぎり一定に保つことができるように，デュカの量を制御していく所存であることも同時に公表していることになるからである」[10]。

　すなわち，「デュカ」という通貨単位で，銀行券と補助鋳貨を発行するハイエクが共同出資者のひとりとなっている私的に設立した銀行があると考えればよい。このデュカは，スイス・フランのみならず，理論的には US ドル，ユーロ，ポンド，クローネ，円などと一定の交換レートが存在することになるのだろうが，設立当初は「デュカ」という名称の有価証券が発行されたということであり，そうである限り償還の約束をせねばならないということである。ただし，重要なのはこの償還が約束されているから，このデュカが通用するというよりは，このデュカが一定の商品購買力を担保するゆえに通用するようにさせたいということである。それゆえに上記引用文中の下線部分「あるいは紙幣」の発行と強調しているのである。おそらくそうした「貨幣」そのものとしての通用性要求なしには，この提案は新しいものではなく，いわゆる金融債のような有価証券の販売に終わってしまうことになる。この「デュカ」購入者は，たんなる購入者というのではなく，貨幣としての「デュカ」に，その通用性を求めて購入あるいは交換をしているということでなければならないのである。

　こうした通貨を発行する私的な銀行は，それがすでに十分な資本を有した大企業，とりわけすでに世界規模の展開をしている企業である場合には，クレジッ

---

[10] Hayek（1976/78），p.153［45-6頁］。

ト・カードや旅行小切手の場合がそうであるように，その発行企業が持つ実力や銘柄により，発行することになる通貨が通用していく範囲は，当然のことではあるが国境を越え出ていくであろうし，まさに通貨そのものが脱国民国家化していく可能性を必ず持っている。

　こうした世界社会性を備えた通貨の発行が一方でありえようが，その一方で地域性・局所性をむしろ拠り所とした通貨の発行もありえるはずである。多くの国々での現行法制度のもとでは，地域通貨は，普通その国の通貨との交換が制限されているか，あるいはその地域通貨によって購入することのできる財が限定されているが，ハイエクの提案が実現するものであるとすると，それら地域通貨の中には，これまでその国の通貨がある地域で発揮してきた機能にとって代わって，その地域の基軸通貨となる場合を考えてみることもできるであろう。

　(b)について　予定されていた償還が終わったとしよう。次に発行されるデュカも，最初と同じレートで，USドル，ユーロ，ポンド，円などと関係して償還されるかどうかは，ただちにはわからない。デュカが，とくにたんなる有価証券，例えば投資信託の証書のようなものだとすれば，当然，それは状況に依存することになろう。

　ただし，ハイエクの考えでは，デュカは通貨として発行されなければならないのである。この場合，これが国定貨幣ではないとしたら，デュカ自体は，何をその貨幣価値の基盤とすることができるのかという，貨幣法定主義者からの問いが向けられよう。現在，われわれの知っている既存の有価証券は基本的に国定貨幣に連関させられて機能しているが，このデュカはそれ自体が貨幣として発行されなければならないのである。

　ハイエクは，これを商品貨幣論で応えようと考えている。ハイエク自身が当時想定していた品目とはずいぶん違うものとなろうが[11]，現在でもやはり商品準備本位制度を基礎とした原材料価格のバスケットを拠り所にしてみることは可能であろう。ハイエクが言うとおり文字通りの商品準備本位制度，つまり実際に諸々の商品の現物を準備しておくことは必要ない。そうではなく，1デュカがある一定の商品群からなるバスケットを購入する価値を持つことを示すとい

---

[11] ハイエクは，第二次世界大戦後の国際通貨制度を見越して，相当早い時期から「商品通貨制度」について言及している〔Hayek (1943a)〕。

うことでよいはずであろう[12]。つまり，通貨単位が，一種のインデックスとして働くようにするという考え方である。

種々の商品群からなるバスケットを想定するのは，商品それぞれの価格変動の影響を小さくさせるということであり，一種のポートフォリオということである。さて，それではどのようなバスケットが想定されるのであろうか。

「人というものは，たいていさしあたって小売価格や生活費という点で考えがちであるし，最も個人的な消費者はこの点での貨幣の安定を好むかもしれないだろうが，そういう点で調整される通貨は，広範な循環を形成することはありえないと考えられる。生活費は場所により異なるし，相当な比率で変化することもある。たしかなのはビジネスというものこそ広範な地域にわたって受け入れられる貨幣をあてにするということである。どの企業においても会計計算（したがって資材の効率的利用）にとって最重要事は，ある特殊なマーケットについての専門的な知識よりも，諸々の価格が一般的に安定していることを頼りにするから，原材料や農産食糧品および一定標準化された半完成工業生産物など，広範に取引されている生産物の価格となろう。そこにある利点を言えば，それが正規の市場で取引されるものであり，その価格が迅速に伝えられるものであるからであり，少なくとも原材料の場合には格別に敏感であるので，早期の対応によって一般的な価格変動に至る兆候を事前に察知することができるということである」[13]。

ハイエクがこの提案をした1970年代後半に比べて，格段に経済のボーダレス化が進行している現在の世界経済を考えると，先にも触れたように，それとはあたかも別のシステムのように，局所的な地域通貨が小売を中心にした生活費の範域を軸にして，その貨幣価値の拠り所をその局所性にこそ求めようとする可能性も大いにありうるであろうが，当然のことながら，ハイエクの指摘する種類の諸商品の方が，安定して広範に通用する貨幣価値の遡及点となることは理解できる。これは，すでに見たとおりハイエクが好んで用いた三角形を思い出せば理解できることであろう[14]。

(c) について　ハイエクの提案において最も重要な点は，この貨幣制度が，諸々

---

[12] Hayek (1976/78), p.173 ff.［86頁以下］.
[13] Hayek (1976/78), p.178［93頁］.
[14] 第2章第2節参照。

の貨幣間で形成される競争秩序に支えられるということにある。ある発券銀行が，通貨発行量を誤り，例えば過剰に発行した場合を考えてみよう。銀行の通貨発行業務とは，金利ゼロの有価証券を発行することである。その銀行は自らの資金確保のためには，過剰に通貨を発行するリスクをつねに持ってはいる。

　ある銀行が流通量の見通しを誤って通貨を多く発行し過ぎた場合，その瞬間その銀行はたしかに一時的に多い資金を確保することができるであろう。ただし，それは発行した銀行券の数の上でのことであり，銀行券の価値は，為替市場のみならず通常の種々の市場において間もなく明らかになるから，貨幣量の過剰が，その貨幣の価値低下を招くことになる。このことは，この通貨が通貨として妥当する範囲においても，またこれと他の銀行が発行する通貨との交換レートにも影響してくるはずである。すなわち種々の商品市場，生産市場，消費市場，さらには労働市場においても，それの通用性が減退していくということであり，為替市場においては，交換比率として，そのことが最もはっきりと現れて出てくるはずである。

　そうした通貨の通用環境を支えていくために必要な，諸々の通貨に関する諸情報が，調査機関やマス・メディアをつうじてつねに公開され，その諸情報が十分に吟味されていく可能性が存在していなければならないことも間違いない。この可能性は，通信技術の発展をはじめ，また貨幣それ自体の電子化を考えると，ハイエクが提案をした時代よりも，現代では，より複雑性が上昇して情報過多による混乱の可能性がある一方で，他方ではさらにより現実的な可能性が大きく開かれるようになったと考えることもできる。

2．通貨ナショナリズム

　ブレトンウッズ体制の場合にも，またそれを部分修正したスミソニアン体制の場合にも，そしてその後の変動相場制の場合にも，それらはやはり，国家間の協議により作り上げられた制度であるという点では同じことが言える。どちらも，「ナショナル」という国民国家の枠組みと通貨を結び付けて考えているという点では同一である。このこととともに，ハイエクの通貨発行自由化の提案，すなわち法律によりまさにその通貨発行を自由化するということは，言い換えれば，通貨発行の独占を国際間の協定をつうじて，それぞれの国から取り上げ

るということを言っているのであり，それ自体は現実には相当に難しい話である。すでに法貨としたものを一度解消するものの，改めてしかも制定した法によって貨幣の発行そのものについて自由化するという，ある種のパラドクスを含んでいるようにも見えるのである。

　1970年代後半ハイエクが提案した時代には，ある種の理想であり，ある種のユートピア的な試みとして考えられていたユーロは，今では現実に通用し，USドルとともに世界通貨のひとつとなっている。たしかにヨーロッパ共同体を国民国家の拡大あるいは巨大化として，ユーロを国家が発行する法貨の拡大版として見てみることも，まさにそのとおりであり，そう言うことは可能であろう。ただし，ハイエクの提案があった1970年代半ばには，まだ当時のヨーロッパ共同体が現在のような形態に発展していくことを，実際に考えてみることは難しかったし，まさにまだユートピア的であったと言い切っても必ずしも誤りではなかったと言える。

　しかしながら，1992年ハイエクが亡くなってから10年以上を経過した現在，この超国家組織がたんなる国家組織の拡大版にすぎないと言い切ることも難しくなってきている。ヨーロッパ連合の東への拡大に含意されているように，それまでの世界秩序を一定の形で変化させていくものであることは明白な事実である。

　またもう一方で，インターネットに代表される通信技術の飛躍的進歩が世界と人を変化させたこともハイエク死後の10年の間に起こったことであるし，1950年代には実験的なそれであったクレジット・カードが飛躍的に普及し，世界規模においてそれなしには生活のできない社会が作り出されていったし，そうしたプラスチック・カードと電子情報との組合わせは，さまざまな電子マネーの試みと普及を可能にしていっており，ハイエクの提案の内容を，より現代的な状況のもとで今一度再考してみることには実は意味のあることである。

　さらにもうひとつ，提案がわれわれに向けているそもそもの問題については今一度真面目に振り返ってみる必要もある。すなわち，「貨幣とはそもそも何か」ということであり，貨幣とは国が独占的に発行するものであると考えることを前提し続けるだけで，果たしてそれでよいのかということである。

　「2000年以上にわたる貨幣供給の政府大権あるいは独占権といっても，それは実際上，金貨，銀貨あるいは銅貨の鋳造の独占ということに等しい。この大権

はその永きにわたって，君主の聖なる力が与えるとされるまったくの神秘で覆われ，主権に本質的に帰属するものとして，問い質されることなく受け入れられるようになっていった。こうした着想は，紀元前6世紀にリディアのクロイソス王が最初の貨幣を打刻する以前にもうすでに，すなわち金属の延べ棒にその純度を証明するために刻印するにすぎなかった時代にまで，おそらく遡ることができるものであろう」[15]。

支配者の権力の象徴，その独占の歴史が貨幣のそれとそのまま重なるということである。ソヴリン（Sovereign）やクローネ（Krone）[16]などの言葉が貨幣の単位として用いられてきたのは，そうした歴史をそのまま物語るものである。すなわち支配者の刻印に他ならないものであったのである。

度量衡の統一が天下統一につねに結びついてきたのも，それが支配者の権威と権力を示すことに他ならないからである。「統治者の特権は，その当時使われていた種類が鋳貨だけだったから，鋳貨発行にだけ本来あてはまるものであった。他の種類の貨幣が出現することにより，この特権は急速に拡張されていった。それらのそもそもの発生は，統治者たちが強制借り入れで調達するのであっても，貨幣が入用になった時である。徴収に対して，貨幣として受け取れと命じて人民に受取書を与えたのである」[17]。

戦争遂行のための戦費調達がこれの典型であるが，統治者はしばしば大量の貨幣を必要とした。紙幣の登場は，支払い約束の手形ではあるが，それは同時に強制徴収をしたことの証文でもあった。そうした紙幣の登場は，統治者の裁量権の際限のない拡大そのものに他ならなかった。貴金属を探し出し鋳造するまでもなく，紙に刷ればよいからである。同じものはいくらでも増刷していくことができる。人間の歴史は，そうした紙幣がどのように鋳貨や貴金属の量と兌換可能であるか，あるいはそうでないかの歴史であったと言えよう。ゆえに「歴

---

[15] Hayek（1976/78），p.137［12頁］．
[16] Sovereign，すなわち主権者，元首，君主，国王という意味の貨幣は，1489年に発行された20シリング（1ポンド）金貨に，国王ヘンリー7世の肖像が刻まれていたことに由来するとされている。Krone，すなわち王冠を意味し，それを刻んだ貨幣単位は，現在もデンマークの通貨単位であり，かつてはスウェーデン，ノルウェー，チェコスロバキア，そして第一次世界大戦後までオーストリアの通貨単位であった。歴史的には，ドイツ帝国の10マルク金貨として知られている。
[17] Hayek（1976/78），p.139［15頁］．

史はたいてい政府によって仕組まれたインフレーションの歴史である」[18]とハイエクは言うのである。

　紙幣発行の裁量性を制御するしくみが，もともとは本位制度であったと考えてみることもできる。金本位制度，銀本位制度，金銀本位制度などの金属貨幣本位制度，そして商品準備本位制度などがこれにあたる。前者に関して法制度によりこのことを明瞭にした好例は，1816年のイギリスのソヴリン金貨であり，額面の表示はないが直径22ミリ，重さ7.988グラム，品位1000分の916，これが20シリング＝1ポンドの価値と法により規定された。紙幣，すなわちイングランド銀行券は，これに基づいてやはり国定貨幣，つまり法貨として，このソヴリンという基礎単位をもとにして交換されるようになった〔貨幣法の制定（1816年）〕。金と銀行券との関係は，後にさらに明瞭に規定され〔イングランド銀行法（1844年）〕，これを雛形にした制度が各国で採用されるようになり，最初の金貨本位制から金本位制が確立していった。

　さて，この制度確立には次のふたつの明瞭な条件が前提となっている。
（1）発行された銀行券と金との兌換が法定平価により制限なしに保証されること。
（2）金の輸出入の自由が保障されること（金解禁）。

　このふたつの条件を保証するために，法制度は英国ではその中央銀行としてすでに存在していたイングランド銀行に銀行券発行の独占権を与えることになった。趣旨は，標準となる金の価値に貨幣の価値を結びつけることができるというところにある。そうした金貨本位制度から金本位制度への展開は，すでに上のふたつの条件にあるように，実は脱ネーション化の方向性を備えたものでもあり，自由貿易主義を実現しようとするものである。法規定は，単位となるソヴリンの大きさ，重さ，質の規定が趣旨である。もちろん，このことはパックス・ブリタニカという意味での脱ネーション化に他ならない。したがって，第一次世界大戦を最も象徴的な出来事として，帝国主義がナショナリズムそのものであったことが明瞭になったとき，戦費調達のために金の政府への集中，要するに金の国外流出禁止という措置も当然発生させることになったのである。この意味では，法貨の「法」とは，国民国家のもとでの制定法ということである。

---

[18] Hayek（1976/78），p.142［S.14］［22頁］

そしてこのことは，言い換えれば裁量的変更がいつでも可能になったということでもある。

素朴に考えると，不足する金を，これ以外の貴金属，例えば銀で量的に補充してみることが容易に思いつこう。ただし，実はこれは本来的に不可能なことでもある。イギリスにおいてもそうであったが，不足する金の量を補うために，金貨1ポンドと銀貨20＋aシリングの関係を設けて一種の金銀二重本位制を採用すると，金と銀との交換率はつねに変動していくことになる。そして，金は銀との交換をつうじて止めどもなく国外に流出していくことになってしまうのである。

この点では，金を唯一基準とすることが，金属貨幣本位主義の前提であるが，この金の持つ価値基準が，発行される銀行券との兌換をどのように保証していくことが可能であるかということを考え出さねばならなくもなる。これは国家と経済発展との関係でもあるし，ナショナリズムと直結していて他国との国際政治的な関係でもある。もっと端的には，国富の状態に依存しているということでもある。19世紀後半，社会国家化が始まり，行政国家の制度が国家機構を拡大させていき，20世紀に入ると，これは社会福祉国家として国家機構は膨大なサービス部門を擁する装置となっていった。またこの大きな国家装置を抱えた国家同士の戦争は，近代戦となり総力戦となっていった。これらを維持していくためには，新たな金鉱の偶然の発見や，純金による戦時賠償によってしか増加させることを期待することはできなかった。一定量の貴金属，金の量と密接に関係していなければならない紙幣発行だけでは，到底賄いきれるものではない。

ハイエクは，すでに1937年に，金本位制が，設計していた機能をどうして果たすことができなかったのか，その本当の理由について論じている[19]。本書第二章においてすでに銀行の信用創造機能として見たように，もはや金，金属貨幣，紙幣，預金，預金の準備金など貨幣と貨幣派生物との関係から，本来の金兌換を額面通り果たすことは原理的に不可能になってしまっていたのである[20]。紙幣のみならず，要求払い預金通帳に記された額を兌換する金は，前者が裁量的

---

[19] Hayek (1937a), p.40.
[20] Hayek (1937a), p.47.

に増加させられ，後者が銀行システムに内在するメカニズムにより爆発的に増加していくことを考えると，そうした制度自体がそもそも存在することに無理があったということである。この点では，発行された貨幣に額面どおりに対応する金が存在するという，純粋な意味での金本位制は，実は歴史上存在したことはなかったと言うこともできるのである。

　第一次世界大戦後，再び理想復活ということで金本位制復活が模索されたが，実際には一国通貨主義にしか至らなかった。むしろハイエクの言い方では「通貨ナショナリズム」が蔓延していったというのが正しい。一国の領域における貨幣量を合理的に調整することは，それを超えるより大きな経済システムが存在するようになると，つまり経済が地球規模化していく限り，そもそも不可能なのである。その国の独立通貨を維持するために，他国から自国を遮断することは，そう簡単なことではない。すでにハイエクは，1937年の時点で，つまり金本位制度が崩壊し保護主義の政策が採られるようになった時代に，その後の変動相場制が抱えることになる深刻な混乱も予測していた。すなわち「より広い経済システムの一部でしかない一国の領域内で貨幣量を分離して制御する合理的基盤など存在しないこと。独立した一国通貨を維持することにより海外で発生する金融ショックからその国を隔離することができるという信仰が妄想であること。そして変動相場制が逆に国際的安定に新たなるそしてたいへん深刻な攪乱を導くことになる」[21] と考えていたのである。

3．マネタリストの笑み

　さて，「通貨ナショナリズム」という問題を除くと，資本主義と自由主義を擁護するという点で，すなわち社会主義，集産主義への厳しい批判者であるという点で，そしてまたモンペルラン協会の創設当初からの盟友であったという点でも，さらには『隷従への道』の1994年英語版再版に序文を添えているという点でも，ミルトン・フリードマンとハイエクはともに「リベラリズム」の擁護者として，重なり合って見えるところがあるし，しばしば政治的発言について同じスタンスをとってきたと見られてきたところがある。

---

[21] Hayek（1937a），p.86

しかしながら，ハイエクの貨幣発行自由化論に対してフリードマンが加えた短評と，それに応じたハイエクの文章は，通貨と国家について彼らの見方にはっきりとした違いがあることを教えてくれる。ハイエクが貨幣数量説を，ある一定の条件のもとでは許容するが，根本的な点ではその万能性について否定的な発言をしてきたのに対して，フリードマン自身の研究が，貨幣量の変遷についての膨大な実証研究により支えられていることは有名なことである[22]。

フリードマンは，ハイエクの貨幣発行自由化の提案に対して否定的な見解を述べている。すなわち「(ハイエクの) 願いが実際には実現しないことを示唆する十分な経験的かつ歴史的証拠をわれわれは持っている。つまり購買力保証を必要とするプライベート通貨が，政府通貨を駆逐することはないであろう」[23]と言うのである。

アメリカ人フリードマンにとって，USドルは「ザ・マネー」であり，そしてそれは世界唯一の政府通貨であり，すでに世界通貨そのものだということである。このことは，ウィーン子ハイエク，そして英国人ハイエクの経験からは考えることのできない，まさにアメリカ合衆国の経済学者フリードマンの前提である。この違いは国家および政府についての見方の違いでもある。国家，政府への信頼性について，ハイエクとフリードマンはずいぶん違った感覚を持っていたと考えなければならない。

貨幣数量説がその効力を発揮するためには，単一の通貨が流通しているということが不可欠の前提となろう。「一定領域で循環するのは一種類の貨幣だけであり，それの量は同質（あるいは同質に近似の）諸単位を数えることで確かめることができる」[24]という前提を欠いては，数量計測，数量調整の意味はなくなってしまうからである。

しかしながら，まさしくハイエクの論点はここにあったのである。つまり，貨幣数量説を有用にする構造にこそ実は大いに問題があるということである。「どんな当局も〈貨幣の最適量〉を事前に確かめることなどできない。これを発

---

[22] Friedman/Schwartz (1963a)；Friedman/Schwartz (1963b)；Friedman/Schwartz (1982) など。
[23] Friedman (1977), p.28.
[24] Hayek (1976/78), p.179 f. [97頁].

見することができるのは市場だけである」[25]。ゆえに，発券そのものを競争秩序のもとに任せ，政府の裁量主義を不可能にせねばならないというのである。

これに対して，フリードマンは言う。

「私にとって，とてもわかりづらいのは，彼（ハイエク）のいう銀行，それがいくつあろうとも，購買力という点で信頼できる諸契約をどのようにオファーすることができるであろうかということである。そういう諸銀行が，他の諸々の通貨との関係で，諸々の契約を与えることができるだろうというのは分かる。例えばUS銀行はその商標を掲げて諸々の契約をすることになろう。こういう銀行は，そこの商標という資産を獲得することができるからである。しかしながら，ある任意の銀行は，購買力のために整えられる確固とした購買力で支払い可能で信頼に富んだ契約を，どのようにしてオファーすることができるのだろうか。帳簿の帳尻を合わせるために，どんな資産(アセット)を持っているのか。購買力資産というものはありえない。私が思いつく唯一の方法は，合衆国政府が購買力担保証券を発行することができるのなら，どうにかなるだろうということである。そういうふうになるのであれば，私にははっきりわかるが，購買力担保証券発行を望む私企業が生まれ，生命保険会社などがこの証券を資産とするであろう。私が考えることのできるのはこれである。しかしこうなると，人々はまだなお自分たちが使う通貨に対応する購買力資産の源泉として政府を頼っていることになる」[26]。

フリードマンには「アメリカ合衆国」政府が重要であり，それが世界それ自体のようである。貨幣発行自由化論を展開していた当時，ハイエクは，故国オーストリアのザルツブルクから再び，同じドイツ語圏とはいえ隣国のフライブルクに戻り住むことになったし，もっと前を想い起こせば第二次世界大戦中にイギリス国籍を得たオーストリア人でもあった。この多国籍者ハイエクにとっては，国家や政府とは，それぞれ国名を数え上げることができるという点では数多的であるかもしれないが，インフレ主義と裁量主義の元凶ということでは，それらは基本的にはどれもみな同じだったとも言えるのかもしれない。

「貨幣の購買力」という表現は，「貨幣価値」という意味とほぼ同じことを言

---

[25] Hayek (1976/78), p.184 ［105頁］．
[26] Friedman (1977), p.28.

い表しているが，やはり彼らの間にある本質的な見方の違いもそこにはある。

さて，経済学を学ぶ人たちには教科書的な知識であるが，アーヴィング・フィッシャーの知見をもとにした貨幣数量説の説明の基本となる数量方程式というものがある[27]。

「取引型数量方程式」と呼ばれる，MV=PT というものを考えよう。右辺 P は財・サービス・証券の価格，T は取引回数である。これらの積は，ある期間における財・サービス・証券の取引総額ということになる。経済プロセスの総体と考えることができよう。左辺 M は貨幣（すなわちドルの額），V は貨幣の回転数を示している。さて，この等式を V=PT/M とすればわかることであるが，貨幣の流通速度，すなわちその流速が表されることになる。

次に今ひとつ「所得型数量方程式」というものも見てみよう。Y は名目国民所得，P は物価指数，y は実質国民所得とすると，Y=Py という関係がある。先の取引型での左辺 MV あるいは PT も，実は国民所得であると見ることができるので，MV=Py という関係を導くことができる。

しかしながら，こうした関係への展開は，ハイエクがとくに嫌悪してきたところのものでもある。つまり，貨幣量と物価水準との一意的関係が導かれてしまうからである。すなわち，きわめて安易に解釈してしまうと，物価調整のために貨幣量を調整すればよいという考えが生まれ出てきてしまうからである。これらフィッシャーの伝統からのふたつの数量方程式に加えて，フリードマンは，アルフレッド・マーシャルのケンブリッジ学派に由来する「現金残高接近型」のものも示している。すなわち，M=kPy という関係である。

「貨幣経済の本質的特色は，そこでは購入行為と販売行為の分離が可能になるということである。何か交換に出したいものを持っている個人は，二重の一致，すなわち彼が持っているものを欲すると同時にそれと交換にその人が欲するものを提供してくれる誰かを捜す必要はない。その人はただその人が持っているものを欲する誰かを見つけて，これを一般購買力と交換して販売し，それからその人が欲するものを持っている誰かを見つけて，これを一般購買力でもって購入すればよい。

購入行為を販売行為から分離するためには，交換においてすべての人が〈一

---

[27] Friedman (1970), p.3 f. [8頁以下].

般購買力〉として受け取るような何かが存在しなければならない。これが取引型アプローチで強調される貨幣の側面である。しかしまた，販売と購入の合間に購買力の一時的住まいとして役立ちうるような，何かが存在しなければならない。これが現金残高型アプローチで強調される貨幣の側面である」[28]。

　最初に示した取引型は，流通速度（V）という変数が示しているように，財・サービスなどを回転させる貨幣の交換媒体としての機能に着目している。すなわち，貨幣による当座の決済状況に着目するものである。獲得した貨幣の一般購買力が，次の何かの購入に接続していくこと，言い換えれば別の経済主体にただちに転移していくことが含意されているのである。したがって，支払い慣習，手続き，交通通信などの技術的諸条件が，そうした回転をしていくための変数として主題化されるのである。

　これに対して最後に示した現金残高接近型は，獲得される貨幣そのものに籠められる価値に着目している。取得した貨幣には次に開かれる可能性があたかも封じ込まれ保存されているのである。それゆえに「貨幣の定義に，小切手では譲渡できない，ある種の要求払い預金や定期性預金のような価値貯蔵手段を含めることが，まさに適切だと思われる」[29]と言うのである。

　このことを，フリードマンは $M=kPy$ として表現している。つまり，個人や企業などの経済主体が望むべく貨幣の大きさは，その時点での所得に左右されるということである。定数 k は，たしかに先の所得型方程式と重ねてみると，それが V の逆数であることになる。

　数字の上では流通速度の逆数であるが，「一定不変の数字と見なすべきではなく，それ自体さらに別の諸変数からなる関数と見なすべきである」[30] としているが，同時に，$M=kPy$ 自体がすでに貨幣に対する需要関数であることも想定されている。

　すなわち，フリードマンにあっては，これは「ザ・マネー」という意味での，「これぞ貨幣である」という貨幣に対する需要関数であり，個人や企業などのさまざまな経済主体が望むべく貨幣量を決定する関数であるのみならず，さらには「社会」が必要とする貨幣量を決定する関数という意味をも持つと考えているの

---

[28] Friedman (1970), p.8 f. [14頁以下]．下線強調は筆者．
[29] Friedman (1970), p.9. [15頁]．
[30] Friedman (1970), p.10. [16頁]．

である。

　こうしたフリードマンの考え方に対して，ハイエクは批判的である。

　「私が大部分の〈マネタリスト〉たち，とくにこの学派の代表的指導者であるミルトン・フリードマン教授と異なっているところは，無垢な貨幣数量説というものを，ある一定領域で，ただ一種類の貨幣だけが使われている状態であったとしても，実際上の適切な説明をするのに便利でラフな概算にすぎないものとしてしか私は見なしていないことにあるが，同一領域において，複数の異なった種類の貨幣が一緒に同時に使用されているところでは，それは完全に無用なものとなる」[31]。

　いささか挑戦的な意見であるが，言っていることは，原理上正しい。実際にハイエクの提案どおりに競争通貨が実現すると，そのようになるであろう。ただし，ドルが基軸になっている世界社会ということで考えると，まさにドルこそが通貨であり，その数量こそが重要だということである。ただしそうであってもハイエクは，貨幣数量説の実際性には問題があると見ている。

　さて，ハイエクの提案が正しいとしても，貨幣間の「競争」という秩序は，まさしく自生してくるものであるのであろうか。あるいはフリードマンが想定しているように，基準を担保してくれる何かがあるゆえに「選択の自由」が担保されるのであろうか。

　ハイエクが目にした20世紀の経済と政治は次のとおりであった。

　「人々の特定の集団・部門が利する権力を政府にいったん与えてしまうと，多数派支配のメカニズムが働き，多数を制するために集団・部門から十分な数の支持を得るために，これを使わざるをえなくさせる。援助をと騒ぐ者たちへのサービスに，より多くが費消されるように貨幣量を操作することで，地方や部門の不満を満たすという，果てしのない誘惑がしばしば止め処もないものとなっていくのである」[32]。

　こうした歴史的体験ゆえに，ハイエクは貨幣発行自由化論を主張するのであるが，「競争」は，並行する諸々の通貨間でどのように行われるのであろうか。そしてまだなお，政府があり続けるとしたら，上の危惧は，実はそのまま貨幣

---

[31] Hayek (1976/78), p.183 [102-3頁].
[32] Hayek (1976/78), p.203 [145頁].

発行自由化が実現した社会においても，相変わらず発生し続けることにはならないのであろうか。

さらに，競争秩序において，より安定的な通貨が好まれるか，それともインフレ度の高いそれが好まれることはないか。そしてハイエクは，強い科学主義批判にもかかわらず，マス・メディアによる情報流通については比較的楽観的な見方をしているが，とりわけ現代の情報（過多）社会を考えると，予定されている競争状況において，プレーヤーに適切な情報が果たして十分に行きわたるのであろうか。

さらには，場合によって購買力安定を志向していく通貨よりも，インフレ期待を可能にしていく通貨を個人と企業はヨリ好む可能性はないだろうか。為替市場が高度化していくことにより，この種の思惑はさらに複雑化するのではないか。

個人や企業が自由選択をすることができるとしても，取引銀行とその審査機能，あるいは自動振替の固定機能などが，ある構造維持的に働く可能性はないであろうか。これらの諸問題については，実際のところ実施してみなければ，わからないことであり，わからないことが，たしかに多く存在したままである。

4．自由貨幣と自由銀行

ハイエクは，商品貨幣論に立ち返りながら貨幣発行自由化論を提案したのであるが，すでに第一次世界大戦直後にシルヴィオ・ゲゼルは，実業家としての自らの経験的知見を頼りにして，ハイエクの場合とはまったく違った形で貨幣の再商品化ともいうべき提案をしていた。「減価する貨幣（Schwundgeld）」という提案がそれである。

ゲゼルは，貨幣がその固有の機能によって，貨幣派生物を増殖させていくに応じて，貨幣価値そのものを減少させることを提案している。

「貨幣需要は，信用手段によって交換された商品量だけ減少する」[33]，あるいは「日々の貨幣需要は，〈日々市場に供給する商品〉から〈信用手段によって，あるいは直接的な物々交換によって処理される商品〉を差し引いたものに等し

---

[33] Gesell（1920），S.171 [27-28頁]．

い」[34]。

　まさしくこのことは，ハイエクが指摘した問題，銀行を介した貨幣の信用創造機能についての問題であり，ゲゼルは増殖した分を差し引くことを言っているのである。たしかに実際の貨幣の量に対して，それにより生み出される預金通貨，手形，有価証券など種々の派生物が，貨幣を単位とした量で，その貨幣単位で倍を超える額の信用を創造することが可能となる。

　こういう状態に対して，非常に実践的な処方箋として，ゲゼルは持ち越し費用を必要としない貨幣に対しても，諸商品の場合と同じように，それらを持ち越す際に生じる維持費にあたるものを付加して，言わば「減価する貨幣」というものを考え出したのである。先に触れたアメリカの経済学者フィッシャーはこれを「スタンプ貨幣」として賞賛もしている。

　また，これもよく知られているように，ケインズは「将来の人々はマルクスの精神よりもゲゼルの精神からより多くのものを学ぶであろうと私は信ずる」[35]という好意的な扱いをするとともに，「私の理論によると，この（スタンプ料金の）額は，貨幣利子率（スタンプのない場合の）が完全雇用と両立する新投資量に対応する資本の限界効率を超える超過分にほぼ等しいものとすべきである」[36]と，より具体的な意見さえも表明している。

　貨幣が，商品と商品とを取り結ぶだけの，あるいは需要と供給とを取り結ぶだけのシンボリックな媒体にすぎないと考えればよいのではない。貨幣的交換が，実物的交換とは異なり一般的通用性を前提とするということに含まれていることの意味は，その当該通用領域では同時に高い程度の分業が進行し切っているということでもある。そうした社会空間においては，人々はたんに「手から口へ」というだけの，直接的で具体的かつ有用な物を取得し消費するという，その日暮らしの形で生きていくことはできなくなっているのである。自己が欲する物を他者が持ち，その他者が自己の提供した物を持つという二重の条件依存性を，そうした高度に分業化した社会においては，そうたやすくクリアしていくことができなくなっているということである。

　例えばマルクスの場合にも，こうした社会的分業の問題を的確に捉えていた

---

[34] Gesell (1920), S.172 [27-30頁].
[35] Keynes (1936), p.355 [356頁].
[36] Keynes (1936), p.357 [358頁].

ことはよく知られている[37]。すなわち，もはや具体的に有用な労働という水準での，言わば顔の見える水準での，具体的有用的な実物交換のレベルではなく，一般的で抽象的な労働の充満した総体としての経済社会の圧力が，交換を必要とさせ，その信号媒体として貨幣が機能するということである。この点では，マルクスにおいても，貨幣がシンボリックな媒体であり[38]，商品経済とは，まさにひとつの社会システムであったと言うことができるのであろう。マルクスの視点には，この貨幣が物神的性格を持つため，それゆえに究極的には貨幣廃止論を想定しようとしているところがある。すなわち労働一般ということによって，この貨幣的性格を止揚しようというのである。こうした方向は，共産主義革命の理念が失われた今においても社会学的センチメンタリズムとして，反-経済万能社会というスローガンとなって残っているには残っている。

ただし，この種の社会学的センチメンタリズムが，マルクスの考えそのものに由来するものでないことも事実である。マルクスは『哲学の貧困』においてプルードン派の無政府主義を厳しく批判しているが，その点を見ていくと，例えば次のような『資本論草稿集』にある議論が，貨幣の素朴廃止論を唱えているのではなく，むしろ貨幣の本質を決定的な点に至るまで見究めていたことを実はよく教えてくれるのである。

「交換価値が生産物から切り離され，解放されたひとつの存在を受けることを必然的にともなってくる。諸商品それ自体から解放され，みずから一商品として諸商品とならんで存在する交換価値は，貨幣に他ならない。交換価値としての商品のすべての諸性質は，商品とは異なったひとつの対象として，商品の自

---

[37] 「諸商品は，貨幣によって通約可能になるのではない。逆である。すべての商品が価値としては対象化された人間労働であり，したがって，それら自体として通約可能だからこそ，すべての商品は自分たちの価値を同じ独自な一商品で共同に計ることができるのであり，また，そうすることによって，この独自な一商品を自分たちの共通な価値尺度，すなわち価値に転化させることができるのである。価値尺度としての貨幣は，諸商品の内在的な価値尺度の，すなわち労働時間の，必然的な現象形態である」〔Marx/Engels (1962), p.109 [125頁]〕。

[38] 「貨幣の価値の大きさがありとあらゆる商品で表されているのが見出される。これに反して，貨幣は価格を持っていない」〔Marx/Engels (1962), S.110 [126頁]〕。「価格は，商品に対象化されている労働の貨幣名である。それだから，商品と，その名が商品の価格であるところの貨幣量とが等価だということは，ひとつの同義反復である。というのは，およそ一商品の相対的価値表現はつねにふたつの商品の等価性の表現だからである」〔Marx/Engels (1962), p.116 [134頁]〕。

然的な存在形態から解放されたひとつの社会的な存在形態として，貨幣において現れる。(中略) この象徴が表現される材料は，歴史的にはきわめてさまざまな形で出現するにしても，けっしてどうでもよいものではない。社会の発展は，この象徴を作り出すとともに，ますますそれにふさわしいような材料をも作り出し，のちにはふたたびこの材料からつとめて離れようとする。ある象徴は，それが恣意的に作られたものでないかぎり，それが表示されるための材料はある条件を必要とする (中略) 諸商品および貨幣の存在から生じる諸々の紛糾と矛盾とを，人が貨幣の形態を変更することによって止揚することは不可能であるように (中略) 同様に交換価値が生産物の社会的形態として残っているかぎり，貨幣そのものを止揚することは不可能である」[39]。

　ケインズが，マルクスよりもゲゼルにと評価した点は，明らかにこうしたマルクスの議論には着目していない。むしろ，分業が必然的に生み出す交換に果たす貨幣の機能だけに着目していたと考えることができる。ゲゼルの場合にも例えば「商品供給は商品所有者の意志からではなく，商品そのものから生まれる」[40] という考え方では，たしかマルクスに通じていると言えるのであるが，そこから不況の発生を予防するための条件，どのような状況においても価格下落が生じないための条件を導き出そうとする点では決定的に異なっている。ゲゼルによれば，それは「1．貨幣と金を分離し，貨幣発行を市場の必要に適応させることによって，2．紙幣を製造し，この紙幣をいかなる状況であっても——例えば資本利子，貨幣利子ならびに物財（実物資本）の利子が下落し，消滅した場合であっても——商品交換のために供給し続けることによって」[41] 達成されることが考えられている。

　こうした考え方は，たしかにある点では，ハイエクの貨幣発行自由化論ともよく似た主張に聞こえるところがある。しかしながら，「われわれは，いうまでもなく，通常の場合のように紙幣の素材的側面たる紙片そのものを考えてはならず，ここではその全体——交換手段としての貨幣という国家特権をもつ紙片——を考えなければならない。つまりわれわれは，貨幣を製造品として，しかも法律の保護を受けているばかりでなく，国家によって独占的に製造されてい

---

[39] Marx (1894), S.79 f. [119頁].
[40] Gesell (1920), S.180 [27-42頁].
[41] Gesell (1920), S.195 [28-48頁].

る製造品として考えなければならないのである」[42] ということを知るなら，こうした考え方はハイエクのそれとは相容れないこともわかる。

たしかにゲゼルの理論に従った地域通貨の実践は現在に至るまで歴史上存在してきたし，これからもありうることである。しかしながら地域通貨であっても，しかもこの地域通貨が，1930年代チロルのヴェルグルにおいてはオーストリア連邦政府の命令で実施が中止に追い込まれたという歴史もあるが，ゲゼルの貨幣の発想は，基本的には国定貨幣説と同根であることを認めざるをえない[43]。

また減価する貨幣として，貨幣を商品と同じ水準にまで引き下げたとしても，ケインズも指摘していることであるが，「彼（ゲゼル）は貨幣利子率が大部分の商品利子率と違って負になりえない理由を与えながら，貨幣利子率がなぜ正であるかを説明する必要をまったく見落としている。（中略）これは流動性選好の考えを彼が見逃しているからである」[44]。

したがって，仮に減価する貨幣が完全に導入されたとしても「銀行貨幣，要求払いの債務，外国貨幣，宝石，貴金属一般などが相次いでそれに取ってかわるであろう」[45] ということになり，別の流動性のあるものが，それまでの貨幣の役割を演じるようになるということになる。この点では，このゲゼルの理論と実践は，これからも地域内通貨に限られるであろうし，その存在は貨幣の理論的正当性というよりも，むしろより実際的な人間主義によりその実践を形容するものとなるようになるであろう。

ハイエクは，ゲゼルや同種の試みについて『貨幣発行自由化論』の前文で，すでに弾劾している。「しばしば彼らの論拠には（貨幣発行の）政府独占が企業の自由という一般原則と相容れないのではないかという疑念が置かれているが，例外なく彼らはみな，この独占こそが貨幣の過剰供給に結びついてきたのだというよりも，むしろ貨幣供給の不当な制限に結びついてきたと信じていたのである。シルヴィオ・ゲゼルが推奨してきた〈減価する貨幣〉をわれわれにしばしば供給してきたのは，民間企業というよりは政府であったということを見落

---

[42] Gesell (1920), S.139 [26-42頁].
[43] ハイエクの故国オーストリア，とりわけ彼の愛したチロルにある，ヴェルグルという町では1930年代，自由貨幣の実践が行われた〔Rohlbach (2004).〕。
[44] Keynes (1936), p.356 [357頁].
[45] Keynes (1936), p.358 [358頁].

としてきたのである」[46]。

　ただし注意する必要があるのは，ゲゼルの理論と実践が地域内通貨に限られるということで，実は貨幣の本来性を表現しているということである。すなわち，貨幣という交換媒体の機能が自生的に生成していくということである。その交換手段が高い交換性能を発揮するということは，通用する域が限定されはするが，同時にそれの空間的・時間的範囲がつねに拡大していく可能性を持ち続けるということであり，それによりたんに局地的・瞬間的のみならず，空間的・時間的にもできる限り広範囲に財およびサービスとの交換を可能にするということである。この場合，この媒体の分割可能性，とりわけ均一に単位分割できる場合には，その性能はさらに向上する。ゆえに歴史的に，ある特徴を持った財がこの役割を演じてきたのであるが，これはまずはその域内での慣習に依拠して自生的に生まれてくるものであって，契約により約定されて通用するものではない。

　紙幣がこの役を演じる場合も，やはりそれは信用ではなく慣習に基づくものであることが不可欠であろう[47]。しかしながら，この場合には，慣習と信用という本来まったく異なるものが同じになってしまう。現代の地域通貨の実践が回復しようとしているのは，したがって信用やそれの基盤ということである。これはこれ自体では大切なことであることには違いないが，これは貨幣そのものの特質ではない。信用が貨幣の基礎にあるとか，特別の信用が貨幣の要素であるというのではない。そうではなく，貨幣がもつ特質は，他の諸財に対して，それが持つより高い一般的通用性能にある。そのまま持っておくことで減価する，すなわち持ち越し費用がかかる，あるいは腐敗して使い物にならなくなってしまわないために，とりあえず貨幣にする必要性にあり，それが倣いとなっているということなのである。この点では，もしかしたら地域通貨の実践は，必要により生じる貨幣の倣いに依拠して，社会的紐帯の信用機能回復をめざすというところに意味があり，そこで現れる交換関係は，匿名的な一般性よりは，顔の見える具体性であり個別性だということになろう。

　しかしこれはつねに流動性のより高い交換媒体となるものが存在し続けるゆ

---

[46] Hayek (1976/78), p.130 [iv 頁].
[47] こうした問題は，メンガーの貨幣についての詳細な定義に遡る〔Menger (1892)〕。この論文は，『一般理論経済学』にも収められている〔Menger (1923), S.247 ff. [387頁以下].

えに可能な実践だというパラドクスに支えられることになる。他方でハイエクの場合の，貨幣発行自由化論は，それが完全に実現したとしたら，もっと違う結果を招くことになる。ハイエクの見る先は，もっと彼方にある。すなわち，「明確に区分できる国民通貨が消失するということの少なからぬ利点は，誰も自分の国や地域の収支バランスがどのようであるかを知ることもなく，したがってそれについて悩んだり心配したりすることもない，統計とは無縁の幸せな時代に戻ることができるかもしれないということである」[48]。

これは果たして望ましい状況であるのかどうか，あまりに現実とは乖離した状態であるが，そのアクチュアリティがないわけではない。貿易収支に目をやりながら流通通貨の変動する価値を考慮せねばならないという視点はなくなるだろう[49]。

ただし，この場合も通貨間の為替市場の発生とともに，まだどこかに脱ネーション化されていない強力な国定貨幣が存在するとしたら，ちょうどフリードマンが指摘した強いUSドルがあり続けるとしたら，競争的条件のもとでの「反グレシャムの法則」が成り立ち，考えられる債権者たちは，より安定通貨を願うことになるであろう[50]。しかしながら，この安定への願望こそが，信用創出と連関している。

たしかにハイエクが唱えるとおり，「もし人々が貨幣あるいは貨幣に酷似した代替物として信用という手段を広範に用いなかったとしたら，われわれはある自己調節的な機構に依存することができたかもしれない」[51]が，残念なことに，われわれは貨幣あるいはその酷似した代替物とつねに構造的にカップリングしてしか存在せざるをえないように思えるのである。

---

[48] Hayek (1976/78), p.204 [147頁].
[49] Gerding/Starbatty (1980), S.38.
[50] Gerding/Starbatty (1980), S.34.
[51] Hayek (1960), p.324 [Ⅲ-99頁].

終章

自由主義　対　自由主義

ハイエクの墓

ハイエクは1992年3月23日，92歳の生涯を閉じる。しかし彼とウィーンとの関係はまだ続いている。ウィーンの森が広がっていくその麓，一面の葡萄畑を見渡し，ホイリゲ[1])の立ち並ぶノイスティフト・アム・ヴァルデの墓地に埋葬されている。また，かつてシュッツが働いていたライトラー社の建物であったヴィップリンガー通りの同じ建物には，スタンフォード大学，ベルリンと並ぶ，ウィーンのフリードリヒ・ハイエク研究所がある。ウィーン大学は，ハイエクを卒業生の中のノーベル賞受賞者のひとりとして顕彰している。

1．社会民主主義との「和解」か？

　第1章ですでに詳しく見たようにウィーン市の政権は，オーストリア・ファシズム，ナチス・ドイツによる合邦時代を除けば，現在までほぼ一貫して社会民主主義者が市政を握ってきた。ただし，このことは，ハイエクが第一次世界大戦のイタリア戦線から戻り，ウィーン大学に学び経済学に没頭し始めた頃，そしてそれにより職を得るようになった頃に始まったことであったし，そうした「赤いウィーン」の始まりは，ハイエクをはじめ多くの友だち，そして何よりも彼らの親の世代の階層であったリンクシュトラーセの自由主義の終末という時代の転換ということに他ならなかった。
　ハイエクは，その後これに類似した現象を，イギリスにおいても第二次世界大戦後の労働党政権の誕生という出来事として，すなわち20世紀の社会経済の全体的変質の過程としても体験している。すなわち，20世紀の社会民主主義の普及とその結果という問題であった。そしてハイエクは，つねにそれへの終始一貫した批判者であり続けた。
　第6章で見たように，いささか不幸な事件の連続があり，ハイエクはふたた

---

[1]) ワインの新酒を飲ませる造り酒屋。

び故国オーストリアを去り，ドイツ，フライブルクに戻り住むことになった。この不幸も，当時の政権与党となったオーストリア社会党との永年にわたる心の葛藤として読むことができた。しかしながら1983年ウィーン市はハイエクにその学問的貢献を理由に「ウィーン市栄誉リング」を贈呈することとした。1984年11月17日その贈呈式が行われ，ハイエクはその栄誉を受けている[2]。その前年には親友ポパー

ウィーン市栄誉リング（写真はウィーン市役所提供）

も受賞している。この芸術および学問に類稀な業績を残した人に贈られる「ウィーン市栄誉リング」，この栄誉指輪による顕彰は1925年，すなわち「赤いウィーン」の最盛期，その推進者であった市長カール・ザイツが創設したものである[3]。ハイエクは当時，オーストリア清算局での仕事から，オーストリア景気循環研究所所長になる頃であった。社会民主主義との関係は，その当時まで社会民主主義の社会教育活動に関わっていたポパーとは決定的に違う経歴であった。ハイエクは，1928年にはウィーン市の住宅政策，とりわけ赤いウィーンの「借家人保護」について否定的な理論的見解をまとめて，国民経済学会で報告をしていたことは第1章で詳しく見たとおりである。

　そういう昔からの経緯があったのであるが，赤いウィーンの断行者ザイツが創設した栄誉指輪をハイエクが受賞することになったことを考えれば，1980年代，赤いウィーンの時代からおよそ60年を経て，社会民主主義が20世紀ヨーロッパの共通の伝統の主要な一部を形成するようになったということなのかもしれない[4]。この点では，自由主義か社会主義かという対立図式は，冷戦後消失した

---

[2] 当時の有力な社会党政治家でありウィーン市長であったレオポルド・グラーツからハイエク宛の手紙など，受賞に至る一連のやりとりの記録が残っている〔Hayek Papers; Box 2/Folder 12〕。

[3] 第1章第2節1）注25（24頁）参照。

ということ以上に，20世紀の社会民主主義の実践との関係は，その成果を前提にして自由主義を考えていかねばならない現在となったということなのであろう。

2．「ネオ・リベラリズム」とナショナリズム

ハイエクが没するその数ヶ月前，1991年12月ソビエト連邦は崩壊する。資本主義か共産主義か，自由主義か社会主義かという問いは，その現実政治における内容とその存立の意味を失っていく。イギリス労働党はブレア政権のもとで，またドイツ社会民主党はシュレーダー政権のもとで，自己主題化，自己反省をつうじて「第三の道」という新しい政策理念の方向を模索していった。

このイデオロギーの自己主題化という再帰的近代化論は，当然のことながら自由主義についても適用できるものであるし，そもそも「新自由主義」という第二次世界大戦後に現れ出たイデオロギーと形式的には同種である。「新自由主義」というコンセプトが，どのように出現してきたのかということについては，ハイエクとリュストウとの関係で詳しく見たとおりである（第5章第2節）。そしてこのことが，この20年アメリカや日本で用いられている「ネオ・リベラリズム」が含意するものとは大いに異なっているのもたしかであるし，その相違ははなはだしい。もともと，こうした言葉への感覚が，特殊ヨーロッパ的コンテクストから語だけを切り離して自由に使用することを難しくさせるはずであった[5]。しかしながら，そうした言葉への感覚の多様性を許容する「自由」もある。しばしば否定的にも語られる「ネオ・リベラリズム」を，敢えて主唱する者たちが，果たしてどのように「自由主義」でありえるかについては，繰り返し問い質さねばならない問題である。このことは，ハイエク没後，1990年代からきわめて多く発生している諸事実を見ればわかるとおりである。

とりわけ，ハイエクの故郷オーストリアとの関係で言えば，2000年2月4日，その前年の総選挙において27パーセントの得票率を得て大躍進したオーストリ

---

[4] 別書で詳述したことであるが，「赤いウィーン」に至る理論的指導者たちの，そもそもの社会民主主義への傾倒は1848年の三月革命への郷愁であり，この点では面白いことに彼らは本来的には自由主義者であった〔Mori（1995），157頁以下〕。

[5] Horn（2002），S.11.

ア自由党は，国民党と連立政権を樹立する。日本でもこの日の新聞のトップニュースとなったし，「極右，政権に参加」という見出しも現れた。「自由党」を標榜するが，すでにヨーロッパの他の国の自由党，例えばドイツ自由民主党とは関係をすでに失った，言うなればオーストリア固有の政党となってしまっていた政党である[6]。そして何よりもその党首ヨルク・ハイダーによるナチへの好意的宣伝と取れる言動は，しばしば問題となった[7]。事実，この連立政権誕生当時，ヨーロッパ共同体諸国は閣僚レベルでの対オーストリア関係を厳しく制限したし，アメリカ政府，イスラエル政府も強い懸念を表明したことも事実である[8]。

　この種のハイダーの登場に見られる「自由主義」の標榜が，ナショナリズムやインペリアリズムの異形であるという問題は，19世紀以来繰り返し存在してきた事実である。こうした傾向に対するハイエクのポジションは明確であり，そのことは本書で示してきたとおりである。ただし，本書冒頭で触れたアメリカ大統領自由勲章のその後の受賞者リストを見ると，湾岸戦争での功労者もあり，このポスト冷戦時代の戦争，これをハイエクは知らぬままであったが，まさしくそれゆえに「ネオ・リベラリズム」を標榜するイデオロギーのリベラリズム性については繰り返し問い質さねばならない問題である。

3．理論的課題

　理論的な研究水準という点で見れば，ベルリンの壁崩壊，ユーロの誕生，ヨーロッパ共同体の拡大，世界社会化というその後15年の現実世界の変化により，20世紀型図式における対立項を失った「自由主義」そのものについての哲学的議論を深めねばならないことも明らかである。

　第4章（とくに第4節）において，ウィーン時代からの友人である哲学者であり社会学者でもあるシュッツとの学問交流とからめて論じてきたのは，この点と大いに関係している。そして，ハイエクによる自由主義の再定式の試み（第

---

[6] Wodak / Pelinka（2002）.
[7] Ötsch（2000）.
[8] その後，政権中枢に参与していた党員とハイダーとが対立し，オーストリア自由党の党内闘争が激化，その後分裂し，ハイダーは別政党を組織し，急速に支持力を失っていく。

5 章第 3 節),そしてその根底にあるウィーン時代以来の理論心理学的基礎,言い換えれば後にパタン分類論へと展開していく,一種のポスト形而上学的前提の可能性については(第 4 章),シュッツが主題としてきた生活世界の構成,とりわけパースペクティブの区別についての理論的貢献と重ね合わせて,さらに精緻な検討を加えていくことが今後も多くのことを教えてくれるはずである。それにより,自由主義理論そのものが抱える問題,その限界領域について明瞭にすることができると考えている[9]。

---

[9] これについては,もっと専門的な論稿で示したい。

あ と が き

　本書は，11年前に出版した『アルフレート・シュッツのウィーン――社会科学の自由主義的転換とその時代』(新評論)のいわば姉妹編でもある。前作での社会学者シュッツと，本書での経済学者ハイエクは，ウィーン大学での同級生であり終生の友人であった。彼らはともにそれぞれの学の領域で，その時代のそれぞれのメインストリームに対して厳しい批判者たちとして振舞った。そして，彼らなしには，現在の社会学と経済学は違ったふうになっていたであろう。
　彼らふたりの関係もさることながら，とりわけケインズかハイエクか，マネタリストかハイエクかなど，すでに経済学者による過去の研究は多々存在している。したがって，古典としての知識とも違い，教科書的なそれとも違い，またもう一方での法哲学，政治思想史においてもなされてきたたくさんのハイエク研究とも違う，そして何よりも冷戦体制のもとで「反・社会主義の論陣」を張ったとされるハイエクや，ポスト冷戦体制のもと「自由主義勝利の祭壇」に祭り上げられてきたハイエクとは違う別のハイエク像について，議論することができるように描き出せたとすれば嬉しいところである。
　また，社会学を仕事とする者としては，個別の事例研究と大規模に組織化された調査研究だけに，この学の重心が置かれるようになって久しく，今や社会学とは組織的な調査と個別的な事例研究のそれだと考えられる時代となってしまったことを残念に思いつつ，しかしまだなおこの学が，社会についての理論性を保つ学問であろうとするなら，隣接の経済学，政治学，法律学，そして哲学への目配りのできる精確な学識を背景に理論彫琢をしていくための基礎を作ることは不可欠なことであり，本書がそのための糸口となれば，さらに嬉しいところである。
　仕事を進める過程で，ドイツの若い政治学者ヘネッケ博士の徹底的な業績が

---

[1] Hennecke(2000). なお，Ebenstein(2001), Caldwell (2004) の業績からも，非常に多くのことを学ばせていただいた。

現れ，私が仕事をしていく余地がなくならないかと焦りもしたが，それとは違う研究としてまとめることができたつもりである[1]。

前書でもそうであったが，この種の研究はたくさんの方々の協力なしにはありえない。アメリカ，スタンフォード大学フーバー研究所のハイエク文書，ドイツ，コンスタンツ大学社会科学アーカイブ，および早稲田大学シュッツ文庫にあるハイエクとシュッツの書簡類，ウィーン IMADEC 大学のマハルプ・アーカイブ，オーストリア国立公文書館，ウィーン大学図書館，ウィーン大学政治学・経済学研究所図書室，ドイツ，フライブルクにあるヴァルター・オイケン研究所など，たくさんのところでたくさんのことを教えていただいた。

とりわけ早稲田大学文学学術院教授会の敬愛する諸先生方からは，2002年度1年間の在外研究を許していただいたし，とりわけ那須壽先生には，早稲田大学シュッツ文庫にある，たくさんの貴重な文書類についてもご教示いただいた。

また，これまであまり知られていなかったハイエクとシュッツとの関係については，とりわけシュッツご息女エヴェリン・ラングさんからたくさんのことを教えていただくことができた。ウィーンでの調査では，いつものように永年の友人フレール・ヴェス博士とポール・マトゥーセック氏から普通では得られない情報を得るための方法を本当にたくさん教えていただいた。お世話になった方々に心より感謝を申し上げたい。

専門書の出版事情を考えると，前書同様に本書出版のために格別の努力をいただいた新評論武市一幸社長ならびに編集部吉住亜矢さんには心より感謝を申し上げたい。そして2003年度の特定課題研究助成費および本書のために2006年度学術出版補助費を認めていただいた早稲田大学には心より感謝申し上げたい。書き下ろしでもあり，大量の原稿整理，ゲラの校正などには，妻理恵子の多大な協力を得ることになった。

2006年10月
早稲田大学戸山キャンパスにて
著　者

文 献

- ＊は，未公刊文書資料
- 年号表記のうち [ ] は，未公刊資料

1. 略記案内

ASS	*Archiv für Sozialwissenschaft und Sozialpolitik*, Tübingen, 1904-1933.
ASW	*Alfred Schütz Werkausgabe*, Band I-X. (Herausgegeben von Richard Grathoff, Hans-Goerg Soeffner, Ilja Srubar), UVK Verlagsgesellschaft mbH, Konstanz, 2003- .
CW	*The Collected Works of F. A. Hayek*, Vol.I-XIX. (Edited by W. W. Bartley III, Stephen Kresge, Peter Klein, Bruce Caldwell), The University of Chicago Press, 1991- .
Economica	*Economica*, London: London School of Economics and Political Science, 1921- .
FAZ	*Frankfurter Allgemeine Zeitung*, Frankfurt am Main, 1949- .
GS	*Friedrich A. von Hayek Gesammelte Schriften in deutscher Sprache.* (Herausgegeben von Alfred Bosch, Manfred E. Streit, Viktor Vanberg, Reinhold Veit mit Unterstützung von Friedrich von Hayek-Gesellschaft und Walter Eucken Institut).
Hayek Papers	*The Friedrich von Hayek Papers*, 1906-1992, *Hoover Institution Archives*, Stanford University, California. ＊
JNS	*Jahrbuch für Nationalökonomie und Statistik*, Stuttgart, 1863- .
Konstanz	*Sozialwissenschaftliches Archiv / Alfred Schütz-Gedächtnis-Archiv*, Universität Konstanz. ＊
Machlup Lib.	*Fritz Machlup Library*, IMADEC University, Vienna. ＊
Monat	*Der Monat －Eine Internationale Zeitschrift*, Berlin, 1948- .
OeV	*Der Oesterreichische Volkswirt －Zeitschrift für Industrie und Finanz*, Wien, 1908-1954.
ORDO	*Jahrbuch für die Ordnung von Wirtschaft und Gesellschaft* (begründet von Walter Eucken und Franz Böhm), Stuttgart, 1949- .
Presse	*Die Presse －Unabhängige Tageszeitung für Österreich*, Wien, 1946- .
WA	*Weltwirtschaftliches Archiv －Zeitschrift für Weltwirtschaft und Seeverkehr an der Universität Kiel*, 1913- .
Waseda	*The Alfred Schutz Archive at Waseda University, established in the Memory of Alfred Schutz and Ilse Schutz.* ＊
ZNÖ	*Zeitschrift für Nationalökonomie* (*Journal of Economics*), Wien, 1929- .
ZVS	*Zeitschrift für Volkswirtschaft und Sozialpolitik, Neue Folge*, Wien/Leipzig, 1921- .
ZVSV	*Zeitschrift für Volkswirtschaft, Sozialpolitik und Verwaltung*, Wien/Leipzig, 1892-1920.

2. 第一次文献 (F. A. ハイエク著作)

Hayek [1920] : Friedrich August von Hayek, "Beiträge zur Theorie der Entwicklung des Bewußtseins", in: *Hayek Papers*; Box 104/Folder 28.

Hayek [1923]: "Zur Problemstellung der Zurechnungslehre", in: *Hayek Papers*; Box 104/Folder 23.

Hayek (1924): "Das Stabilisierungsproblem in Goldwährungsländern", in: *ZVS*, Bd.4, S.367-390.

Hayek (1924/25): "Das amerikanische Bankwesen seit der Reform von 1914", in: *OeV*,17., Nr.29-32 (18.4., 25.4., 9.5., 16.5.), 1925.

Hayek (1926a): "Bemerkungen zum Zurechnungsproblem", in: *JNS*, Bd.124, S.1-18.

Hayek (1926b): "Friedrich Freiherr von Wieser", in: *JNS*, Bd.125, S.513-530; in: Wieser (1929), S.V-XXIII.

Hayek (1926c): "Die Bedeutung der Konjunkturforschung für das Wirtschaftsleben", in: *OeV*, 19., Nr.1 (2.10.), 1926, S.46-49.

Hayek (1927a): "Zur Problemstellung der Zinstheorie", in: *ASS*, Bd.58, S.517-532.

Hayek (1927b): "Die Währungspolitik der Vereinigten Staaten seit der Überwindung der Krise von 1920", in: *ZVS*, Bd.5, S.25-63, S.254-317.

Hayek (1928a): "Das intertemporale Gleichgewichtssystem der Preise und die Bewegungen des 'Geldwertes'", in: *WA*, Bd.28, S.33-76; English translation as: "Intertemporal Price Equilibrium and Movements in the Value of Money", in: *CW*, Vol. V, pp.186-227.

Hayek (1928b): "Das Mieterschützproblem", in: Hayek (2001), S.181-207.

Hayek (1929/31): "Gibt es einen 'Widersinn des Sparens?'", in: *ZNÖ*, Bd.1, S.387-429. ("The 'Paradox' of Saving", in: *Economica*, n.s., Vol. 11, May, pp.125-169), in: Hayek (1939a), pp.199-263, in: *CW*, Vol. IX, pp.74-120.〔「貯蓄の〈逆説〉」,下掲『ハイエク全集2 利潤,利子および投資』所収〕.

Hayek (1929/33): *Geldtheorie und Konjunkturtheorie*, Wien. (*Monetary Theory and the Trade Cycle*, London 1933).〔古賀勝次郎訳「貨幣理論と景気循環」,『ハイエク全集1 貨幣理論と景気循環/価格と生産』(春秋社 1988年) 所収〕.

Hayek (1930): "Wirkungen der Mietzinsbeschränkungen", in: Hayek (2001), S.208-223.

Hayek (1931): *Prices and Production*, London. (*Preise und Produkiton*, Wien 1931.)〔谷口洋志・佐野晋一・嶋中雄二・川俣雅弘訳「価格と生産」,上掲『ハイエク全集1』所収〕.

Hayek (1932a): "Kapitalaufzehrung", in: *WA*, Bd.36, S.86-108.

Hayek (1932b): "A Note on the Development of the Doctrine of 'Forced Savings'", in: *The Quarterly Journal of Economics*, Vol. XLVII, November 1932; in: Hayek (1939a), pp.183-198.〔「〈強制貯蓄〉の学説の発展に関する覚え書き」,下掲『ハイエク全集2』所収〕.

Hayek (1933a): "Saving", in: Hayek (1939a), pp.157-170.〔「貯蓄」,下掲『ハイエク全集2』所収〕.

Hayek (1933b): (ohne Title), in: *Der Stand und die nächste Zukunft der Konjunkturforschung Festschrift für Arthur Spiethoff, Mit einem Vorwort von Joseph Schumpeter*, München, S.110-117. ("The Present State and Immediate Prospects of the Study of Industrial Fluctuations", in: Hayek (1939a), pp.171-182.〔「経済変動の研究に関する現状と近い将来の見通し」,下掲『ハイエク全集2』所収〕.

Hayek (1935a): "Price Expectations, Monetary Disturbances and Malinvestments", in: Hayek (1939a), pp.135-156.〔「価格の期待・貨幣的攪乱・および不適切な投資」,下掲『ハイエク全集2』所収〕.

Hayek (1935b): "The Maintenance of Capital", in: *Economica*, n.s., Vol. 2, August; in: Hayek (1939a), pp.83-134.〔「資本の維持」,下掲『ハイエク全集2』所収〕.

Hayek (1937a): "Monetary Nationalism and International Stability", in: *CW*, Vol. VI, pp.37-105.
Hayek (1937b): "Investment that raises the Demand for Capital", in: *The Review of Economic Statistics*, Vol. XIX, No.4, November, pp.174-177. in: Hayek (1939a), pp.59-66.〔「資本需要を高める投資」,下掲『ハイエク全集2 利潤,利子および投資』所収〕.
Hayek (1937c): "Economics and Knowledge", in: Hayek (1948), pp.33-56.
Hayek (1939a): *Profits, Interest and Investment -And Other Essays on the Theory of Industrial Fluctuations*, London.〔加藤寛・林直嗣・細野助博訳『ハイエク全集2』春秋社 1989年〕.
Hayek (1939b): *Freedom and the Economic System*, Chicago, in: *CW*, Vol. X, pp.189-211.
Hayek (1941): *The Pure Theory of Capital*, London.〔一谷藤一郎訳『資本の純粋理論』実業之日本社 1944年〕.
Hayek (1943a): "A Commodity Reserve Currency", in: *CW*, Vol. IV, pp.106-114.
Hayek (1943b): George Franckenstein, Robert von Österreich, Friedrich von Hayek, u.a., *The Case of the Tyro*, The Committee >Justice for the South Tyrol<.
Hayek (1943c): "The Facts of the Social Sciences", in: Hayek (1948), pp.57-76.
Hayek (1944/94): *The Road to Serfdom*, London/Chicago.〔西山千明訳『隷属への道』春秋社 1992年〕.
Hayek (1945a): *Der Weg zur Knechtschaft* (Hrsg. und Eingel. v. Wilhelm Röpke, Übers. v. Eva Röpke), Erlebach/Zürich.
Hayek (1945b): "The Future of Austria", in: *The Spectator*, London, April 6, 1945, pp.306-7; in: *CW*, Vol. IV, pp.234-236.
Hayek (1945c): "The Road to Serfdom (condensed version)", in: *The Reader's Digest*, April 1945 edition.
Hayek (1946a): "Individualism -True and False", in: Hayek (1948), pp.1-32.
Hayek (1946b): "The Meaning of Competition", in: Hayek (1948), pp.92-106.
Hayek (1947a): " 'Free' Enterprise and Competitive Order", in: Hayek (1948), pp.107-118.
Hayek (1947b): "Der Mensch in der Planwirtschaft", in: Moser (1948), S.197-216.
Hayek (1948): *Individualism and Economic Order*, Chicago/London.〔嘉治元郎・嘉治佐代訳『ハイエク全集3 個人主義と経済秩序』春秋社 1990年〕.
Hayek (1949): "Die Grosse Illusion", in: *Monat*, 1(1948-9), Februar 1949, Jg.1, Nr.5, S.17-21.
Hayek [1950a]: "A letter to my Austrian Friends in the United States", April 11, 1950, in: *Waseda*, 750.
Hayek [1950b]: "A letter to Alfred Schütz", May 23, 1950, in: *Waseda*, 751.
Hayek (1952a): *The Sensory Order -An Inquiry into the Foundation of Theoretical Psychology*, Chicago.〔穐山貞登訳『ハイエク全集4 感覚秩序』春秋社 1989年〕.
Hayek [1952b]: "A letter to Alfred Schütz", February 7, 1952, in: *Hayek Papers*; Box 49/Folder 9.
Hayek (1952c): *The Counter-Revolution of Science -Studies on the Abuse of Reason*, New York.〔佐藤茂行訳『科学による反革命―理性の濫用』木鐸社 1979年〕.
Hayek (1956): "Über den 'Sinn' sozialer Institutionen", in: Hayek (1992), S.71-83.
Hayek [1958]: "Scholars and Scientists of Austrian Origin in the United States" (with Gerald Stourzh), in: *Hayek Papers*; Box 65/Folder 11.
Hayek (1960): *The Constitution of Liberty*, Chicago.〔気賀健三・古賀勝次郎訳『ハイ

エク全集 5　自由の条件 I　自由の価値』『ハイエク全集 6　自由の条件 II　自由と法』『ハイエク全集 7　自由の条件 III　福祉国家における自由』春秋社　1986-7年〕.

Hayek〔1961/62〕："Negotiations regarding possible appointment to the University of Vienna". Correspondence with Heinrich Drimmel, Franz Hoyer and Alexander Mahr, 1961-1962, in: *Hayek Papers*; Box 4/Folder 2.

Hayek（1962）："Rules, Perception and Intelligibility", in: Hayek（1967）, pp.43-65.

Hayek（1963a）："The Legal and Political Philosophy of David Hume", in: A public lecture delivered at the University of Freiburg on July 18, 1963, in: *Il Politico*, XXVIII/4. 1963, in: Hayek（1967）, pp.106-21.〔「ディヴィッド・ヒュームの法哲学と政治哲学」，田中真晴・田中秀夫編訳『市場・知識・自由』（ミネルヴァ書房 1986年）所収〕.

Hayek（1963b）："The Economics of the 1920's as seen from Vienna", in: *CW*, Vol. IV, pp.19-41.

Hayek（1964）："The Theory of Complex Phenomena", in: Hayek（1967）, pp.22-42.〔杉田秀一訳「複雑現象の理論」『現代思想』（青土社　1991年12月号）122-139頁〕.

Hayek（1966a）："Dr. Bernard Mandeville", in: Hayek（1969）, S.126-143; Hayek（1978）, pp.249-266; in: *CW*, Vol. III, pp.79-100.〔「医学博士バーナード・マンデヴィル」，上掲『市場・知識・自由』所収〕.

Hayek（1966b）："Eindrücke vom deutschen Universitätsunterricht －Vergleiche mit Amerika und England －Universitäten müssen verschieden sein", in: *FAZ*, Samstag, 16. Juli 1966/Nummer 162.

Hayek（1967）：*Studies in Philosophy, Politics and Economics*, Chicago.

Hayek（1968）："Der Wettbewerb als Entdeckungsverfahren", in: Hayek（2003）, S.132-149.

Hayek（1969）：*Freiburger Studien*, Tübingen（2. Aufl. 1994）.

Hayek（1973）：*Law, Legislation and Liberty*, Vol.1, *Rules and Order*, Chicago.〔矢島鈞次・水吉俊彦訳『ハイエク全集 8　法と立法と自由 I　ルールと秩序』春秋社 1987年〕.

Hayek（1974）："The Pretence of Knowledge"（Nobel Memorial Prize Lecture）.〔西山千明訳「ノーベル賞受賞記念講演　科学主義がもたらす危機」『F.A.ハイエク〈あすを語る〉　新自由主義とは何か』（東京新聞　1976年）所収〕.

Hayek（1975）："Vorwort zum Neudruck", in: Friedrich A. Hayek, *Preise und Produktion*（Mit einer ausgewählten Bibliographie der Arbeiten F. A. Hayeks zu verwandten Problemkreisen, zusammengestellt von K. Leube）, Wien.

Hayek（1976）：*Law, Legislation and Liberty*, Vol.2, *The Mirage of Social Justice*, Chicago.〔篠塚慎吾訳『ハイエク全集 9　法と立法と自由 II　社会正義の幻想』春秋社　1987年〕.

Hayek（1976/78）：*Denationalization of Money －An Analysis of the Theory and Practice of Concurrent Currencies*, London; in: *CW*, Vol. VI, pp.128-229.〔川口慎二訳『貨幣発行自由化論』東洋経済新報社　1988年〕.

Hayek（1977a）："Warum ein Nobelpreisträger Oesterreich so bald verläßt", in: *Presse*, 22/23. Jänner 1977.

Hayek（1977b）：*Entnationalisierung des Geldes*, Tübingen 1977.

Hayek（1978）：*New Studies in Philosophy, Politics, Economics and the History of Ideas*, London.

Hayek（1979a）：*Law, Legislation and Liberty*, Vol.3, *The Political Order of a Free People*, Chicago.〔渡部茂訳『ハイエク全集10　法と立法と自由 III　自由人と政治

的秩序』春秋社 1988年〕.
Hayek (1979b): "Toward a Free Market Monetary System", in: *Journal of Libertarian Studies*, Vol .3, No.1 (Spring 1979), pp.1-8; in: *CW*, Vol. VI, pp.230-237.
Hayek (1979c): "Frau Firnberg hat einen Terroakt gepriesen", in: *Presse*, 21. November 1979.
Hayek (1992): *Schweizer Monatshefte für Politik, Wirtschaft, Kultur −In Memoriam Friedrich August von Hayek 1899-1992*, Sondernummer, 92. Jahr Heft 5a.
Hayek (1994): *Hayek on Hayek −An Autobiographical Dialogue* (Ed. by Stephen Kresge, Leif Wenar).〔嶋津格訳『ハイエク,ハイエクを語る』名古屋大学出版会 2000年〕.
Hayek (1996): *Die Anmaßung von Wissen*, Tübingen.
Hayek (1999): *The Reader's Digest condensed version of The Road to Serfdom*, London.
Hayek (2001): *Wirtschaft, Wissenschaft und Politik −Aufsätze zur Wirtschaftspolitik*, in: *GS*, Bd. A6, (Herausgegeben von Viktor Vanberg), Tübingen.
Hayek (2003): *Rechtsordnung und Handelnsordnung, −Aufsätze zur Ordnungsökonomik*, in: *GS*, Bd. A4, (Herausgegeben von Manfred E. Streit), Tübingen.

3. 第二次文献

Bellante / Garrison (1988): Don Bellante, Roger W. Garrison, "Phillips Curves and Hayekian Triangles −Two Perspectives on Monetary Dynamics", in: *History of Political Economy*, Vol. 20 (2), pp.207-234.
Bergson (1896): Henri Bergson, *Matière et Mémoire*, Presses Universitares de France 1896.〔田島節夫訳『物質と記憶』白水社 1999年〕.
Bertalanffy (1968): Ludwig von Bertalanffy, *General System Theory −Foundations, Development, Applications*, New York.〔長野敬・太田那昌訳『一般システム理論』みすず書房 1973年〕.
BMBWK (2001): Bundesministerium für Bildung, Wissenschaft und Kultur, *Die volle Rechtsfähigkeit der Universitäten −Gestaltungsvorschlag für die Regelung der Autonomie*, BMBWK.
BMBWK (2002): *Fünf Gute Gründe für die Autonomie der Universitäten*, BMBWK.
Bobeck / Lichtenberger (1966): Hans Bobeck, Elisabeth Lichtenberger, *Wien − Bauliche Gestalt und Entwicklung seit der Mitte des 19. Jahrhunderts*, Wien/ Köln.
Boehm (1986): Stephan Boehm, "Time and Equilibrium −Hayek's Notion of Intertemporal Equilibrium Reconsidered", in: Kirzner (1986), pp.16-29.
Bohley / Tolkenmitt (1979): Peter Bohley, Georg Tolkenmitt, *Wirtschaftswissenschaft als Grundlage staatlichen Handelns −Heinz Haller zum 65. Geburtstag*, Tübingen.
Böhm-Bawerk (1888/1961): Eugen von Böhm-Bawerk, *Kapital und Kapitalzins − Band I: Geschichte und Kritik der Kapitalzins-Theorien, Band II: Positive Theorie des Kapitales, Band II/2: Exkurse* (4. Auflage, Mit einem Geleitwort von Professor Dr. Fr. Wieser, Wien, unveränderter Nachdruck), Meisenheim/ Glan.
Brandt (1949): Willy Brandt, "Weitergeführte Demokratie", in: *Monat*, 1(1948-49), Februar 1949, Jg.1, Nr.5, S.29-33.
Broda (1911): Ernst Broda, "Die Lösungen des Zurechnungsproblems", in: *ZVSV*, Bd.

20, S.353-401.
Caldwell (2004) : Bruce Caldwell, *Hayek's Challenge −An Intellectual Biography of F. A. Hayek*, Chicago Univ. Press.
Czeifschner (1977) : Burgl Czeifschner, "Hayek −Genug von Österreich", *Kurier*, Samstag 22. Jänner 1977.
Czeike (1994) : Felix Czeike, *Historisches Lexikon Wien* (Band 3), Wien.
Ebenstein (2001) : Alan Ebenstein, *Friedrich Hayek −A Bibliography*, New York.
Egashira (1999) : 江頭進『F. A. ハイエクの研究』日本経済評論社.
Einem (2001) : Casper Einem, *Weißbuch zur Hochschulbildung in Österreich*, Bundesministerium für Wissenschaft und Verkehr.
Eucken (1940/69) : Walter Eucken, *Die Grundlagen der Nationalökonomie*, Jena/Berlin.
Eucken (1946a) : "Über die Gesamtrichtung der Wirtschaftspolitik", in: Eucken (1999), S.1-24.
Eucken (1946b) : "Industrielle Konzentration", in: Eucken (1999), S.25-37.
Eucken (1946c) : "Über die Verstaatlichung der Privaten Banken", in: Eucken (1999), S.38-58.
Eucken (1999) : *Ordnungspolitik* (Herausgegeben von Walter Oswalt), Münster.
Fischer (1993) : Heinz Fischer, *Die Kreisky-Jahre 1967-1983*, Wien.
Friedman (1970) : Milton Friedman, "A Theoretical Framework for Monetary Analysis", in: Gordon (1970), pp.1-62.
Friedman (1977) : "Interview", in: *Reason*, 9 (August 1977), Santa Barbara, California.
Friedman (1994) : "Introduction to the Fiftieth Anniversary Edition", in: Hayek (1944/94), pp. ix-xx.
Friedman/Schwartz (1963a) : Milton Friedman, Anna J. Schwartz, *A Monetary History of the United States, 1867-1960*, Princeton.
Friedman/Schwartz (1963b) : *From New Deal −Banking Reform to World War II*, Princeton.
Friedman/Schwartz (1983) : *Monetary Trends in the United States and the United Kingdom −Their Relation to Income, Prices, and Interest Rates 1867-1975*, Chicago/London.
Fukuyama (1992) : Francis Fukuyama, *The End of History and the Last Man*. New York.〔渡部昇一訳『歴史の終わり』三笠書房　1992年〕.
Furth (1989) : Herbert J. Furth, "Erinnerungen an Wiener Tage", in: *Wirtschaftliche Blätter*, 1989, Jg.2, S.147-253.
Garrison (1984) : Roger W. Garrison, "Time and Money −The Universals of Macroeconomic Theorizing", in: *Journal of Macroeconomics*, Spring, 1984, Vol. 6, No.2, pp.197-213.
Garrison (1985) : "Intertemporal Coordination and the invisible hand −An Austrian Perspective on the Keynesian Vision", in: *History of Political Economy*, Vol. 17 (2), pp.309-321.
Gerding / Starbatty (1980) : Rainer Gerding, Joachim Starbatty, *Zur Entnationalisierung des Geldes −Eine Zwischenbilanz*, Tübingen.
Gesell (1920/1991) : Silvio Gesell, : *Die Natürliche Wirtschaftsordnung durch Freiland und Freigeld* (Gesammelte Werke, Band 11), Lütjenburg.〔相田愼一訳『自由地と自由貨幣による自然の経済秩序』,『自由経済研究』(26から28号に分載された翻訳) ぱる出版　2003-4年〕.
Gordon (1970) : Robert J. Gordon, *Milton Friedman's Monetary Framework　−A*

Debate with His Critics, Chicago Univ. Press.〔加藤寛孝訳『フリードマンの貨幣理論―その展開と論争』マクグロウヒル　1988年〕.
Hagemann (1994): Harald Hagemann, "Hayek and the Kiel School −Some Reflections on the German Debate on Business Cycles in the late 1920s and early 1930s", in: M. Colonna, H. Hagemann, Money and Business Cycles −The Economics of F. A. Hayek, vol.1, Aldershot-Brookfield, 1994, pp.101-120.
Hartwell (1995): Ronald Max Hartwell, A History of the Mont Pelerin Society, Indianapolis.
Heims (1991): Steve Joshua Heims, The Cybernetics Group, MIT Press.〔忠平美幸訳『サイバネティクス学者たち―アメリカ戦後科学の出発』朝日新聞社　2000年〕.
Helling (1988): Ingeborg Helling, "Strömungen des methodologischen Individualismus −Alfred Schütz, Felix Kaufmann und der Mises-Kreis", in: Langer (1988), S.185-201.
Hennecke (2000): Hans Jörg Hennecke, Friedrich August von Hayek −Die Tradition der Freiheit, Düsseldorf.
Hicks (1939): John Richard Hicks, Value and Capital −An Inquiry into Some Fundamental Principles of Economic Theory, Oxford.〔安井琢磨・熊谷尚夫訳『価値と資本』岩波文庫　1995年〕.
Hicks (1967): "The Hayek Story", in: John Hicks, Critical Essays in Monetary Theory, Oxford.
Hicks (1973): Capital and Time −A Neo-Austrian Theory, Oxford.〔根岸隆訳『資本と時間』東洋経済新報社　1974年〕.
Hilferding (1910/20): Rudolf Hilferding, Das Finanzkapital −Eine Studie über die jüngste Entwicklung des Kapitalismus, Wien.〔岡崎次郎訳『金融資本論』岩波文庫　1982年〕.
Horn (2002): Karen Horn, "Die Würde eines freien Menschen", in: FAZ, Mittwoch, 31. Juli 2002, Nr.175/Seite 11.
Husserl (1928): Edmund Husserl, Vorlesungen zur Phänomenologie des inneren Zeitbewußtseins, Tübingen.〔立松弘孝訳『内的時間意識の現象学』みすず書房　1967年〕.
Ishizuka (1993): 石塚杉男『資本と時間―オーストリア派資本理論の研究』九州大学出版会.
Jevons (1871): William Stanley Jevons, The Theory of Political Economy, London.〔小泉信三・寺尾琢磨訳・永田清・寺尾琢磨改訳『経済学の理論』日本経済評論社　1981年〕.
Kaufmann (1936): Felix Kaufmann, Methodenlehre der Sozialwissenschaften, Wien.
Kelsen (1920): Hans Kelsen, "Vom Wesen und Wert der Demokratie", in: ASS, 47 (1), S.50-85.
Kelsen (1929): Vom Wesen und Wert der Demokratie (2. Aufl.), Tübingen.〔西島芳二訳『デモクラシーの本質と価値』岩波文庫　1948年〕.
Kelsen (1934): Reine Rechtslehre −Einleitung in die Rechtswissenschaftliche Problematik, Leipzig.〔横田喜三郎『純粋法学』岩波書店　1935年〕.
Keynes (1930): John Maynard Keynes, A Treatise on Money − 1. The Pure Theory of Money, 2. The Applied Theory of Money (The Collected Writings of John Maynard Keynes, Vol. VI), London.〔小泉明・長澤惟恭訳『貨幣論Ⅰ　貨幣の純粋理論』, 長澤惟恭訳『貨幣論Ⅱ　貨幣の応用理論』東洋経済新報社　1979-80年〕.
Keynes (1936): The General Theory of Employment, Interest and Money (The Collected Writings of John Maynard Keynes, Vol. VII), London.〔塩野谷祐一訳『雇

用・利子および貨幣の一般理論』東洋経済新報社　1983年〕．
Kirzner (1986): Israel M. Kirzner (ed.), *Subjectivism, Intelligibility and Economic Understanding —Essays in Honor of Ludwig M. Lachmann on his Eightieth Birthday*, New York.
Klein (1992): Peter Klein, "Introduction", in: *CW*, Vol. IV, pp.1-15.
Knapp (1905/21): George F. Knapp, *Staatliche Theorie des Geldes*, Leipzig (3. Aufl.).〔宮田喜代蔵訳『貨幣国定学説』岩波書店　1922年〕．
Knight (1921/71): Frank H. Knight, *Risk, Uncertainty and Profit*, Chicago.
Knight (1934): "Capital, Time and the Interest Rate", in: *Economica*, n.s., Vol. 1 (3), August, pp.257-86.
Kreisky (2000): Bruno Kreisky: *Bruno Kreisky —Der Memoiren erster - dritter Teil*, (Herausgegeben von Oliver Rathkolb, Johannes Kunz, Margit Schmidt), Wien.
Kreuzer (1983): Franz Kreuzer, *Markt, Plan, Freiheit —Im Gespräch mit Friedrich von Hayek und Ralf Dahrendorf*, Wien.
Kries (1923): Johannes von Kries, *Allgemeine Sinnesphysiologie*, Leipzig.
Landauer (1918): Carl Landauer, "Der Meinugnsstreit zwischen Böhm-Bawerk und Wieser über die Grundsätze der Zurechnungstheorie, in: *ASS*, Band 46, S.449-491.
Langer (1988): Josef Langer (Hrsg.), *Geschichte der Österreichischen Soziologie — Konstituierung, Entwicklung und europäische Bezüge*, Wien.
Lenel (1975): Hans Otto Lenel, "Walter Euckens ordnungspolitische Konzeption, die wirtschaftspolitische Lehre in der Bundesrepublik und die Wettbewerbstheorie von heute", in: *ORDO*, Band 26 (1975), S.22-78.
Luhmann (1978): Niklas Luhmann, "Komlexität", in: Werner Fuchs, Rolf Klima, Rüdiger Lautmann, Otthein Rammstedt, Hanns Wienold (Hrsg.), *Lexikon zur Soziologie*, Opladen.
Luhmann (1991): *Soziologie des Risikos*, Berlin/New York.
Mach (1885/1922): Ernst Mach, *Die Analyse der Empfindungen und das Verhältnis des Physischen zum Psychischen*, Jena.〔須藤吾之助・廣松渉訳『感覚の分析』法政大学出版局　1971年〕．
Machlup (1975): Fritz Machlup, "On Myrdal and Hayek", in: *Challenge —The Magazine of Economic Affairs*, March/April, pp.63-65.
Maier-Rigaud / Maier-Rigaud (2001): Frank Maier-Rigaud, Gerhard Maier-Rigaud, "Das neoliberale Projekt", in: Rüstow (2001), S.201-306.
Mandeville (1714/1924): Bernard Mandeville, *The Fable of the Bees: or, Problem Vices, Publick Benefits*, Oxford.〔泉谷治訳『蜂の寓話―私悪すなわち公益』法政大学出版局　1985年〕．
Marx (1894): Karl Marx, *Ökonomische Manuskripte 1857/58 Teil 1*, Berlin: Dietz Verlag.〔資本論草稿集翻訳委員会訳『マルクス　資本論草稿集　1857－58年の経済学草稿　第一分冊』大月書店 1981年〕．
Marx / Engels (1962): Karl Marx, Friedirich Engels, 1962, *Das Kapital —Kritik der politischen Ökonomie*, Erster Band. (*Karl Marx-Friedrich Engels Werke*, Band 23), Berlin.〔マルクス゠エンゲルス全集刊行委員会訳『資本論』大月書店　1982年〕．
Mayer (1921): Hans Mayer, "Untersuchung zu dem Grundgesetz der wirtschaftlichen Wertrechnung", in: *ZVS*, Bd. 1, S.430-458; Bd. 2, S.1-23.
März (1981): Eduard März, *Österreichische Bankpolitik in der Zeit der großen Wende 1913 —Am Beispiel der Creditanstalt für Handel und Gewerbe*, München.
März (1983): *Joseph Alois Schumpeter —Forscher, Lehrer und Politiker*, München.
McCormick (1992): Brian J., McCormick, *Hayek and the Keynesian Avalanche*, New

York/London.
Menger (1871/1968): Carl Menger, *Grundsätze der Volkswirtschaftslehre (Carl Menger Gesammelte Werke*, Band I), Tübingen 1970. 〔安井琢磨・八木紀一郎訳『国民経済学原理』日本経済評論社 1999年〕.
Menger (1883): *Untersuchungen über die Methode der Socialwissenschaften, und der Politischen Oekonomie insbesondere (in: Carl Menger Gesammelte Werke*, Band II), Tübingen. 〔福井孝治・吉田昇三訳『経済学の方法』日本経済評論社 1986年〕.
Menger (1892): "Geld", in: *Carl Menger Gesammelte Werke*, Band IV, Tübingen 1970.
Menger (1923): *Grundsätze der Volkswirtschaftslehre*, 2. Aufl., Wien/Leipzig. 〔八木紀一郎・中村友太郎・中島芳郎訳『一般理論経済学』みすず書房 1984年〕.
Meyer / Schüller (1976): Fritz W. Meyer, Alfred Schüller, *Spontane Ordnungen in der Geldwirtschaft und das Inflationsproblem*, Tübingen.
Mises (1912): Ludwig von Mises, *Theorie des Geldes und der Umlaufsmittel*, München/Leipzig. 〔東米雄訳『貨幣及び流通手段の理論』日本経済評論社 1980年〕.
Mises (1920): "Die Wirtschaftsrechnung im sozialistischen Gemeinwesen", in: *ASS*, 47 (1), S.86-121.
Mises (1932): *Die Gemeinwirtschaft −Untersuchungen über den Sozialismus*, Jena.
Mises (1933): *Grundprobleme der Nationalökonomie −Untersuchungen über Verfahren, Aufgaben und Inhalt der Wirtschaft und Gesellschaftslehre*, Jena.
Mises (1940): *Nationalökonomie −Theorie des Handelns und Wirtschaftens*, München.
Mises (1944): "The Treatment of 'Irrationality' in the Social Sciences", in: *Philosophy and Phenomenological Research*, Vol. IV, University of Buffalo, New York.
Mises (1949): *Human Action −A Treatise on Economics*, New Haven.
Mises (1978): *Erinnerungen von Ludwig v. Mises (mit einem Vorwort von Margit v. Mises und einer Einleitung von Friedrich August von Hayek)*, Stuttgart.
Mises (1976): Margit von Mises, *Ludwig von Mises −Der Mensch und sein Werk*, München.
Mont Pèlerin Society (1962): *How the Mont Pèlerin Society lost its soul*, Zürich.
Morgenstern (1931/32), Oskar Morgenstern, "Kapital- und Kurswertänderungen der an der Wiener Börse notierten österreichischen Aktiengesellschaften 1913 bis 1930", in: *ZNÖ*, Bd. III, S.251 ff.
Mori (1995): 森 元孝『アルフレート・シュッツのウィーン―社会科学の自由主義的転換の構想とその時代』新評論.
Mori (2000):『アルフレッド・シュッツ―主観的時間と社会的空間』東信堂.
Moser (1948): Simon Moser (Hrsg.), *Weltbild und Menschenbild −Internationale Hochschulwochen des Österreichischen College*, Alpbach-Tirol, 24. August bis 11. September 1947, Innsbruck/Wien.
Moser (1949): Simon Moser (Hrsg.), Gesetz und Wirklichkeit −*Internationale Hochschulwochen des Österreichischen College*, Alpbach-Tirol, 21. August bis 9. September 1948, Innsbruck/Wien.
Neumann / Morgenstern (1943), John von Neumann, Oskar Morgenstern, *Theory of Games and Economic Behavior*, Princeton University Press.
Neurath (1945): Otto Neurath, "F. A. Hayek, The Road to Serfdom" (Rezension von: F. A. Hayek, *The Road to Serfdom*. Gorge Routledge and Sons, London 1944, p.184; *The London Quarterly of World Affairs*, January, pp.121-122, in: Otto Neurath

Gesammelte philosophische und methodologische Schriften, Bd. 2 (Hrsg. Rudolf Haller / Heiner Rutte), Wien 1981.

Ochiai (1987): 落合仁司『保守主義の社会理論—ハイエク・ハート・オースティン』勁草書房.

Okon / Hashimoto (2003): 尾近裕幸・橋本努編著『オーストリア学派の経済学—体系的序説』日本経済評論社.

Ötsch (2000): Walter Ötsch, *Haider Light −Handbuch für Demagogie*, Wien.

Parsons (1937): Talcott Parsons, *The Structure of Social Action −A Study in Social Theory with Special Reference to A Group of Recent European Writers*, New York.

Parsons (1945): "The Present Position and Prospects of Systematic Theory in Sociology", in: Talcott Parsons, *Essays in Sociological Theory* (Revised Edition), New York 1954.

Petritsch (2000): Wolfgang Petritsch, *Bruno Kreisky −Ein biographischer Essay*, Wien.

Petsoulas (2001): Christina Petsoulas, *Hayek's Liberalism and its Origins −His idea of spontaneous order and the Scottish Enlightenment*, London.

Polanyi (1944/57): Karl Polanyi, *The Great Transformation −The Political and Economical Origin of Our Time*, Beacon Press. 〔吉沢英成・野口建彦・長尾史郎・杉村芳美訳『大転換』東洋経済新報社 1975年〕.

Popper (1934): Karl R. Popper, *Logik der Forschung*, Tübingen. 〔大内義一・森博訳『科学的発見の論理』恒星社厚生閣 1971年〕.

Popper (1950): *The Open Society and Its Enemies*, Princeton. 〔内田詔夫・小河原誠訳『開かれた社会とその敵』未来社 1980年〕.

Popper (1957): *The Poverty of Historicism*, London. 〔久野収・市井三郎訳『歴史主義の貧困—社会科学の方法と実践』恒星社厚生閣 1971年〕.

Popper (1979): *Ausgangspunkte −Meine intellektuelle Entwicklung*, Hamburg.

Prüller (2004): Michael Prüller, "Sinnlos, aber imposant", in: *Presse*, Samstag 11. Dezember.

Reichensperger (2002): Richard Reichensperger, "Die Denkwege des Sir Karl Popper", in: *Der Standard* (Print-Ausgabe), 5/6. Juli 2002.

Robbins (1932/35): Lionel Robbins, *An Essay on the Nature and Significance of Economic Science* (Second Edition), London.

Robbins (1961): "Hayek on Liberty", in: *Economica*, n.s., Vol. 28 (1), February, pp.66-81.

Robinson (1956): Joan Robinson, *The Accumulation of Capital*, London.

Robinson (1972): "The Second Crisis of Economic Theory", in: *The American Economic Review*, Vol. 62 (1/2), pp.1-10.

Rohrbach (2004): Klaus Rohrbach, *Freigeld −Michael Unterguggenberger und das "Währungswunder von Wörgl"*, Borchen. 〔宮坂英一訳『ヴェルグル町長、ミヒャエル・ウンターグッゲンベルガーと自由貨幣』、『自由経済研究』(21, 24, 25号に分載された翻訳) ぱる出版 2002-03年〕.

Röpke (1976): Eva Röpke, *Wilhelm Röpke Brief 1934-1966 −Der innere Kompaß*, Erlenbach/Zürich.

Röpke (1945): Wilhelm Röpke, "Einführung", in: Hayek (1945a), S.9-13.

Röpke (1949): "Die Bedrohte Freiheit", in: *Monat*, 1 (1948-49), Februar 1949, Jg.1, Nr.5, S.5-8.

Röpke (1957): "Die Massengesellschaft und ihre Probleme", in: Albert Hunold (Hrsg.),

Masse und Demokratie, Erlenbach-Zürich 1957, S.13-38.

Rüstow (1950/2001): Alexander Rüstow, *Das Versagen des Wirtschaftsliberalismus* (2. Aufl.), Bad Godesberg/Marburg.

Rüstow (1957): "Vitalpolitik gegen Vermassung", in: Albert Hunold (Hrsg.), *Masse und Demokratie (Volkswirtschaftliche Studien für das Schweizerische Institut für Auslandforschung* 1957), Erlenbach, S.215-238.

Rüstow (1961): "Paläoliberalismus, Kommunismus und Neoliberalismus", in: Franz Greiß / Fritz W. Meyer, *Wirtschaft Gesellschaft und Kultur −Festgabe für Alfred Müller-Armack*, Berlin 1961, S.61-70.

Schönfeld (1924): Leo Schönfeld, "Über Joseph Schumpeters Lösung des ökonomischen Zurechnungsproblems", in: *ZVS*, Bd. 4, S.432-477.

Schorske (1961): Carl E. Schorske, *Fin-De-Siècle −Politics and Culture*, New York. 〔安井琢磨訳『世紀末ウィーン―政治と文化』岩波書店　1983年〕.

Schumpeter (1908): Joseph A. Schumpeter, *Das Wesen und der Hauptinthalt der theoretischen Nationalökonomie*, Leipzig. 〔大野忠男・木村健康・安井琢磨訳『理論経済学の本質と主要内容』岩波文庫 1984年〕.

Schumpeter (1909): "Bemerkungen über Zurechnungsproblem", in: *ZVSV*, Bd.18, S.79-132.

Schumpeter (1926): *Theorie der wirtschaftlichen Entwicklung*, 2. Auflage, Berlin. 〔塩野谷祐一・中山伊知郎・東畑精一訳『経済発展の理論―企業者利潤・資本・信用・利子および景気の回転に関する一研究』岩波文庫 1977年〕.

Schumpeter (1949): "Der Demokratische Kurs", in: *Monat*, 1 (1948-49), Februar 1949, Jg.1, Nr.5, S.22-28.

Schütz (1925-): Alfred Schütz "Lebensformen und Sinnstruktur", in: Schütz (1981), S.79-108.

Schütz (1932/2004): *Der sinnhafte Aufbau der sozialen Welt −Eine Einleitung in die verstehende Soziologie*, Wien/Konstanz. 〔佐藤嘉一訳『社会的世界の意味構成』木鐸社　1982年〕.

Schütz (1934): "Rezension: Ludwig Mises' *Grundprobleme der Nationalökonomie*", in: *Deutsche Literaturzeitung*, 55, S.35-42.

Schütz [1936]: "Kommentar zum Hayek-Vortrag über Wissen und Wirtschaft", in: *Correspondence between F. A. Hayek and A. Schutz*, in: *Waseda*, in: Schutz (1996), pp.93-105.

Schütz [o.J.]: "Zur Grundlegung der Nationalökonomie", in: *Konstanz*: Rolle 5, 7335-7341.

Schütz [o.J.]: "Untersuchungen über Grundbegriffe und Methode der Sozialwissenschaft", in: *Konstanz*: Rolle 5, 7212-7230.

Schütz [1942]: "A letter to Friedrich von Hayek", January 26, 1942, in: *Correspondence between F. A. Hayek and A. Schutz*, in: *Waseda*, 720-1.

Schutz [1948]: "A letter to Friedrich von Hayek", October 1, 1948, in: *Hayek Papers*; Box 49/Folder 9.

Schutz [1952a]: "A letter to Friedrich von Hayek", January 3 1952, in: *Hayek Papers*; Box 49/Folder 9.

Schutz [1952b]: "A letter to Friedrich von Hayek", May 16, 1952, in: *Hayek Papers*; Box 49/Folder 9.

Schutz (1970): *Reflections on the Problem of Relevance* (edited, annotated and with an Introduction by Richard M. Zaner), New Haven/London 1970. 〔那須壽・浜日出夫・今井千恵・入江正勝訳『生活世界の構成―レリバンスの現象学』マルジュ社

1996年〕.
Schütz (1981): *Theorie der Lebensformen* (Hrsg. und Eingel. v. Ilja Srubar), Frankfurt am Main.
Schutz (1996): *Collected Papers*, Volume IV (edited Helmut Wagner/George Psathas), Dordrecht/Boston/ London.
Schütz (2003): *Theorie der Lebenswelt I －Die pragmatische Schichtung der Lebenswelt*, in: *ASW*, Band V.1, (Herausgegeben Martin Endreß und Ilja Srubar), Konstanz.
Schütz (2004): *Relevanz und Handeln I －Zur Phänomenologie des Alltagswissens*, in: *ASW*, Band VI.1, (Herausgegeben von Elizabeth List), Konstanz.
Schütz / Gurwitsch (1985): Alfred Schütz, Aron Gurwitsch, *Briefwechsel 1939-1959* (Hrausgegeben von Richard Grathoff), München.〔佐藤嘉一訳『亡命の哲学者たち―アルフレッド・シュッツ／アロン・グールヴィッチ往復書簡 1939-1959』木鐸社 1996年〕.
Schütz / Luckmann (1981/84): Alfred Schütz, Thomas Luckmann, *Strukturen der Lebenswelt*, Frankfurt am Main.
Shimazu (1985): 嶋津 格『自生的秩序―ハイエクの法理論とその基礎』木鐸社.
Smith (1784/1952): Adam Smith, *An Inquiry into the Nature and Causes of the Wealth of Nations*, (*Great Books of the Western World 36：Adam Smith*), Chicago.〔大河内一男編訳『世界の名著 37 アダム・スミス： 国富論―諸国民の富の本質と原因に関する研究』中央公論社 1980年〕.
Spann (1910/49): Othmar Spann, *Die Haupttheorien der Volkswirtschaftslehre* (*Othmar Spann Gesamtausgabe*, Band 2), Graz.
Spann (1922/72): *Der wahre Staat －Vorlesungen über Abbruch und Neubau der Gesellschaft* (*Othmar Spann Gesamtausgabe*, Band 5), Graz.
Stourzh (1998): Gerald Stourzh, *Um Einheit und Freiheit －Staatsvertrag, Neutralität und das Ende der Ost- West-Besetzung Österreichs 1945-1955*, Wien.
Takada (1944): 高田保馬「ハイエク 資本の純粋理論 解説」〔一谷藤一郎訳『資本の純粋理論』(実業之日本社 1944年)〕所収.
Timm (1979): Herbert Timm, "Entnationalisierung des Geldes? －Einige kritische Bemerkungen zu einem revolutionären Vorschlag", in: Bohley / Tolkenmitt (1979), S.537-554.
Vas (1928): Ph. Vas, *Die Wiener Wohnungszwangswirtschaft von 1917 bis 1927*, Jena.
Walras (1877): Marie Esprit Léon Walras, *Théorie mathématique de la richesse sociale*, Paris.〔柏原利之輔訳『社会的富の数学的理論』日本経済評論社 1984年〕.
Watanabe (1999): 渡部昇一『ハイエク―マルクス主義を殺した哲人』PHP 研究所.
Weber (1904): Max Weber, ">Objektivität< sozialwissenschaftlicher und sozialpolitischer Erkenntnis", in: M. Weber, *Gesammelte Aufsätze zur Wissenschaftslehre*, Tübingen, 1924/78.〔富永祐治・立野保男 訳；折原浩 補訳『社会科学と社会政策にかかわる認識の「客観性」』岩波文庫 1998年〕.
Weber (1921/76): *Wirtschaft und Gesellschaft －Grundriss der verstehenden Soziologie*, Tübingen.
Weihsmann (1985): Helmut Weihsmann, *Das rote Wien －Sozialdemokratische Architektur und Kommualpolitik 1919-1934*, Wien.
Weiß (1924): Franz Weiß, "Zur zweiten Auflage von Carl Mengers 'Grundsätzen'", in: *ZVS*, Bd.4, S.134-154.
Wicksell (1893): Johan Gustaf Knut Wicksell, *Über Wert, Kapital und Rente －Nach den neueren nationalökonomischen Theorien*, Stuttgart.〔北野熊喜男訳『価値・

資本及び地代』日本経済評論社　1986年〕.
Wieser (1889)：Friedrich Freiherr von Wieser, *Der Natürliche Werth*, Wien.
Wieser (1924)：*Grundriss der Sozialökonomik* (*I. Abteilung, Historische und Theoretische Grundlagen; II. Teil, Theorie der gesellschaftlichen Wirtschaft*), Tübingen.
Wieser (1929)：*Gesammelte Abhandlungen* (*Mit Einer Biographischen Einleitung Herausgegeben von Friedrich A. v. Hayek*), Tübingen.
Wodak / Pelinka (2002)：Ruth Wodak, Anton Pelinka (eds.), *The Haider Phenomenon in Austria*, New Brunswick, New Jersey.
Zweig (1944)：Stefan Zweig, *Die Welt von Gestern −Erinnerungen eines Europäers*, Stockholm.〔原田義人訳『昨日の世界』みすず書房　1973年〕.

人 名 索 引

ア

アインシュタイン(Albert Einstein)　199
アクトン卿(Lord Acton)　116, 148
アシュビー(W. Ross Ashby)　121, 130
アデナウアー(Konrad Adenauer)　155
アドラー(Friedrich Adler)　194-6, 199-200
アドラー(Victor Adler)　195, 199
アトリー(Clement Richard Attlee)　115, 152
アペル(Karl-Otto Apel)　161
アラファト(Yāser Arafât)　195, 198
アリストテレス(Aristoteles)　28
アロン(Raymond Aron)　148

ヴァイスマン(Helmut Weihsmann)　36
ヴァイツゼッカー(Viktor von Weizsäcker)　129
ヴィーザー(Friedrich Freiherr von Wieser)　20, 31-3, 35, 42-8, 51, 53, 84, 104
ヴィクセル(Knut Wicksell)　59, 62, 71, 193
ヴィトゲンシュタイン，レオポルディーネ (Leopordine Wittgenstein)　16
ヴィトゲンシュタイン，ルートヴィヒ (Ludwig Wittgenstein)　15-6
ウィナー(Nobert Wiener)　121, 130
ヴェーバー(Alfred Weber)　154
ヴェーバー(Max Weber)　34-5, 47, 85, 95-8, 100, 102, 104-5, 118, 140, 167
ウェルズ(Herbert George Wells)　29
ウォーレス夫妻(DeWitt, Lila Wallace)　115
ヴント(Wilhelm Max Wundt)　120

エアハルト(Ludwig Erhard)　155
エイヤー(Alfred Jules Ayer)　113
エクハルト(Meister Johannes Eckhart)　28

エンゲル＝ヤノシュ(Friedrich Engel-Jánosi)　29
エンゲルス(Friedrich Engels)　199

オイケン(Walter Eucken)　143, 155-7, 184
尾高朝雄(Tomoo Otaka)　168

カ

カーター(Jimmy Carter)　198
カール(Karl I.)　147
カウフマン(Felix Kaufmann)　29, 85, 98, 119, 140, 168
カミッツ(Reinhard Kamitz)　186
カルドー(Nicholas Baron Kaldor)　58
カルドウェル(Bruce Caldwell)　127
カルロス(Carlos)　198
カント(Immanuel Kant)　128

キッシンジャー(Henry Kissinger)　185
グールヴィッチ(Aron Gurwitsch)　84, 144
グラーツ(Leopold Gratz)　229
クライスキー(Bruno Kreisky)　150, 192-3, 197-8
クリース(Johannes von Kries)　122
クリントン(Hillary Clinton)　31
クルーム(H. M. Croome)　58
クローチェ(Benedetto Cloce)　29
クロイソス王(King Kroisos)　210
クロイツァー(Franz Kreuzer)　15

ケーニヒ(Rene König)　185
ケインズ(John Maynard Keynes)　68, 81-2, 220, 222, 234
ゲゼル(Silvio Gesell)　57, 219-20, 222-4
ケルゼン(Hans Kelsen)　26, 43, 137, 166-70
コールマン(James Samuel Colemann)　185
コント(Auguste Comte)　116

人名索引　249

サ

ザイツ（Karl Seitz）　24, 229
サダド（Muhammad Anwar al-Sādāt）　197
サッチャー（Margaret Thatcher）　10-1

ジェームス（William James）　41, 120
ジェボンズ（William Stanley Jevons）　62-4, 74
ジェンクス（Jeremiah W. Jenks）　30
シューラー（Richard Schüller）　59
シュシュニク（Kurt von Schuschnigg）　28
シュタイン（Lorenz von Stein）　116, 189
シュッツ（Alfred Schütz）　24, 29, 41, 84-6, 94-7, 102-4, 107-9, 119, 140-1, 144, 150, 152, 176-7, 231-2, 234
シュッツ夫人（Ilse Schütz）　95
シュナイダー（Romy Schneider）　31
シュパン（Othmar Spann）　26, 28, 30, 32, 42, 52, 84, 114, 145, 166, 193
シュムペーター（Josepf Alois Schumpeter）　24, 30, 35, 45, 193
シュモーラー（Gustav von Schmoller）　95
シュレーダー（Gerhard Schröder）　230
シュワルツコフ（Norman Schwarzkopf）　10

ストウルツ（Gerald Stourzh）　177, 180
ストュルク伯爵（Karl Graf von Stürkh）　196, 198
ストライスラー（Erich Streissler）　185
スミス（Adam Smith）　115-6, 118, 137, 140

ゼイナー（Richard M. Zaner）　98

タ

ダーレンドルフ（Ralf Dahrendorf）　193

チャーチル（Winston Churchill）　147

ツヴァイク（Stefan Zweig）　144

デーゲンフェルト゠ションベルク伯爵（Ferdinand Graf von Degenfeld-Schoburg）　32

デュエム（Pierre Duhem）　199
デカルト（René Descartes）　116-7, 119, 141

ドーリットル（Jimmy Doolittle）　10-1
トクヴィル（Alexis de Tocqueville）　116, 148
トマス・アクィナス（Thomas Aquinas）　28

ナ

ナイト（Frank H. Knight）　102, 145, 152
ノイマン（John von Neumann）　127
ノイラート（Otto Neurath）　144
ノイラート（Paul Neurath）　185

ハ

バーク（Edmund Burke）　116
パース（Charles Sanders Peirce）　161
パーソンズ（Talcott Parsons）　84, 105-6, 118, 131, 167
ハーバマス（Jürgen Habermas）　118
ハーベラー（Gottfried von Haberler）　29, 58, 85, 97, 112, 144, 176-7, 193
ハイエク（父）（August von Hayek）　17
ハイエク（祖父）（Gustav von Hayek）　18
ハイエク（弟）（Heinrich von Hayek）　18
ハイダー（Jörg Haider）　231
バウアー（Otto Bauer）　88, 144, 200
ハプスブルク（Otto von Habsburg）　78
ハプスブルク（Robert von Habsburg）　147
パブロフ（Ivan Petrovich Pavlov）　40
パルメ（Olof Palme）　150
パレート（Vilfredo Pareto）　105-6

ピグー（Arthur Cecil Pigou）　73-4
ヒックス（John Hicks）　65, 68, 78, 82, 86, 131, 153
ヒトラー（Adolf Hitler）　24, 58, 114, 176
ヒューム（David Hume）　116, 137, 176
ヒルファーディング（Rudolf Hilferding）　24

ファイグル（Herbert Feigl）　185

ファス（Ph. Vas） 34-6
フィッシャー（Irving Fisher） 53, 216, 220
フィリッポビッチ（Eugen von Philippovich） 28
フィルンベルク（Hertha Firnberg） 189, 193-6
フェーゲリン（Eric Voegelin） 29, 84, 168, 182
フクヤマ（Francis Fukuyama） 10
フッサール（Edmund Husserl） 41, 85, 98, 107, 119, 140
ブッシュ（George Herbert Walker Bush） 10
プファービガン（Alfred Pfabigan） 187
フュルト（Herbert Fürth） 28, 84, 176
ブラームス（Johannes Brahms） 16
ブライトナー（Hugo Breitner） 25
ブラウンタール（Alfred Braunthal） 113
ブラウンタール（Julius Braunthal） 113
プラトン（Plato） 28
フランク（Josef Frank） 36
フランケンシュタイン（George Franckenstein） 147
フランツ＝フェルディナンド（Franz Ferdinand） 14
フランツ＝ヨゼフ（Franz Jeseph I.） 14, 18, 20-1
ブラント（Willy Brandt） 150-1, 192, 197
フリードマン（Milton Friedman） 152, 213-5, 217-8, 225
フリードリヒ（Karl Friedrich） 185
プリューラー（Michael Prüller） 10
プルースト（Valentin-Louis-Georges-Eugène-Marcel Proust） 29
プルードン（Pierre Joseph Proudhon） 221
ブレア（Tony Blair） 230
プレミンジャー（Otto Preminger） 31
フロイト（Sigmund Freud） 31

ヘーゲル（Georg Wilhelm Friedlich Hegel） 116
ベーム＝バヴェルク（Eugen von Böhm-Bawerk） 16, 46, 48, 51, 57, 59, 62-5, 74, 78-9, 82
ヘネッケ（Hans Jörg Hennecke） 234

ベネシュ（Otto Benesch） 29
ベルクソン（Henri Bergson） 40-1, 98
ベルタランフィ（Ludwig von Bertalanffy） 121, 130
ヘルムホルツ（Hermann von Hermholz） 120, 122
ペレス（Shimon Peres） 197
ヘンリー7世（Henry VII.） 210

ボール（Lucille Ball） 10
ポパー（Karl R. Popper） 33, 111-3, 133, 161, 193, 199-200, 229
ポランニー（Karl Polanyi） 155
ポランニー（Michel Polanyi） 135, 148, 155

マ

マーシャル（Alfred Marshall） 106, 216
マイヤー（Hans Meyer） 32, 53, 193
マッハ（Ernst Mach） 40, 120, 127-8, 196
マハルプ（Fritz Machlup） 29, 58, 85, 87, 144-5, 150, 152, 176-7, 185-6
マルクス（Karl Marx） 23-4, 43, 79, 196, 220-2
マンデヴィル（Bernard Mandeville） 116, 134, 137-8, 140

ミーゼス（Ludwig von Mises） 24, 26, 30, 32-3, 53, 58, 71, 87-9, 95-7, 100, 102, 104-8, 119, 127, 144-6, 148, 154, 158-9, 176-7, 180, 186, 192-3
ミーゼス夫人（Margit von Mises） 144
ミューラー（Johannes Müller） 122
ミューラー（G. E. Müller） 120
ミューラー＝アルマク（Alfred Müller-Armack） 155
ミュルダール（Gunnar Myrdal） 192-3
ミル（John Stuart Mill） 152

ムーア（George Edward Moore） 113
ムッソリーニ（Benito Mussolini） 52

メルツ（Edward März） 24
メンガー（父）（Carl Menger） 16, 34-5, 43, 46, 48, 51, 62-3, 74, 95, 119, 189-90, 224

メンガー（子）(Karl Menger) 29, 185

モック(Alois Mock) 191-2
モナコフ(Constantin von Monakow) 38
モルゲンシュテルン(Oskar Morgenstern) 29, 58, 75, 85, 127, 144, 176-7, 180, 193

ヤ

ヤマニ(Ahmed Zaki Yamani) 198
ヤング(Allyn Young) 58
ヤング(Terence Young) 18

ユーラウ(Heinz Julau) 185
ユノルト(Albert Hunold) 150
ユラーシェック(Franz von Juraschek) 16, 19-20, 190
ユルゲンス(Curd Jürgens) 31

ラ

ライプニッツ(Gottfried Willhelm Leibniz) 107
ライル(Gilbert Ryle) 113
ラザースフェルト(Paul Lazarsfeld) 180
ラッセル(Bertrand Russel) 29, 154
ラング(Evelyn S. Lang) 150, 235

リップマン(Walter Lippmann) 148

リュストウ(Alxander Rüstow) 153-5, 157-8, 230

ルジェール(Louis Rougier) 148
ルエーガー(Karl Luegar) 23
ルドルフ皇太子(Kronprinz Rudolf) 18

レオンチェフ(Wassily Leontief) 185
レーヴェ(Adolf Löwe) 54
レーガン(Ronald Regan) 11
レーニン(Vladimir Il'ich Lenin) 169, 196
レッシュ(Otto Rösch) 198
レプケ夫人(Eva Röpke) 147
レプケ(Willhelm Röpke) 73, 147-8, 154, 157-8

ロース(Adolf Loos) 22, 36
ロイマン(Jakob Reumann) 25
ロスチャイルド家(Rothchilds) 24, 52
ロビンス(Lionel Robbins) 58, 65, 152
ロビンソン(Joan Robinson) 82

ワ

ワグナー(Otto Wager) 22
ワルラス(Léon Marie Esprit Warlas) 46

事 項 索 引

ア

意識(Bewußtsein) 39-42, 96, 106, 115, 120-4, 127, 139-41, 162, 164, 171
インパルス(impulse) 40, 121-3, 125, 129-30
迂回(Umweg; round-about) 61-7, 69, 71-2, 75, 79, 81
オーストリア・ファシズム(Austrofaschismus) 25, 28, 32, 52, 178, 228

カ

カタラクシー(catallaxy) 108, 158
カタラクティク(Katallaktik; catallactics) 104, 108, 158
貨幣数量説(quantity theory of money) 53, 59, 214, 216, 218
感覚(Empfindung) 39-41, 108, 120-4, 127-30
関数(function) 46-7, 64, 81, 217
記憶(Erinnerung) 39-40
帰属(Zurechnung) 29, 42-5
競争(comptetition) 149, 156, 158-163, 204, 208, 215, 218-9, 225
均衡(equilibrium) 46, 48, 54, 59-61, 64-7, 71-2, 77, 82, 85-6, 90, 92, 94
銀行(Bank) 14, 20-24, 52, 54-60, 85, 202, 204-5, 208, 211-2, 215, 220
金本位制(gold standard) 211-3
ゲームの理論(theory of games) 127
経済学(economics) 11, 16, 28-32, 34, 37-8, 46-8, 58, 61, 63, 72, 77-8, 82-7, 90-1, 95-9, 102-4, 112, 120, 122, 130-1, 145, 152-3, 159, 177, 181-2, 185-6, 188, 198, 216, 228, 234
経済システム(economic system) 24, 35, 38, 44-5, 49, 61, 64, 75, 76, 82, 163
減価する貨幣(Schwundgeld) 219-221
現象学(Phänomenologie) 41, 84-5, 98, 104, 106, 119, 140-1

行為(Handeln; action) 89-90, 95-98, 100-104, 117-118, 133-5, 137-8, 160, 165, 194-5, 216
構成主義(constructivism; Konstruktivismus) 171, 187
効用(utility) 43, 44-5, 47
限界効用(marginal utility; Grenznutz) 46, 97
功利主義(utilitarianism) 89
合理主義(rationalism) 89-91, 116, 118-9, 137, 139, 163
合理(的)性(rational; rationality) 89, 93, 96, 100, 102-4, 106, 118, 140, 154, 159-61
国定貨幣論(staatliche Theorie des Geldes) 204, 206, 223
国民国家(nation state) 16, 139, 169-70, 204, 206, 208-9, 211

サ

財(goods) 43-5, 61-75, 78-80, 82, 96, 216-7, 222
サイバネティクス(cybernetics) 121, 127, 130
市場(market) 22, 35-7, 47-8, 55, 59, 71, 75, 87-8, 96, 104, 149, 157-8, 160, 162-3, 165, 193, 202, 204, 207-8, 215, 219, 222, 225
システム論(system theory) 119, 121, 130, 136, 141
自生(的)性(spontaneous; spontaneity) 93, 103-8, 115, 135, 138-40, 163-4, 173, 224
自生的秩序(spontaneous order) 45, 107, 133, 137, 140, 170
持続(Dauer) 41
実践学(praxeology) 104-5
資本(Kapital) 24, 34, 36-7, 43, 46, 57, 59-63, 71-4, 76-82, 102, 222
資本主義(capitalism) 23, 52, 62, 64-6, 68-9, 72, 79, 82, 213, 230

社会学(sociology) 28-9, 41, 47, 84-5, 95-6, 98, 102, 105-6, 118, 131, 136, 140-1, 167, 185-6, 221, 231, 234
社会哲学(social philosophy) 11, 32, 78, 82, 84, 86, 109, 114-5, 136, 153, 163, 181
社会民主主義(Sozialdemokratie) 24-5, 32, 37, 76, 145, 150-3, 155, 157, 161, 169-70, 172, 192, 196-7, 199-200, 228-30
自由主義(Liberalismus; liberalism) 11, 18, 26, 36, 139, 143, 148-152, 155, 157-9, 163, 169-70, 172, 213, 227-8, 230-2, 234
　　新自由主義(Neoliberalismus) 151, 154-5, 158, 172, 228, 230
　　古自由主義(Paläoliberalismus) 153-4
商品貨幣説(commodity theory of money) 206, 219
新カント主義(Neukantianismus) 98, 119
神経線維(ニューロン)(neuron) 38, 122-125
新実証主義(Neupositivismus) 98
生活世界(Lebenswelt) 138, 140
正義(Justice; Gerechtigkeit) 137, 162, 167, 170, 192
生理学(physiology) 39-40, 42, 121-2, 125-7, 129-30, 132

タ

貯蓄(saving) 57, 59, 66-69, 71-2, 77
地域通貨(local money) 206-7, 223-4
テロリズム(Terrorismus) 194
投資(investment) 59, 63-8, 71-2, 80-2, 102-3

ナ

ナショナリズム(nationalism)(⇒民族主義) 167, 203, 208, 211-3, 231

ハ

反ユダヤ主義(Anti-Semitism) 16
複雑性(complexity) 79, 82, 129, 131-133, 137, 141, 208
変動相場制(floating exchange rate system) 202, 208, 213
法(law) 38, 47, 137, 149, 156-8, 163-8, 170-1, 186, 209, 211
法実証主義(Rechtspositivismus) 26, 137, 165-7, 171
保守主義(conservatism) 76, 145, 172-3

マ

マネタリズム(monetarism) 213-215
マルクス主義(Marxismus) 11, 24, 79, 114, 199
民主制(民主主義)(Demokratie) 161-2, 169-70, 172, 197
民族主義(nationalism)(⇒ナショナリズム) 16, 29, 166, 197

ラ

利子率(interest rate) 59-60, 71, 77, 81, 220, 223
リスク(risk) 100-3, 208
ルール(rule) 133-135, 137-9, 158, 164-7, 172
レリバンス(Relevanz; relevance) 49, 80, 86, 92-4, 98-100, 102, 107, 158
論理実証主義(logischer Positivismus) 112, 119, 144

固有名索引

ア

アーカンソー州立大学 (Arkansas State University)　176-7
赤いウィーン (Das rote Wien)　20-2, 24-6, 35-6, 228, 229
アクトン゠トクヴィル協会 (The Acton-Tocqueville-Society)　148
ヴァルター・オイケン研究所 (Walter Eucken Institut)　143, 184, 235
ウィーン市　19, 24-6, 34-5 37, 40, 76, 111, 181, 183-4, 188, 228-9
ウィーン市栄誉リング (Ehrenring der Stadt Wien)　229
ウィーン高等学術研究所 (Institut für Höhere Studien, Wien)　180, 184, 186
ウィーン商工会議所 (Wiener Kammer für Handel, Gewerbe und Industrie)　19, 30, 33, 144
ウィーン大学 (Universität Wien)　18-20, 24, 26, 28, 30-1, 34, 39, 42, 51, 53, 84-5, 111, 130, 144, 177-8, 180, 183-4, 186, 188, 228, 234-5
ヴィップリンガー通り (Wipplingerstraße)　19, 228
ヴェルグル (Wörgl)　223
エーデル・ヴァイス (ホテル) (Hotel Edelweiß)　147, 187
『エコノミカ』(Economica)　73, 86, 106, 108, 113, 116, 141
オーストリア学芸栄誉賞 (Das Österreichische Ehrenzeichen für Wissenschaft und Kunst)　189
オーストリア学派 (Österreichische Schule; Austrian School)　16, 33-5, 43, 45-6, 51, 53, 57-8, 62-3, 72, 78, 82, 83, 85-7, 104, 106, 190
　ネオ・オーストリア学派 (Neo-Austrian School)　78, 153
オーストリア景気循環研究所 (Österreichisches Institut für Konjukturforschung)　26, 33, 52, 58, 61-2, 75, 127, 180, 229
オーストリア国立銀行 (Österreichische Nationalbank)　24-5, 185
オーストリア社会党 (Sozialistische Partei Österreichs)　191-3, 196, 229
オーストリア社会民主労働党 (Sozialdemokratische Arbeiter Partei Österreichs)　24-5, 33, 38, 45, 88, 113, 144-5, 192, 194-6, 199-200
オーストリア清算局 (Österreichisches Abrechnungsamt)　30, 229
オーストリア゠ハンガリー銀行 (Österreichisch-Ungarishe Bank)　24-5
オーバーグルグル (Obergurgl)　147, 187
ORDO　155-6

カ

ガイスト・クライス (Geistkreis)　26, 28, 29-30, 84
『価格と生産』(Prices and Production)　35, 62, 65
『科学による反革命』(The Counter-Revolution of Science)　86, 116, 141
『貨幣発行自由化論』(Denationalization of Money)　78, 202-4, 223
『貨幣理論と景気循環』(Geldtheorie und Konjunkturtheorie)　52-3, 57-8
『感覚秩序』(The Sensory Order)　39, 42, 120-2, 127, 129-31, 134, 141
キール学派 (Kiel School)　54, 73
キール大学 (Universität Kiel)　54, 73
クレジット・アンシュタルト (Die k.k. privilegierte österreichische Credit-Anstalt für Handel und Gewerbe)　24, 52
「経済学と知識」("Economics and Knowledge")　85-6, 91, 103, 108, 112, 131

固有名索引　255

サ

ザッハー（ホテル）（Hotel *Sacher*）　189
ザルツブルク大学（Universität Salzburg）　140, 175, 186, 188-91
シカゴ大学（University of Chicago）　39, 42, 58, 120, 145, 152-3, 177, 180, 194
『資本の純粋理論』（*The Pure Theory of Capital*）　63, 78-9, 86, 131, 153
『社会科学・社会政策雑誌』（*Archiv für Sozialwissenschaft und Sozialpolitik*）　88
『社会的世界の意味構成』（*Der sinnhafte Aufbau der sozialen Welt*）　98, 107, 140, 141
社会民主党（Sozialdemokratische Partei）（⇒オーストリア社会民主労働党）　25-6, 88, 113, 144, 192
『自由の条件』（*The Constitution of Liberty*）　86, 153, 177
スタンフォード大学フーバー研究所（Hoover Institution, Stanford University）　178, 193, 228, 235
ストロー通り（Strohgasse）　19, 26
スミソニアン体制（Smithsonian System）　202

タ

『第三の男』（*The Third Man*）　176, 195
大統領自由勲章（Presidential Medal of Freedom）　10, 231

ナ

ノーベル賞（Nobel prize）　10, 42, 178, 187, 192-3, 228
ノイスティフト・アム・ヴァルデ（Neustift am Walde）　228

ハ

バート・イシュル（Bad Ischl）　14-5
「複雑現象の理論」（"The Theory of Complex Phenomena"）　131
フライブルク大学（Universität Freiburg）　58, 155, 183-4, 188, 194
ブリストル（ホテル）（Hotel *Bristol*）　19-21
ブレトンウッズ体制（Bretton Woods system）　202, 208
防郷団（Heimwehr）　32, 52, 178
『法と立法と自由』（*Law, Legislation and Liberty*）　170, 187, 191

マ

マイスル・ウント・シャードゥン（ホテル）（Hotel *Meißl und Schadn*）　194, 196, 198
マルガレーテン通り（Margaretenstraße）　19, 26-7
ミーゼスのプライベート・ゼミナール（Mises' Privatseminar）　26, 30, 58, 75, 84, 94-6, 108, 112, 119, 127, 144-5, 180, 186
南チロル（Südtirol）　147, 176, 187
メッセンハウザー通り（Messenhausergasse）　16-7, 19, 26
モンペルラン協会（Mont Pèlerin Society）　148-50, 155, 213

ヤ

ユーロ（Euro）　201, 203, 205-6, 209, 231
UCLA　127

ラ

ライトラー社（Reitler & Co.）　228
ランドマン（カフェ）（Café *Landtmann*）　19, 31, 83, 85-6, 94, 96
『リーダーズ・ダイジェスト』（*Readers' Digest*）　114, 115, 145, 146
『利潤、利子および投資』（*Profits, Interest and Investment*）　73
リンクシュトラーセ（Ringstraße）　18-9, 26, 36, 228
『隷従への道』（*The Road to Serfdom*）　11, 76, 86, 114, 144-8, 152, 177, 213
レオンハルド通り（Leonhardgasse）　19, 26, 33
労働党（Labour Party）　76, 152, 155, 228
ロンドン・スクール・オブ・エコノミクス（London School of Economics and Political Science）　31, 33, 58, 61, 72-3, 86, 113, 145, 176

著者紹介

森　元孝（もり・もとたか）
1955年　大阪市生まれ
1979年　早稲田大学教育学部社会科学専修卒業
1985年　早稲田大学大学院文学研究科社会学専攻博士課程終了
　　　　博士（文学）
現　在　早稲田大学文学学術院・文化構想学部教授（社会学・社会
　　　　理論）
著　書　『アルフレート・シュッツのウィーン ―― 社会科学の自由
　　　　主義的転換の構想とその時代』（新評論　1995年）。
　　　　『モダンを問う ―― 社会学の批判的系譜と手法』（弘文堂
　　　　1995年）。
　　　　『逗子の市民運動 ―― 池子米軍住宅建設反対運動と民主主
　　　　義の研究』（御茶の水書房　1996年）。
　　　　『アルフレッド・シュッツ ―― 主観的時間と社会的空間』
　　　　（東信堂　2001年）。
ホームページ　http://www.f.waseda.jp/wienmoto/

フリードリヒ・フォン・ハイエクのウィーン
――ネオ・リベラリズムの構想とその時代――

2006年11月25日　初版第1刷発行

著者　森　元孝
発行者　武市　一幸

発行所　株式会社　新評論
電話　03（3202）7391
振替　00160-1-113487
http://www.shinhyoron.co.jp

〒169-0051
東京都新宿区西早稲田3-16-28

装丁　山田　英春
印刷　フォレスト
製本　清水製本プラス紙工

定価はカバーに表示してあります。
落丁・乱丁本はお取り替えします。

©森　元孝・2006　ISBN4-7948-0717-1 C1030
Printed in Japan

新評論 好評既刊

森 元孝

アルフレート・シュッツのウィーン
社会科学の自由主義的転換の構想とその時代

シュッツ理論の生成過程を，
ウィーンの政治・文化・思想史の流れの中で解説した大著。
20世紀初頭の〈音楽の都〉を舞台に繰り広げられた
探究と議論をつぶさに辿ることで，
現代社会を形作る思想の源流が浮き彫りにされる。
［A5判 756頁 5565円 ISBN4-7948-0268-4］

＊表示価格は消費税（5％）込みの定価です。